백년 믿음으로 바라본

김형석 교수의 예수를 믿는다는 것

일러두기
이 책은 《당신은 무엇을 믿는가》(主友, 1981)의 개정판이다.

백년 믿음으로 바라본
김형석 교수의 예수를 믿는다는 것

지은이 | 김형석
초판 발행 | 2021. 12. 15
8쇄 발행 | 2024. 11. 12
등록번호 | 제1988-000080호
등록된 곳 | 서울특별시 용산구 서빙고로65길 38
발행처 | 사단법인 두란노서원
영업부 | 2078-3333   FAX | 080-749-3705
출판부 | 2078-3331

책값은 뒤표지에 있습니다.
ISBN 978-89-531-4105-6 03230

독자의 의견을 기다립니다.
tpress@duranno.com www.duranno.com

백년
믿음으로
바라본

기형석 교수의
예수를 믿는다는 것

김형석
지음

두란노

프롤로그

옛날 사람들은 쉽게 종교를 믿을 수 있었다. 대부분 종교가 생활의 전부였기 때문이다. 지금도 어린이들은 환경만 조성해 주면 어렵지 않게 믿음을 가질 수 있다. 선입관이 없는 까닭이다.

그러나 현대인, 그것도 교육 수준이 높은 지성인이 종교적 신앙을 갖는다는 것은 좀처럼 쉬운 일이 아니다. 어려서 신앙을 가졌던 사람들이 회의에 빠지는 일도 있고 습관적으로 교회에는 나가면서도 '내가 무엇을 믿고 있는가' 하고 물었을 때는 대답을 얻기 어려운 경우가 많다.

그래서 많은 현대인이 양심과 이성을 믿는 것으로 종교적 신앙을 대신하고 있다. 도덕적 선과 이성적 진리에 만족하며, 그 이상의 것은 믿을 수 없다는 일반 사고방식에 머물려고 한다. 특히, 지적 수준이 낮거나 도덕적 결함이 있는 사람들이 사찰을 찾거나 교회에 열성을 가지고 있는 것을 보면서 자신의 양심과 이성은 훨씬 수준이 높고 소중하다는 자부심을 갖기도 한다.

또한 종교는 믿지 못하게 억압하거나, 믿으라고 억지로 강요할 수 있는 것도 아니다. 문제의식이 희박하고 세속의 생활에 자족하는 사람들에게 종교를 권하는 것은 서로를 위해 바람직한 일도 아니다. 그래서 옛날부터 참 종교는 영원한 것을 사모하여 구원을 모색하는 소수의 인간들에게 필요했던 것이다.

그런데 영원과 구원을 찾는 지성인들이 과학이나 철학에서 그 욕구를 충족시킬 수 없고, 예술이나 도덕에서 스스로의 완성을 얻을 수 없다면 성실하고 경건한 심정으로 종교의 문을 두드려야 하지 않겠는가. 그리고 전 인격과 삶의 가치를 걸고 신앙의 문을 두드리는 사람은 대개 종교적 신앙을 찾아 누리게 된다.

나 자신이 그런 과정을 밟은 사람 중 하나이다. 그렇다고 해서 자랑스럽게 내놓을 만한 것이 있는 것도 아니고, 신앙은 이런 것이어야 한다고 주장할 만한 소신을 갖고 있지도 못하다. 조용히 생각하면서 살아오는 동안에 내 나름대로의 신앙을 갖게 되었고, 그것을 공감하는 벗들에게 대화의 내용이 될 수 있으리라는 소박한 기대를 갖고 있을 뿐이다.

앞서 나온 내 책들 속에도 종교 문제가 들어 있고 《이성의 피안 (理性의 波岸)》은 그런 분야를 중점적으로 다룬 것이다. 그러나 거기에 나오는 글들은 믿음의 내용이나 내가 믿는 종교보다 종교 일반의 문제와 믿음의 객관적 이해를 위한 조언들이었다.

이번에는 신앙의 문제, 즉 예수를 믿는 것에 대해 나의 내부에서부터 정리해 보고자 했다. 현대인은 무엇을 믿을 수 있으며 또 믿어야 하는가를 나 자신에게 물어본 것이다. 자연히 종교 일반의 과제와도 거리가 있고, 교회 성격과도 일치되지 않는 부분이 있을지 모른다. 그러나 신앙은 주체적인 것이다. 모든 믿음은 '나'의 믿음이다. 다른 사람의 믿음이 내 믿음일 수도 없고 교회의 가르침이 그대로 자신의 신앙이 되는 것도 아니다.

그런 점에서 이 책이 한 사람의 신앙 기록인 동시에 그 근저를 이루고 있는 종교적 진리에 동참할 수 있는 문제와 해답이기를 바란다. 이 가운데 여러 부분은 글로 표현되기 이전에 말로 전달된 적이 있었다. 따라서 이론적 논술이라기보다 인간적 대화의 성격을 띤 것들이다. 그리고 다른 책에서도 언급했던 이야기들이 수록되어 있다. 하지만 믿음의 관점에서 정리한 것이므로 같은 이야기이지만 다른 각도로 볼 수 있으리라 생각한다.

독자들에게 작은 선물이라도 될 수 있다면 큰 영광이겠다.

2021년 12월

김형석

차 례

제1부 ——————————————————————

나는
어떻게 신자가 되었는가

나의 아버지는 30이 넘어 크리스천이 된 셈이었다. 그러나 본인과 주변 사람들은 아버지가 크리스천이라는 말은 별로 하지 않았다. 나는 아버지가 세례는 받았을 것으로 생각한다. 그러나 교회와는 별로 관계를 맺지 않았다. 어머니는 그런 아버지에게 "남들은 몇 해 안 다니고도 집사가 되고 장로가 되는데, 집사 노릇도 못한다"라며 농담처럼 말하곤 했다. 아버지는 성경을 많이 읽었고 그 당시에도 좁은 의미의 교회주의자는 아니었다.

그래서였을까? 내가 어렸을 때 예수님, 석가님 이야기는 자주 들었으나 찬송, 기도, 성경에 대해서는 별로 들은 바가 없다. 언젠가 한번은 교회에서 아버지와 자리를 함께한 적이 있었다. 어쩌다 기도 시간에 아버지도 기도를 드리는지 궁금해 살짝 눈을 뜨고 쳐다보았더니 안경을 끼고 있던 아버지는 눈을 뜬 채로 머리를 숙이고 있었다. 그래서 어린 마음에 아버지는 예수를 믿지 않는 것 같다고 생각하기도 했다.

어머니는 교회나 신앙을 반대하지는 않았으나 믿는 편은 아니었다. 여러 가지 믿는 대상 중에서 그래도 뭔가를 믿을 바에는 기독교가 좋을 것이라는 실리주의적 생각을 지니고 있었던 것 같다. 많은 교인의 사생활이나 교회 행사에 대한 부정적 비판도 삼가지 않았다. "모든 사람이 돈을 벌게 해달라고 기도해서 부자가 되면 세상이 어떻게 되겠나. 열심히 일하고 절약하는 사람이 잘살아야지" 하는 말은 어렸을 때부터 자주 들었다.

우리집은 가난했기 때문에 삼촌네 집 건넌방을 빌려 살고 있었다. 삼촌의 가족들도 교회에는 나가지 않았다. 그저 기독교를 반대하지는 않는 정도의 생활관을 갖고 있었다. 삼촌은 조부가 창립한 양조업을 계승하고 있었기 때문에 직업상 교회에 나갈 수 없는 것으로 알고 있었는지도 모른다.

이런 환경에서 자랐기 때문에 나는 초등학교를 끝낼 무렵까지 교회에도 다니고 주일학교 학생이 되기도 했으나 어린 나이에 믿음이라는 생각은 가질 수 없었다. 세 살 위였던 누나는 교회에도 나가지 않았던 것 같다.

그러던 나에게 큰 불행이 찾아왔다. 부모님이 조심스럽게 돌봐준 덕택으로 어느 정도 궤도에 오른 것으로 생각되었던 건강이 유아기 때로 되돌아간 것이다.

나는 평북 운산 금광에서 태어났다. 출생 때부터 건강이 나쁘고 지병이 있어 금광에 와 있던 미국 의사의 치료를 자주 받았다. 어머니는 그것을 '경풍'이라고 했다. 나는 어렸을 때부터 뜀뛰기를 하다가 숨이 가빠지면 졸도하는 일이 잦았고, 어떤 때는 피곤과 가벼운 복통을 느끼면서 의식을 잃고 쓰러지기도 했다.

친구들과 놀고 있다가 내가 쓰러지면 친구들이 어머니를 찾아갔다. 어머니는 대개 남의 집 품삯 일로 나가 있곤 했다. 어머니가 달려와 입술이 파랗게 질려 땀을 흘리면서 의식을 잃은 나를 안고는 하염없이 눈물을 흘리곤 했다. 의식을 회복한 나는 집으로 업혀가거나 안내를 받아 하루나 이틀쯤은 꼼짝 않고 쉬어야 했다.

젊었을 때도 빈혈 증상으로 고생했던 사실을 회상해 보면 혈압이 비정상적이었는지도 모른다. 아버지는 항상 나에게 "너는 심장이 나쁘다"고 말하곤 했다. 그런 점을 상기해 보면 아버지는 교회에는 열성이 아니었어도 내 건강을 위해 기도를 많이 했고, 어머니는 '큰아들이 장애를 갖고 태어났는데 내가 하나님께 무슨 감사할 일이 있나' 하는 생각을 가졌던 것 같다.

열네 살 때, 나의 가장 큰 기대와 꿈이 깨지게 되었다. 나는 시골에서 초등학교를 졸업했으나 건강 때문에 중학교에는 갈 수 없다는 결론이 내려졌다. 어머니는 "가난한 주제에 잘되었다"고 말하면서도 몹시 슬퍼했다. 아버지는 내 건강이 절망적일 것이라는 생각을 갖고 있었기 때문에 별로 말은 하지 않았다.

초등학교를 졸업하던 날, 나는 의사가 아버지에게 하는 말을 몰래 엿들을 수 있었다. 내 건강과 생명은 예측할 수 없으니 아무것도 시키지 말고 편히 놀고 쉬게 하라는 권고였다. 나는 비교적 민감한 편이었다. 다가오는 죽음을 어떻게 할 수 없을 것이라고 생각하고 중학교 진학은 단념하기로 했다. 죽음 직전의 상태를 여러 번 체험했기 때문에 고생스럽게 사는 것보다 죽음이 안식일지도 모르겠다는 생각도 했다.

그런데 고마운 분이 있었다. 내 건강 상태를 잘 모르는 담임선생은 나에게 중학교에 갈 입학원서를 써내라고 했다. 모르긴 해도 담임선생의 심정은 작은 시골학교에서 단 한 명이라도 평양의 중학교에 입학시키고 싶은 집념이었을 것이다. 그래서 의사의 진단도 받았던 것이다. 나는 입학원서를 써내지 않을 수 없었다. 부모님은 며칠 동안 말없이 슬픔에 잠겨 있으면서도 담임선생의 권고를 거부할 수 없어 원서 제출을 말리지는 않았다.

나는 진퇴양난에 빠졌다. 불가능 속에서 가능을 찾아야 했다. 이 막다른 골목에서 나를 구출해 줄 수 있는 분은 하나님뿐이었다. 그래서 나는 어느 날 밤, 소나무가 우거진 산으로 올라갔다. 그리고 한 바위 아래에서 내 평생에 처음 기도다운 기도를 드렸다. "하나님 저를 살려 주시고 중학교에 가게 해주시면, 제가 이다음에 커서 주님의 일을 돕겠습니다"라는 약속의 기도였다.

지금 생각해 보면 야곱이 벧엘에서 드렸던 기도와 같은 상황과 내용이었던 것 같다. 극히 이기적인 기도였으니까. 그 기도를 드리는 내 눈에는 하염없이 눈물이 흘러내렸다. 병과 가난으로 가슴에 사무쳤던 슬픔이 그날 다 쏟아졌는지도 모른다. 기도를 끝낸 나는 어떻게 그 산을 내려왔는지도 기억에 없다. 반쯤은 날아 내려오는 것 같은 기분이었다. 부모님 몰래 잠자리에 든 나는 굳은 결심과 부푼 희망에 차 있었다. 하나님께서 내 기도를 이루어 주실 것으로 확신했기 때문이다.

다음날 아침부터는 나의 과거가 없어졌다. 하나님과의 미래만 남아 있었다. 입학시험 때 신체검사가 있었다. 나는 의사의 방에 들어서기 전에 기도를 드렸다. 의사가 내 병을 찾지 못해 입학할 수 있게 해달라는 기도였다.

마침내 나는 열네 살 봄에 중학생이 되었다. 선교사들이 설립한 평양의 숭실중학교에 입학한 것이었다.

그해 정초의 일이다. 할머니께서 꿈을 꾸었는데, 내가 하늘 높은 곳을 바라보고 앉아 있다가 그대로 하늘로 올라가 버리는 장면을 보았다고 했다. 그 사실을 어머니에게 이야기하면서 "아무래도 장손이(나를 가리킴)가 올해에는 죽으려는 것 같다. 이미 각오한 일이니 크게 섭섭하게는 생각지 마라"는 위로를 했다는 것이다.

후일에 생각해 보니 그것은 나의 죽음이 아니라 내 신앙의 변화를 암시하는 결과가 되었다. 열네 살 때의 입신(入信)은 나로 하여금 차원이 다른 인생의 출발을 가져왔다.

중학 생활을 보내는 몇 해 동안 나는 신앙적으로 많이 자랐다. 그 당시의 숭실학교는 매일 조회를 겸한 예배시간이 있었고, 그때마다 평양의 저명한 목사님과 선생님들이 귀한 말씀을 전해 주었다. 지금까지도 채필근·임종순·주기철·조만식·정재호·김화식·윤인구·이학봉 등의 목사님을 비롯한 여러 선생님을 잊을 수가 없다.

중학교 2학년 때는 일본의 가가와 도요히코(賀川豊彦) 선생도 다녀갔고 1년에 한 번씩은 학년별로 사경회를 하기도 했다. 나는 비록 어렸지만 이미 신앙 결단을 경험했기에 그분들의 말씀이 뼈에 사무치게 들렸고 그 시간들을 통해 내 신앙생활은 점점 풍부해졌다. 어린 나이였지만 숭실 전문학교에서 열리는 신앙 집회에도 참석하곤 했다.

그러는 한편 톨스토이를 비롯한 기독교 전통의 책들을 읽기 시작했고 일본에서 들어오는 신앙 체험기와 가벼운 신학 책들도 입수해 읽었다. 고향에 있는 시골 교회에서는 주일 학생들을 가르치면서 어린이들과 교회 소년부를 이끌기도 했다.

숭실학교는 기독교 정신과 민주주의 정신으로 세워진 학교였다. 내가 재학 중에 일제로부터 폐교 명령이 내려졌고, 신사참배를 강요당하다가 일본 학교로 개편되는 과정을 밟았다. 그런 시련을 겪는 동안에 내 나름대로 민족과 국가를 위해 기도 드리는 시간도 많이 갖게 되었다. 그것은 내가 성장했기 때문이 아니다. 오히려 교회가 그 뜻을 가르치고 깨닫게 해주었다. 나 스스로 자라기보다는 신앙이 나를 자라게 만든 것이다.

그 무렵 나에게 큰 계기가 찾아왔다. 중학교 4학년 때 생전 처음으로 다른 지방 교회에 신앙집회를 인도하러 갈 기회가 생겼다. 실은 나보다 나이가 많은 친구가 주빈이 되고 나는 그를 돕는 보조강사로 따라가는 것이었는데 그 친구가 그만 병으로 못 가게 되어 내가 어울리지 않는 주빈 강사를 맡게 되었던 것이다.

평남 영유읍 부근에 있는 지방 교회였다. 아직 어렸던 터라 어떻게 그 일을 치러 냈는지 기억에 없다. 일주일 동안 새벽기도회, 오전 주일학교, 저녁 전도강연을 했다. 첫날 새벽에는 제 시간에 일어나지 못할 것 같아 잠도 못자고 밤을 새우기도 했고, 2, 3일 후부터는 집 생각으로 밤마다 집에 가는 꿈을 꾸곤 했다. 그러나 집회는 예상 외의 결과를 가져왔다. 밤에는 예배당이 좁아 뜰에 가마니를 깔고 모일 정도였다.

친구들과 산책을 나가면 논밭에서 일하던 사람들이 내가 너무 어려 보였기 때문인지 "어젯밤에 강연한 선생이 저 아이라니까"라며 나를 손가락으로 가리키기도 했다. 집회 성과가 좋은 것이 오히려 부담이 되었다. 온 교회가 신앙집회를 며칠 더 연장하기로 결정하는 바람에 3일인가를 더 머물며 신앙집회를 인도했다. 지금도 그 당시를 회상하고 감사의 마음을 전하는 사람을 만난 적도 있다.

어쨌든 집회가 끝났을 때 두 가지 생각으로 마음이 꽉 차 있었다. 무거운 짐에서 벗어났다는 해방감과 이제는 그리운 집으로 가게 되었다는 즐거움이었다.

많은 교우, 특히 눈물로 떠나보내는 할아버지와 할머니들의 송별을 받으면서 영유를 거쳐 어파라는 곳까지 와서 기차를 탔다. 한없이 지쳐 있었다. 기차에 오르자마자 잠이 들었다. 그 당시 기차는 군수물자 수송 때문에 언제나 예정 시간보다 많이 늦었다.

잠에서 깨어 보니 해는 벌써 서산에 걸리고 기차는 평양을 향해 달리고 있었다. 나는 그날 밤이 깊도록 걷더라도 집까지 가겠다고 다짐하면서 창밖을 내다보고 있었다. 바로 그때였다. 철교를 지나가는 기차 소리 속에 또렷이 어떤 음성이 들렸다.

"네가 열네 살 때 나에게 했던 기도를 잊지 않고 나는 너에게 귀중한 집회를 맡겨 주었는데 너는 고작해야 집 생각밖에 못하느냐?"는 책망이었다. 그 뜻을 깨달은 나는 몹시 슬펐다. 그래서 얼굴을

김형석 교수의 예수를 믿는다는 것

창밖으로 내민 채 한참 울었다. 그러면서 다짐했다. '다시는 그렇게 약자가 되지 않겠습니다'라고.

기차가 평양역에 도착했을 때는 황혼이 가까워 있었다. 나는 거기서부터 20리가량의 들길을 혼자 걸었다. 집까지 걷는 동안 이상하게도 집 생각은 멀어지고 하나님께서 나를 일꾼으로 쓰실지 모른다는 생각, 이것이 그 시작일 것이라는 생각이 마음속에 솟아올랐다. 밤늦게 집에 도착했을 때는 아무 말도 하지 않았다. 모든 은혜의 사실을 혼자 간직해 두고 싶었다.

부모님은 내가 주일학교 학생들을 가르치고 돌아온 정도로 생각하셨다. 우리 교회에서도 자주 있었던 일이니까. 집 생각으로 가득 찼던 내 마음이 감사와 즐거움으로 넘쳐났다. 다음날 아침 피곤을 풀고 늦게 일어났을 때, 나는 왠지 새 사람이 되어 있다는 생각이 들었다.

신앙은 인격적 체험에 속한다. 신앙적 체험을 겪은 사람은 후에 그 체험 내용을 이론적으로 정리하게 되고, 신학을 먼저 택한 사람은 후에 그것을 실천함으로써 완전한 신앙을 갖게 된다. 나는 먼저 체험을 했고 그 체험의 내용을 서서히 이론적으로 정립해 가는 순서를 밟았던 셈이다.

내가 숭실중학 4학년을 끝내면서 우리 학교는 폐교의 비운을 맞았다. 일본 총독부에서 민족주의와 기독교 정신을 고수하는 학교를 존속시키고 싶지 않았던 것이다. 나는 할 수 없이 남은 1년을 일본 학교로 다녀야 했다.

제1부 나는 어떻게 신자가 되었는가

그러나 신앙 면으로 새로운 길이 열렸다. 숭실 전문학교와 중학교의 교장직을 맡았던 마우리 선교사와의 개인적 친교가 중요한 계기를 만들어 주었다. 그 당시 마우리 선교사는 내가 다니던 시골 교회를 포함한 20여 군데 교회를 순방하고 있었다. 그는 농촌 교회를 찾아갈 때 자주 나와 동행하는 기회를 만들곤 했다.

　　물론 나는 목사님이 버젓이 계신데 내가 설교를 하는 것은 있을 수 없다며 사양하고 싶었다. 그러나 마우리 선교사는 굳이 나에게 설교를 맡기곤 했다. 그래서 할 수 없이 여러 차례 도와드려야 했고, 그 덕분에 나는 새로운 신앙의 체험을 쌓게 되었다. 마우리 선교사는 정성이 지극한 편이었다. 농촌 교회의 환자들을 승용차에 싣고 와 자기 집에서 재우고는 다음날 아침 평양 기독병원으로 안내하는 일이 자주 있었다. 어떤 날은 나에게 "오늘 함께 오는 환자는 장티푸스에 걸린 것 같으니 우리 서재에서 자게 해야겠다"고 말했다. 부인에게 그 뜻을 알리기 어색했던 모양이다. 이렇게 지내는 동안에 나는 목사님으로부터 많은 것을 배웠고 또 어느 정도 설교의 의미를 깨닫기에 이르렀다.

　　그해 여름에는 마우리 선교사의 청을 받아 숭실 전문학교 부설 농장에 있는 교회의 특별집회를 일주간 인도하기도 했다. 지금 생각하면 19세의 소년이 무슨 내용의 설교를 했겠는가. 스스로 의아한 생각도 든다. 그러나 내가 믿는 것이 확실했고 성경을 비롯해 풍부한 독서를 했던 것이 당시 지적 수준이 높지 못했던 회중에게 잘 받아들여졌을 것으로 생각된다. 게다가 주님께서 약한 자를 종으로 쓰시는 뜻을 베푸셨는지도 모른다.

나는 예수께서 전도를 위해 열두 제자를 세상에 보내실 때의 교훈을 읽으면서 주님의 뜻에는 언제나 변함이 없었다는 사실을 새삼 음미해 보았다. 예수께서는 "추수할 것은 많되 일꾼이 적으니 그러므로 추수하는 주인에게 청하여 추수할 일꾼들을 보내 주소서 하라"(눅 10:2)고 가르치셨다. 누구나 마음의 준비만 갖추면 주께서는 찾아 쓰신다는 말씀이다. 그리고 그리스도의 일은 많은 수고와 노력을 동반하나 그 결과는 비교할 수 없는 기쁨을 가져다준다.

지금도 경험하는 일지만, 세상일에서 성공과 칭찬을 받는 것은 그리 즐겁지 않은 반면, 그리스도의 일을 돕고 난 후의 즐거움은 형언하기 어려운 감사를 동반한다. 예수께서는 "내 일을 위해서 갈 때는 아무 준비도 갖출 필요가 없다"고 말씀하셨다. 모든 것은 주께서 준비하고 계신다고 약속해 주셨다. 진정으로 그리스도의 일을 위하는 사람은 그것이 무엇을 의미하는지 쉽게 깨닫는 법이다. 그래서 주의 일을 도울 때는 소극적인 것 같아도 내 계획이나 욕망보다 언제나 주님의 뜻을 기다리게 된다.

그 뒤 나는 대학을 가게 되었다. 내가 5년간 다닌 대학은 일본에 하나뿐인 가톨릭 대학이었다. 80년 전만 해도 가톨릭과 프로테스탄트는 대립적인 위치에 있었다. 장로교에서 자란 나로서는 가톨릭에 대한 거부반응이 없을 수 없었다. 그러나 비기독교 대학들에 비하면 그 대학은 역시 그리스도의 뜻을 위해 세워진 대학이었다. 여러 신부들을 만나게 되었고 가톨릭 분위기에 머물 수 있었다.

그러는 동안에 나는 큰 정신적 변화를 겪고 그에 따르는 혜택을 받았다. 가톨릭과 프로테스탄트는 한 하나님 밑에 자라는 형제 관계임을 확신하기에 이른 것이다. 그 덕분에 나는 신부나 목사들보다 일찍 내 신앙의 폭을 넓힐 수 있었다.

1960년에 동양출판사에서 《현대사상강좌》 총 10권을 발간한 적이 있다. 나는 그 책의 편집위원으로 참여하면서 적지 않은 가톨릭 학자들의 글을 선정해 그 시리즈에 삽입했다. 생각해 보면 400년 전부터 두 교파가 대립해 온 것은 인간의 과오였다. 참 기독교는 그 둘을 동시에 성장시켰고 그것이 그리스도의 뜻이었다.

대학에서 철학을 공부하고 있는 동안 나는 가급적 기독교 선입관에 붙잡히지 않고 이성적 과제와 지성적 사색에 뜻을 모으고 싶었다. 그래서 무신론자들과 반기독교 도서들을 더 열심히 읽기도 했다. 그러나 그들의 이론과 주장이 퍽 빈약했으며 사리에 어긋난다는 사실을 심각하게 직감하곤 했다. 쇼펜하우어나 니체를 읽었기 때문에 기독교 신앙에 더 깊이 빠지게 된 것을 깨달았다. 키르케고르나 도스토옙스키에 비하면 그들의 철학과 사상은 훨씬 피상적임을 발견했던 것이다.

대학 생활을 끝낼 무렵이 되었다. 내가 신앙을 자각한 지 10년이 되는 때였다. 태평양전쟁으로 시대 상황은 더욱 어려워졌고 일본군의 학도병 모집 사건은 생명을 위협하는 막다른 골목으로 나를 몰고 갔다. 많은 친구가 절망과 회의에 빠져 있었다. 민족 수난보다 더 위급한 사태가 발 앞에 전개되고 있었던 것이다.

나는 1년 전과 비슷한 위기에 처하자 다시 한번 내 모든 문제를 하나님께 맡기기로 했다. 친구들과의 교제나 사회적 접촉을 끊고 기도와 성경을 읽는 일로 며칠을 보내기로 했다. 그러나 이상한 일이었다. 내가 심각하게 고민하고 애태웠던 문제는 매우 간단하게 해결되었고 내게 위안으로 다가왔다. 그때 내가 얻은 약속은 "너희가 나를 택한 것이 아니요 내가 너희를 택하여 세웠나니"(요 15:16)라는 그리스도의 말씀이었다.

나는 마음의 평화를 얻고 이전처럼 생활할 수 있었다. 모든 문제를 주님께 맡긴 이상 더 걱정할 필요가 없었다. 나는 열네 살 때 내 생명과 장래를 책임져 주신 주께서 이번에도 내 문제를 원하시는 대로 해결해 주실 것을 믿어 의심치 않았다.

모든 문제는 나도 예기치 못했던 방향으로 전개되었다. 나는 일본 군국주의의 손에서 풀려날 수 있었고 얼마 후에는 해방을 맞기에 이르렀다.

그러나 대학에 머무는 동안 내 노력에 의해서가 아니라 하나님의 은혜로 큰 믿음의 단계를 넘게 되었다. 그것은 확실히 하나님의 선물이었다. 한마디로 '진리의 말씀이 그리스도에게 있기에 그리스도를 떠나서는 갈 곳이 없다'는 확신과 고백이었다. 말씀에서 진리를 깨닫는 사람은 얼마나 행복한가. 그 당시의 내 심정은 무신론과 그리스도가 없는 세계와는 영구히 담을 쌓는 것이었다. 물론 나약한 인간이기에 나 자신을 믿을 수는 없지만, 적어도 모든 문제를 해결해 주시는 그리스도를 떠날 수 없게 된 것은 사실이었다.

그때까지 나는 목사님들의 설교, 기독교의 전통적인 교훈만 접해왔다. 그러다가 철학을 공부하고 폭넓게 인간 문제를 다루기 시작하면서 많은 문제의식을 갖게 되었다. 그런 문제의식을 갖고 다시 성경을 읽었을 때는 모든 문제가 해결되는 것을 직접 경험했다. 내 그릇이 작았을 때는 그만한 진리를 갖고 살았으나 내 그릇이 커지자 엄청난 진리의 교훈을 깨닫게 되었고 그 진리는 나 스스로 담당할 수 없음을 자각하기에 이르렀다.

만일 지금도 한국의 장래를 걱정하는 정치가들, 청소년의 가치관을 염려하는 교육자들, 경제정책의 방향을 고민하는 기업인들, 문화와 예술의 궁극적인 목표를 모색하는 문화인들이 목사님의 설교에서 해답을 얻고, 성경에서 뜻을 찾을 수 있다면 기독교는 오늘도 많은 사람에게 진리를 제시해 줄 수 있을 것이다.

우리가 염려하는 것은 깊은 문제의식의 빈곤이며 그 문제를 해결해 주지 못하는 교회 지도자들의 무능력이다. 교회 건물의 크기나 교인 수가 전부는 아니기 때문이다.

해방은 한꺼번에 많은 선물을 안겨 주었다. 한국 기독교는 그 역사의 선물을 제대로 받아들일 능력이 없었던 것 같다. 남북의 단절과 정치적 소용돌이, 뒤따라 일어난 한국전쟁, 비극적인 전투가 끝없이 진행되는 동안 우리 교계는 사회적 역할을 제대로 감당하지 못한 채 우왕좌왕하는 상황에 놓여 있었다. 우리나라에서 가장 큰 세력을 자랑하는 장로교는 한국전쟁 와중에 두 파로 갈라지는 잘못을 저질렀다.

뜻 있는 사람들은 환멸과 허무를 실감하지 않을 수 없었다. 나는 우연히 장로교의 분열을 결정짓는 장로교 전국 총회를 방청하고 놀라움을 금치 못했다. 심한 허탈감에 빠져 당시 회의장이었던 부산 중앙교회 문을 나왔던 기억이 있다. 내 생애에 그렇게 큰 허망함에 빠진 적은 거의 없었다.

그때까지만 해도 눈에 보이고 마음에 떠오르는 교회는 내 신앙의 어머니처럼 느껴졌었다. 좁은 의미의 교회주의를 벗어나지 못했던 것이다. 그 순간 전혀 예기치 못한 음성이 들리는 듯했다. "죽은 자들로 자기의 죽은 자들을 장사하게 하고 너는 가서 하나님의 나라를 전파하라"(눅 9:60)는 그리스도의 말씀이었다. 그 말씀의 뜻을 이렇게 명쾌하게 깨닫게 되리라고는 생각지도 못 했다.

대학에서 가톨릭과 프로테스탄트를 넘어섰던 나는 그 일을 계기로 다시 좁은 의미의 교회주의를 넘어서게 되었다. 나는 무교회주의를 어느 정도 이해하고 있었다. 일본의 우치무라 간조(內村鑑三)의 책을 상당히 많이 읽었다. 그러나 나는 무교회주의를 찬성한 일도 없고 거기에 빠진 일은 더더욱 없었다. 그러나 나도 모르게 교회주의의 울타리를 벗어나게 되었고 그렇게 함으로써 그리스도의 뜻을 더 가까이 그리고 더 깊이 깨닫기에 이르렀다. 교회가 전부였던 구약의 교리에서 벗어나 예수의 교훈을 소중히 음미하는 사람이라면 누구나 도달할 수 있는 입장이었을 것이다.

몇 해 뒤에는 비슷한 상황이 감리교에서 일어났고 성결교도 그렇게 되었는가 하면, 설립된 지 얼마 안 된 침례교도 같은 과정을 밟았다. 역시 인간적 약점의 공통성이었을 것이다. 큰 기대와 꿈을 안고 시골에서 서울로 올라와 감리교 연회를 방청했던 한 청년은 나에게 "내가 속았습니다"라고 통탄해 했다. 감독 선출을 놓고 싸우는 목사와 교계 지도자의 유감스러운 모습을 직접 보고 환멸을 금치 못했던 때문이다.

비슷한 상황을 전국 기독학생 연합회에서도 볼 수 있었다. 수원과 서울 난지도에서 벌어졌던 젊은 대학생들의 추태를 나는 지금도 잊을 수가 없다. 젊은 학생들 뒤에서 작용하는 몇몇 지도자들의 잘못된 영향력 때문이었다.

그 당시 내가 얻은 교훈은 슬프게도 '교회에 물들어 있던 청년 열 사람보다 순수하고 소박한 한 사람의 젊은 청년이 필요하다'는 것이었다. 그것은 나의 요청도 아니고 주장도 아니었다. 당시 교회의 분위기가 내가 그렇게 느끼도록 만들었다. 교회의 좋은 점을 발견하지 못하고 누리지 못한 잘못은 나에게도 있었다. 그러나 교회의 모순과 바로잡아야 할 모습들을 너무 많이 본 것도 사실이었다. 그

김형석 교수의 예수를 믿는다는 것

래도 나는 교인이었고 지금도 교회의 일원이다. 누구보다도 교회를 위해 기도하는 사람 중 하나이다.

이러한 과정을 밟는 동안 나는 몇 가지 신앙 자세를 정리하게 되었다. 하나는 앞에서 말한 대로 기독교를 기성 교회의 독점물로 삼는 것도, 교회의 울타리 안에 가둬놓는 것도 옳지 않다는 생각이었다. 교회의 개선과 더불어 교회라는 울타리 밖에서도 기독교 정신은 성장하며 열매를 거두어야 한다는 신념이다. 직장생활과 현업에 시달리고 있는 사람들을 교회로 모으는 일도 중요하나, 신부나 목사들이 군대로, 병원으로, 공장으로, 부둣가로 찾아가는 일은 더욱 중요하다. 그리고 조직화된 교회가 그리스도의 뜻을 다하지 못할 때 교회 밖에서 그리스도의 뜻이 채워지는 것은 매우 바람직한 일이다.

그렇게 되면 자연히 그리스도의 말씀은 교리를 넘어 모든 인간의 보편적 진리로 승화될 수 있다. 물론 설교나 신학은 중요하다. 그러나 그리스도의 말씀은 그 길 외에도 얼마든지 진리를 탐구하는 사람들에게 전달되고 이해될 수 있어야 한다. 기독교는 두 가지 측면을 가지고 있다. 하나는 교회적 측면이고 다른 하나는 인간적 측면이다. 교회적 측면은 목회자나 신학자들이 제시해 주었다면, 인간적 측면은 아우구스티누스, 파스칼, 키르케고르, 도스토옙스키를 비롯한 실존주의자들이 적절히 밝혀 주었다. 어쨌든 우리는 그리스도의 말씀이 교회적 교리에 머물지 않고 인류의 진리가 될 수 있도록 노력해야 한다.

다음에 필요한 것은 사랑의 실천이다. 그것은 기독교의 생명력이다. 그럼에도 불구하고 크리스천들의 사랑은 대단히 편협하게 이해되고 크리스천들 역시 그렇게 실천해 왔다. 개인의 자기위안적 사랑이 사랑의 전부인 듯 착각해 왔다. 추수감사절, 크리스마스가 다가오고, 교회의 계절이 오면 구호품을 보내고 개척 교회를 돕는 일이 중심이 되었다.

사랑이란 인간의 선한 가능성을 뒷받침하며 사회 정의와 질서를 지켜 주는 것이다. 나 개인이 다른 개인에게 베풀 수 있는 사랑도 귀하지만, 현대인의 사랑은 사회 개혁과 질서 회복을 통해 성취되지 않으면 안 된다. 가난한 아이들에게 먹을 것을 주는 일보다 경제를 발전시켜 가난을 벗어나게 하는 것이 더 중요하며, 불우한 청소년들에게 관심을 기울이는 것보다 사회 질서와 윤리 기강을 확립하는 일이 더 중요하다.

오랜 과거에 기독교가 창설되었을 때는 개인적 신앙이 중요했다. 하지만 19세기 후반부터 기독교의 역사는 개인보다 사회에 더 큰 비중을 두도록 발전했다. 마르크스주의의 등장이 바로 그런 현상을 배경으로 한다. 그럼에도 불구하고 구태의연하게 개인적 사랑의 실천만을 강조한다면 기독교의 후진성을 탈피하기 어려워진다. 그래서 그리스도의 진리는 사회이념으로 확대되어야 하며, 사랑의 실천은 역사의 변혁과 사회의 의무를 책임지지 않으면 안 된다.

우리는 사회가 교회를 위해 있는 것으로 착각해서는 안 된다. 교회가 사회를 위해 있는 것이다. 그렇지 않으면 불교가 고려를 불행하게 만들고, 유교가 조선을 퇴락시켰듯이 기독교도 역사의 의미를 상실하게 만든다. 종교개혁 당시 가톨릭이 바로 그런 과오를 범했던 것이다. 중요한 것은 교회 자체보다 사회의 그리스도화이며, 교리보다 그리스도의 진리가 세상을 밝히는 일이다.

이러한 생각의 변화가 나로 하여금 무슨 일을 할 수 있게 했는가. 나는 비교적 조용한 교육계에 몸담았다. 나에게 주어진 일에 최선을 다하기에도 항상 부족함을 느꼈다. 그러나 크리스천이 된다는 것은 자기 직업에 더 성실해진다는 것이며 모든 일을 가장 신앙인답게 실천하는 일이다. 이런 상황에서 내가 할 수 있는 일은 적어도 두 가지였다. 하나는 글을 쓰는 일이고 다른 하나는 기회가 주어지는 대로 말을 하는 일이었다. 나의 글과 말을 통해 우리의 삶이 그리스도의 정신에 접근할 수 있다면 나에게는 큰 은총이 아닐 수 없다고 생각했다.

그리고 언제나 그 성과는 내가 기대했던 것보다 훨씬 컸다. 설교나 강도(講道)는 목사님들이 하는 일이다. 나 같은 사람에게 맡겨진 일은 그 보조적인 역할이었지만, 감사하게도 100년이 넘는 세월 중에 80년쯤은 그 일을 감당해 왔다. 그리고 교회와 상관없는 기업체나 사회단체의 사람들을 대상으로 기독교라는 이름을 빌리지 않고 삶의 진리를 전하는 기회도 점점 늘어났다.

그리고 몇 십 년 동안 진리의 전달이라는 소임을 실천하기 위해 일주일에 한 번씩 기독교 강좌를 진행하기도 했다. 핵심은 내가 무엇을 하는가가 아니다. 신앙의 입장에서 본다면 나는 빈 지게를 지고 주인을 기다리다가 주인이 명하는 대로 짐을 져야 하는 지게꾼에 지나지 않는다. 내가 하는 것이 아니다. 그리스도께서 나를 종으로 쓰시는 것이다. 그리고 모든 면에서 모자라는 나로서는 그 일 하나하나에 감사할 뿐이다.

믿음은 일생에 걸친 사명이다

이러한 과정을 밟는 동안에 나는 서서히 신앙이란 일생에 걸친 사명이라는 생각을 굳히게 되었다. 그러한 뜻은 오늘 떠오른 생각이 아니다. 내가 열네 살 때 얻은 것도 마찬가지였다. 신앙이란 내 생명보다 더 귀한 무엇을 위하여 내 모든 것을 바치는 것이다. 그것을 나는 오래 망각하고 살았던 것뿐이다. 어쨌든 신앙이 무엇인지 묻는다면 역시 신앙은 사명이라고 답할 것이다. 그리스도께서 그 일을 위해 죽음을 택하셨고 많은 사도와 후계자들이 그 정신을 계승했다.

중요한 것은 밖으로 나타나는 직책이 아니다. 진리와 사랑으로 살며 그리스도의 사명을 위해 최선을 다하는 것이다. 나도 두세 차례 신학을 공부하고 목회자가 되었으면 하는 기대를 가진 적이 있었다. 어렸을 때는 목사직이 최고라고 생각하기도 했다. 대학을 졸업할 무렵에는 철학을 공부한 후에 신학을 전공할 기회가 올지도 모른다고 기대했었다.

공교롭게도 내가 처음 강의를 한 곳이 신학대학이었다. 그러나 주께서는 나를 잘 아셨다. 나로 하여금 목사나 장로가 되기에는 여러 가지로 부족하다는 것을 깨닫게 하셨다. '성(聖)'자를 붙일 수 없는 한 인간으로 살면서 믿음을 배우고 깨우치게 해주신 것에 감사한다. 때로는 지성적으로 방황하는 사람들에게는 나 같은 종, 나 같은 작은 질그릇도 필요했을지 모른다. 그렇기 때문에 점점 더 신앙이 사명임을 확신하고 있다.

그러나 여기 두 가지 삼가야 할 것이 있다. 그리스도의 뜻이 나의 사명이 된다고 해서 내가 하는 일이 최고이거나 유일한 것이라고 생각해서는 안 된다는 것과 사회적 사랑의 실천 자체보다 그 모든 일을 할 수 있는 인간 개혁이 선행돼야 한다는 것이다.

세상 사람들은 어떤 직책이나 지위를 차지하면 자신과 그 자리가 최고라는 생각에 빠지기 쉽다. 그것은 지구의 가장 높은 꼭대기에 내가 서 있다고 생각하는 것만큼이나 어리석은 착각이다. 하물며 우리가 그리스도의 일을 돕는다는 것은 하나의 지체로서 역할을 담당하는 일이며 그것은 겸손한 마음으로 그 성과와 영광을 하나님께 돌리는 일이다.

기독교의 사회 이념과 사명이 중요하다는 얘기는 이미 말한 바 있다. 기독교는 사회문제 일선에 설 수도 있고 사회 개혁의 선구자로 일해야 할 때도 있다. 그러나 더 중요한 책임이 있다. 그것은 모든 사람이 참 그리스도의 정신을 깨닫고 그 정신을 사회 각계각층에서 실천할 수 있도록 돕는 일이다. 교회의 참다운 책임이 바로 그런 것이다. 모든 신도가 그리스도의 뜻을 따라 저마다의 영역에서 하나님 나라를 건설할 수 있도록 그 이념과 능력과 사명을 일깨워 주는 것이 곧 교회의 사명이다.

그런 의미에서 적은 양의 누룩이 반죽 전체를 부풀게 하는 것처럼 조용히 빛과 소금의 직책을 다해야 하는 것이다. 가장 위대한 사업을 누구보다도 조용히 성공시킨 이가 그리스도였고, 아무도 느끼지 못하는 동안에 역사상 유례 없는 혁명을 성취한 분도 그리스도였다. 우리가 배우고 싶은 것이 바로 그 점이다. 그리고 그것은 사랑의 방법으로 가능하다.

요즘도 적지 않은 독자들이 내 책을 읽고 교회에 나가게 되었으며, 신앙적 회심을 하게 되었다는 편지를 보내 준다. 황송할 뿐이다. 여러 분야의 사람들로부터 삶의 문제와 인생의 의미를 찾는 데 도움이 되는 이야기를 들려주어 고맙다는 인사를 받은 적도 있다. 나는 아무것도 아니나 주님이 영광 받으신다면 그것만으로도 감격스러울 뿐이다. 때로는 직접 교회나 기독교 기관을 통해 복음을 전달하는 일도 한다. 그때는 나 자신은 숨겨두고 주님이 직접 말씀해 주시기를 원하는 심정으로 임한다.

2천 년 전부터 오늘까지 복음과 구원의 사건은 오로지 주님이 하시는 일이며 인간은 그 수단과 방편에 지나지 않는다. 우리는 소박한 마음의 준비를 갖출 뿐, 위대한 사업은 언제나 주님이 하신다. 신앙에 관련된 일은 이상하게도 나 자신도 모르게 이루어진다. 나를 낮추고 숨길수록 큰 성과를 내며 내 뜻이 아닌 하나님의 뜻을 위해 나를 뒤로 미뤄 놓을 때 주님은 더 크게 나타나 역사하신다.

내 나이 지금 100세가 넘었다. 예수님의 나이에 비하면 3배 넘게 산 셈이다. 주님이 허락하신다면 앞으로도 몇 년은 지금과 같은 생활이 계속될 것이다. 정치 사회적 혼란이 거듭되고 있는 최근에는 주께서 내 손에 작은 등댓불을 쥐어 주셨으면 하는 기도를 드리고 있다. 그것은 나를 위해서가 아니다. 하나님의 뜻이 이루어지기 위한, 그리고 이 사회의 주인공이 될 젊은이들을 위한 내 충정이다. 주님은 많은 훌륭한 일꾼을 원하고 계신다. 그 속에 지극히 작고 부족한 나도 함께 머물게 해주시면 믿음이 사명이라는 뜻을 다하게 될 것이다.

앞으로의 일은 나도 장담할 수 없다. 다만, 그리스도 앞에서 나는 내 목적이 없는 지게꾼일 뿐이다.

만일 나에게도 자격이 있고 주님이 원하신다면, 그리고 육체와 정신이 가난한 사람을 직·간접으로 도울 수 있다면 그보다 감사한 일은 없을 것 같다. 지금도 규모가 큰 사회사업 기관을 뒤에서 돕고 있으며, 가난한 학생들을 위한 장학 기관에 참여하고 있다. 주님이 그렇게 값진 일을 나에게 주신 데 감사할 뿐이다. 나는 그 어느 것도 감당할 수 없는 부족한 종인데 말이다.

예수께서는 어린이와 같은 삶을 살라고 가르치셨고, 바울은 육신은 늙으나 속사람은 날로 새로워지고 있다고 고백했다. 믿는 사람은 예수 앞에서는 언제나 어린애가 된다. 나이가 들수록 "이 철없고

어리석은 어린애 같은 저를"이라고 기도하며 그리스도의 일을 위해
서는 자신이 늙었다는 생각을 할 수 없는 것이 믿음의 본질인 것 같
다. 주께서 나에게 맡기신 일을 성취하고 언제나 최선을 다해 그 일
을 도와야 하기 때문이다.

제2부 ———————————————

우리의
믿음은 어디서 오나

일본에 도시샤(同志社) 대학이 있다. 창설자는 기독교 전도자이자 교육자인 니지마 조(新島襄)이다.

그는 어느 고요한 날 아침에 서재에 있는 많은 책 중에 한 권을 읽고 싶은 생각이 들었다. 장서들 속에서 눈에 띈 성경전서를 뽑아들었다. 별 생각 없이 책을 열어 첫 구절을 읽었다. '하나님이 태초에 천지를 창조하셨다.' 그는 더 읽지 않고 눈을 감았다. 그러고는 "그래 모든 진리가 이 한마디 말씀 속에 있었는데"라고 중얼거렸다. 그의 뺨에는 눈물이 흘러내렸다.

물론 그는 크리스천이었다. 당시 정부의 고관직 권유를 뿌리치고 그리스도의 정신이 살아 있는 대학을 창설하기로 결심한 그는 학교를 세웠다. 그것이 가장 보람 있는 일이며 무엇보다도 애국적 공헌이라고 믿었기 때문이다. 바쁜 나날을 보내다가 우연히 다시 읽은 창세기 1장 1절의 말씀에 크게 감격했던 것이다.

생각해 보면 인생의 선택에서 가장 중대한 것은 유신과 무신의 차이이다. 내가 보기에 중세의 아우구스티누스와 근대의 쇼펜하우어는 여러 가지 면에서 비슷한 성격과 천분을 가진 사람이었다. 그런데 아우구스티누스는 유신론자가 되었기 때문에 만인의 숭앙을 받는 성자가 되었고, 무신론자였던 쇼펜하우어는 역사상 그 유례를 찾아보기 어려운 염세주의 철학자가 되었다.

이러한 인생관의 차이는 누구에게나 있다. 진정한 유신론자와 무

신론자의 거리는 극과 극의 위치에 있다. 도저히 그 일치점을 찾을
수 없다.

문제는 종교와 신앙을 끝까지 반대하던 사람이 신을 믿게 되거
나, 신을 찾으려고 애쓰던 사람이 무신론자로 끝나는 경우이다. 파
스칼은 신과 무관하게 사는 무신론자는 어리석은 사람이고, 신을
찾기만 하는 사람은 피곤하고 불행하게 사는 사람이나, 신을 믿는
사람은 도리에 맞고 행복하다고 말했다. 그것은 자신의 체험에서
얻은 결론이다. 그런데 아무리 신을 찾으려고 노력해도 믿음에 도
달하지 못하는 사람은 어떤가.

많은 사람이 신은 지식의 대상이라고 생각한다. 천문학을 배워
신비로운 천체의 비밀을 알게 되듯이, 물리학을 연구해 원자의 운
동을 밝혀내듯이 하나님도 우리의 지성이나 이성의 대상으로 나타
날 것이라고 생각하는 사람들이 있다.

물론 그 태도가 완전히 잘못되었다는 것은 아니다. 그러나 하나
님의 존재는 과학이나 철학적 사색의 결과로 밝혀지지는 않는다.

그러면 하나님은 누구에게 어떻게 나타나시는가? 만일 내 몸속
에 있는 위장이 나를 보고 알기를 원한다면 그것은 영원히 불가능
할 것이다. 나는 위장에게 나타날 수도 없고 위장에게 스스로를 증
명할 수도 없다. 그렇다고 해서 내 위장이 보이지 않고 알 수 없는
나라는 사람은 없다고 말한다면 그것은 더 우스꽝스러운 일이다.
우리 가운데 신은 과학을 통해 볼 수도 없으며 증명할 수도 없으니
하나님은 존재하지 않는다고 단정한다면 그것도 지혜로운 태도는

못 된다.

오히려 나는 내 위장에게 '고요히 눈을 감고 네 생명이 어디서 왔으며 네 존재 의미가 너를 초월한 전체자를 위해 있음을 겸허하고 담담하게 반성해보라'고 말할 수 있을 뿐이다. 인간이 자기 자신도 잘 모르면서 신을 안 뒤에야 믿겠다고 말한다면, 그는 영원히 하나님을 믿지 못할 것이다.

그 점에서는 과학과 철학 간의 차이가 별로 없다. 많은 철학자가 유신론자가 되고 있지만, 또 적지 않은 철학자들은 여전히 무신론을 택하고 있다. 여기서 한 가지 느낀 점은 교만한 이성의 소유자들은 유신론자가 되지 않는 반면, 겸손한 이성의 소유자들은 대개 유신론을 택하고 있다는 사실이다. 그것은 마치 물결이 이는 호수에는 달이나 별의 그림자가 드리울 수 없어도 고요한 산중의 호수에는 달과 별의 아름다움이 깃들 수 있는 것과 같다. 겸손하고 성실한 철학자의 심중은 고요한 호수와 같아서 보통 종교적인 신앙을 갖고 있었다.

그렇다면 하나님의 존재를 믿는 신앙은 어디서 오는가? 과학 논증이나 철학 이론으로 얻을 수 없는 하나님에의 신앙은 누가 가질 수 있는가?

역시 신앙은 삶의 문제이며, 삶의 내용은 우리의 체험을 통해 주어지는 것으로 보아야 한다. 고아로 자란 어린이는 평생 부모의 사랑을 모른다. 부모의 사랑을 경험한 적이 없기 때문이다. 그러나 부모 밑에서 자란 자녀는 생각하기 이전부터 부모의 사랑을 체험했으

김형석 교수의 예수를 믿는다는 것

며, 그 속에서 자아가 형성되었음을 알 수 있다.

신앙도 그런 요소를 지니고 있다. 어떤 사건이 계기가 되어 하나님을 찾고 그 하나님과 공존 공생의 체험을 거듭하게 되면, 그는 생각하고 따지기 전에 이미 하나님의 자녀로 자라고 있는 자신을 발견하게 된다.

아우구스티누스의 경우를 생각해 보자. 그는 하나님을 믿지 않았다. 오랫동안 회의주의에 빠져 고민해 왔다. 그러나 삶의 궁극적인 문제는 해결할 길이 없었고, 신 플라톤 철학으로 옮겨오면서 회의의 울타리를 벗어났다. 어느 정도 기독교를 긍정할 수 있는 여지를 갖게 된 셈이다. 그러다가 기독교를 믿기로 마음을 굳힌다. 그래도 자신의 결심만으로는 신앙이 충족되지 않았다. 결국 눈물과 참회의 시간을 거치며 스스로를 완전히 하나님께 맡겨 버린다.

그런 다음에야 그는 지식이 신념이 되고 신념이 믿음으로 변함을 깨닫게 된다. 긴 신앙생활을 체험하면서 과거의 자기 생활과 역사를 그리스도의 입장에서 관조하게 된다. 기독교적 인생관과 세계관을 완성시킨 것이다.

우리의 믿음도 그렇다. 어떤 계기로 우리 자신을 하나님 사랑의 품으로 내던지고, 그 품에서 새로운 삶을 체험할 수 없다면 우리는 참다운 믿음을 얻을 수 없다.

그 계기가 무엇인가. 야스퍼스 같은 실존철학자는 자신의 이성과 실존의 한계성 또는 한계상황이라고 말했다. 난파한 배가 SOS를 치듯이 삶의 한계를 자각하는 사람은 절대자에게 구원의 신호를 보내지 않을 수 없다. 그것이 종교에의 호소이며 하나님을 향한 기도이다.

신학자 틸리히는 존재의 '궁극적 관심'의 해결이 신앙이라고 말한다. 돈을 벌기 위해 하나님을 찾는 사람은 없다. 출세하기 위해 종교를 필요로 한다면 그것은 참 신앙이 아니다. 그에 따르면, 생명과 인격을 포함한 한 인간이 갖는 궁극적 관심의 해결을 호소할 수 있는 대상, 그것을 찾을 수 있는 실재가 곧 하나님이다.

흔히 영원에의 갈망이 하나님을 찾는 길이라고 말하는 이유가 여기에 있다. 옛날 사람들은 그것을 영생이라는 일반 개념으로 받아들였다. 한계와 죽음을 자각하는 인간이 영원과 참 생명을 찾아 스스로를 내맡길 수 있는 대상이 곧 하나님인 것이다. 이것은 초월을 위한 자기 부정에 해당한다.

그러면 그 뒤에 오는 체험은 무엇인가.

영원한 실재자이며 참 생명의 근원이신 하나님과의 접촉과 사귐이다. 사랑의 체험이다. 그런 하나님께 기도와 예배를 드린다. 기도는 종교적 대화이며 사귐이다. 예배는 감사와 찬양이며 나 스스로를 맡기는 충성의 표현이다. 그리스도와의 공존이 바로 그것을 뜻한다.

이렇게 되면 우리는 지금까지 살아온 역사와 자신의 모든 현실을 새로운 각도와 차원에서 보게 된다. 그것은 고아였던 아들이 찾아 헤맨 끝에 생명의 아버지를 만나, 아버지와 아들의 관계가 예전처럼 회복되어 아버지의 모든 것이 내 것이 되는 변화의 체험을 하는 것과 같다.

크리스천이 된다는 것도 그와 마찬가지이다. 하나님 아버지를 모르거나 없다고 생각하는 세계는 회의와 허무의 장막에 싸일 뿐이다. 죽음은 절대의 종말이며, 우리의 삶은 허무에의 과정이 되고 만다. 그러나 언젠가 그리스도를 통해 하나님을 아버지로 깨닫고 내가 그 사랑에 머물게 되면 비로소 새 인생과 삶을 깨닫기에 이른다. 세계와 역사가 왜 존재하는지를 알게 되며, 내가 하나님을 대신해서 세계와 역사의 주인공임을 확신하기에 이른다.

예수께서는 그것을 중생이라고 부르셨다. 신앙을 떠나서는 할 수 없는 인격적 체험이기 때문이다. 그리스도가 바로 그것의 모범을 보여준 분이다. 성경을 읽는 사람들은 예수의 삶이 처음부터 우리와 차원이 다름을 느끼게 된다. 우리는 자신을 고아의 위치에서 발견하나 그리스도는 인생을 아들로서의 사명감에서 출발하셨다. 우리는 시간과 유한 속에서 영원을 사모하지만, 그분은 영원 속에서 우리에게 시간을 나누어주시는 분이다. 우리는 죽음을 기피해야 사는 것으로 알고 있지만 그분은 죽음을 찾아 전진하는 생애를 사셨다.

중학교에 다닐 때 읽은 톨스토이의 동화집에 이런 내용이 있었다.

어느 귀족의 집에서 평생 머슴살이를 했던 한 농부가 귀족으로부터 "아침 해가 뜰 때부터 지기 전까지 네가 밟고 돌아오는 땅은 모두 주겠다"는 약속을 받았다. 그는 해가 뜨자마자 뛰기 시작했다. 한 발자국이라도 더 멀리까지 갔다가 돌아와야겠다고 결심한 농부는 끼니도 거른 채 한시도 쉬지 않고 달렸다. 해가 지기 직전에 약속대로 돌아오기는 했으나 죽을힘을 다해 달리는 바람에 너무 지쳐 그만 죽고 말았다는 이야기이다. 그 농부를 땅에 묻어 주며 귀족은 "이 사람아, 고작 다섯 자(약 150센티미터) 땅에 묻힐 것을 공연히 고생만 하다가 죽었구먼"이라고 말했다.

그 동화를 읽으면서 나는 참으로 어리석은 농부라고 생각했다. 그렇게 어리석어 보일 수가 없었다. 지금 생각해보면 어리석은 사람은 그 농부만이 아니다. 나와 내 주변에 있는 대부분의 사람이 그런 어리석은 인생을 살다가 죽는다.

역사상 가장 넓은 지역을 점령했던 칭기즈칸이나 알렉산더도 결국은 다섯 자 땅에 잠들었고, 지금은 그가 어디에 묻혔는지조차 알지 못한다. 하물며 우리 같은 보통 사람이야 말해 무엇 하겠는가.

그래서 우리 선조들은 사람은 빈손으로 왔다가 빈손으로 간다고 했다. 지당한 말이다. 이런 인생의 공허함을 잘 알면서도 그대로 살아야 할까. 우리 자신도 결국 다섯 자 땅으로 돌아가고 말 것인가.

대부분이 그런 인생을 살아가고 있다. 자신의 육체가 자신의 전부라고 생각하기 때문이다. 나의 육체를 위해 무엇을 얼마나 많이 소유해야 즐겁게 살 수 있을까를 인생의 목적으로 삼는 사람은 모두가 공허한 일생을 살다가 갈 수밖에 없다. 가난한 농부가 원한 것은 땅이었다. 오늘날 우리가 원하는 것도 모든 것을 차지할 수 있는 돈이다. 하지만 경제적 소유가 인생의 전부라고 생각하면서 사는 사람 역시 육체는 흙으로 돌아가고 돈은 가지고 가지 못하기 때문에 결국 빈손으로 왔던 것처럼 빈손으로 돌아가지 않을 수 없게 된다.

돈이 아니더라도 그렇다. 무엇이든지 자신을 위해서 소유하는 것을 목적으로 사는 사람은 많은 수고와 노력을 했어도 결국은 빈손으로 인생을 끝낼 수밖에 도리가 없다. 개인적인 욕망 때문에 정권을 소유했다가 공허하게 인생을 끝내며 사회에까지 불행을 남긴 사람이 얼마나 많은가. 명예와 지위를 목적으로 삼았기 때문에 타인을 불행으로 몰아넣었고 자기 자신도 파국을 맞은 사람을 우리는 주변에서 얼마든지 보아 왔고 또 보고 있다.

왜 그런 잘못된 인생을 살게 되었는가? 자기 자신을 위해서 무엇을 얼마나 소유할 수 있는가를 생의 목표로 삼는 사람은 모두가 같은 길을 걷도록 세상의 법도가 정해져 있기 때문이다. 그 길을 걸으면서 나만은 예외이기를 바라는 것은 더욱 잘못된 생각이다.

그러면 빈손으로 왔지만 빈손으로 돌아가지 않는 사람도 있을까? 우리에게도 그런 일이 가능할까? 물론 가능하다. 빈손으로 온 것에는 차이가 없지만, 갈 때는 차이가 있다. 빈손으로 가지 않은 사람들도 결코 적지 않다.

그들은 소유하기 위해 인생을 산 것이 아니라 사명과 임무를 수행하기 위해 살았기 때문에 그 일의 결과를 남기게 된 사람들이다. 미켈란젤로는 540여 년 전에 빈손으로 이 땅에 왔다. 그러나 그가 남긴 로마 시스티나 성당의 벽화나 많은 조각 작품을 감상하는 사람들은 누구도 그가 우리처럼 빈손으로 간 사람이라고는 생각지 않는다. 그렇게 생각할 수가 없다. 지금도 이탈리아 관광 수입의 많은 부분을 미켈란젤로의 예술품이 차지하고 있다. 그렇게 보면 미켈란젤로 자신은 예술을 위해 별다른 소유 없이 살았으나 후손들에게 남겨준 혜택은 헤아릴 수 없을 정도로 많다.

철학자 칸트도 그랬다. 그는 병약한 체질로 태어났으나 80 평생을 사는 동안 병 때문에 학문 연구를 쉬었다는 기록을 찾아볼 수 없다. 우리는 건강을 위해 건강관리를 한다. 그는 학문과 연구를 위해 건강관리를 했다. 평생 같은 시간에 산책을 할 정도로 규칙적인 생활을 했고, 고향 마을 밖으로 나간 일조차 없었다. 학문에 지장을 주는 일은 피했던 것이다. 일생을 학문에 바친 그는 재산, 가정, 명예, 지위 등은 염두에 두지 않았다. 그렇게 살았기 때문에 위대한 학문을 남길 수 있었다.

위대한 예술가나 학자만 그런 것이 아니다.

내가 아는 어느 회사의 공장장은 나이 들어서도 공장에 머물기를 원했다. 자신의 대학 후배가 공장 설계에 동참했다가 사고로 일찍 세상을 떠났다. 그 후배의 죽음에 속죄하기 위해 그는 오랫동안 공장 일에 몸 바치고 있었다. 가난한 나라에 태어나 선배를 잘못 만난 탓에 희생당한 후배를 잊을 수가 없어 그는 평생토록 공장에서 일했다. 생각해 보면 그런 사람들의 뜻깊은 노동의 결과로 우리 모두가 행복한 삶을 누리고 있는 셈이다.

나는 지금도 가난하게 고생하면서 우리를 정성껏 가르쳐 주신 초등학교 때 스승을 잊지 못한다. 그런 분들의 정성 어린 희생과 노력이 없었다면 오늘 우리는 어떻게 되었겠는가.

이렇게 본다면 크고 작은 차이는 있어도 모든 인간이 빈손으로 가는 것만은 결코 아니다. 인류를 위해 가치 있는 업적을 남긴 사람은 그 업적과 더불어 삶의 뜻을 오래, 때로는 영구히 전하게 된다. 소유가 아니라 가치 있는 삶을 위해 업적을 남기는 일은 이처럼 소중하다.

그렇다면 돈이나 지위는 필요 없다는 말인가? 그렇지는 않다. 돈은 소유하는 것이 아니라 값있게 쓸 때 의미가 있으며, 명예나 지위는 그 자체가 목적이 아니라 선한 사회적 책임과 봉사를 감당할 수 있도록 주어진 것이다.

영국의 한 수상은 자기보다 더 유능한 인물에게 직책을 양보하기 위해 스스로 물러났는가 하면, 명예로 인해 번거로워지는 것을 피하기 위해 애써 명예를 외면하는 사람들도 적지 않다. 말하자면 돈과 명예와 지위는 더 가치 있는 일과 인생에 바쳐져야 하며 그 자체는 목적이 아닌 것이다.

아직도 우리 주변에는 돈을 일보다 귀하게 여기는 사람들이 적지 않다. 의사의 목적은 환자를 돌보는 일이다. 그런데 돈을 벌기 위해 의사의 본분을 그르치는 사람이 있다. 예술가의 목적은 훌륭한 예술품을 남기는 데 있다. 그런데 명예나 지위를 노리다가 소중한 본래의 목적을 상실하는 경우를 자주 본다. 결국은 빈손으로 돌아가는 생애를 택하게 된다. 어리석고도 가엾은 일이다.

카네기는 돈을 값있게 운영했기 때문에 존경받는 인물이 되었다. 소유가 목적이었다면 빈손으로 갔을 것이다. 칸트가 명예와 지위를 따라다녔다면 지금 우리가 존경하는 칸트는 탄생하지 못했을 것이다.

일의 종류나 성격을 따지는 것이 아니다. 어떤 일이든 일을 사랑하고 귀하게 여기며 정성을 다한 사람은 그 일의 성과와 더불어 삶의 의미를 남기게 된다. 빈손으로 인생을 끝내는 사람은 자신을 위해 일하지만 일의 소중함을 알고 일하는 사람은 그 일의 결과가 이웃과 사회에 남게 되는 것이다.

인간을 위해 봉사를 다한 사람은 인간의 역사와 더불어 그 삶에서도 의미를 남기게 된다. 우리는 그 대표적인 인물을 공자·석가·그리스도에게서 발견한다.

그러나 그리스도는 다른 두 사람과 성격이 달랐다. 공자나 석가는 오래 살았다. 그런데 예수께서는 오래 살 수도 없었고 또 살기를 원치도 않으셨다. 예수께서는 죽음을 기다리면서 사신 유일한 분이

김형석 교수의 예수를 믿는다는 것

다. 그는 30세가 되어 전도를 시작할 때부터 죽음을 앞두고 기다리는 생활을 하셨다. 마치 죽기 위해 산 인물이라는 인상을 주는데 그것은 사복음서 어디에서나 엿볼 수 있는 내용이다. 왜 그랬을까? 인간을 하나님과 화해시켜 하나님의 자녀로 삼으시도록 하기 위해서였다. 화해에는 희생 제물이 필요한데 예수는 자신이 대신 희생 제물이 되어야 한다는 사실을 처음부터 확신하셨다.

예수만큼 자신의 죽음을 자주 예고하신 분도 없다. 또 구약에서도 희생양 되신 그리스도의 죽음을 거듭 강조했다. 기독교가 속죄의 종교라는 특성을 갖는 이유가 여기에 있다. 예수는 당신의 죽음을 통해 인류의 구원을 성취하려고 하셨다. 결국 그 뜻과 그의 삶을 통해 기독교의 본질이 밝혀졌다.

이 문제를 다루는 이유는 인간에의 봉사가 우리 모두의 생의 목적이기 때문이다. 따지고 보면 인생에서 이웃과 전 인류에 대한 봉사보다 더 가치있는 삶이 어디 있는가.

그렇다고 해서 봉사가 위대한 인물들에게만 주어진 과제는 아니다. 우리가 매일 하는 일, 우리에게 주어진 책임이 인간을 목적으로 수행되며 이웃과 사회에 대한 봉사의 정신으로 채워질 수 있다면 우리는 가장 값지고 위대한 삶에 도달하게 될 것이다. 그것이 인생의 제3의 차원이다. 인생의 목적이 무엇인가라고 묻는다면 최후의 목적은 인간을 위한 봉사라는 대답 이상을 얻을 수 없다.

여기서 한 가지 확인할 문제가 있다. 기독교는 이 사안을 어떻게 취급하는가 하는 것이다. 기독교는 인간에의 봉사가 최고의 목적임에는 틀림없으나 완전한 봉사는 우리의 회개와 거듭남을 통한 하나님의 사랑으로 이루어진다고 확신한다. 인간의 모든 능력과 사랑의 정신을 모은다고 해도 인간의 능력에는 한계가 있으며 인류가 구원받을 가능성은 없다. 내가 나를 구원할 수 없는 것처럼 인류가 인류를 구원할 가능성도 없다.

그러므로 모든 인간은 하나님의 사랑과 축복으로 구원을 얻으며 그 구원은 종국에는 영원에 이르는 것으로 완성된다. 이러한 인격적 구원과 세계사의 완성은 인간의 노력으로 이루어질 수 있는 것이 아니다. 따라서 우리는 그리스도를 통해 하나님에게로 돌아가는 위대한 결단을 인생의 목적으로 삼지 않을 수 없다.

인간의 자기완성은 가능한가

인간이 사회생활을 하는 데는 도덕과 윤리가 필요하다. 이것은 우리에게 양심이 중요하다는 사실과 통한다. 양심이 없거나 양심을 무시한 생활이 불가능하듯이 도덕과 윤리를 무시한 생활도 용인될 수 없음은 분명하다. 만일 "나는 믿음을 가지고 있기 때문에 도덕과 윤리에는 관심이 없다"고 말하는 이가 있다면 우리는 그 사람의 믿음을 올바르다고 평가할 수 있을까? 또한 그렇게 말하도록 가르치는 종교를 올바른 종교라고 인정할 수 있을까? 그것을 인정한다면 양심을 거부하는 믿음과 비양심적 행동을 용납하는 종교가 된다. 그런 종교라면 근본적인 한계가 있다.

어떤 종교도 비양심적이거나 반도덕적인 행위를 용납해서는 안 된다. 종교는 반드시 양심과 도덕을 포함하면서도 초월할 때 그 본래의 의미를 갖는다. 아무리 많은 사람이 모이고 거창한 행사를 벌인다고 해도 그 신앙 집단에 속한 사람들이 양심에 어긋나고 윤리적 규범 이하의 생활을 한다면 우리는 그 신앙을 용납할 수 없다.

종교가 미신이 되는 이유도 거기에 있다. 도덕적으로 수준 이하의 사람이 아무 노력 없이 자신의 몫을 챙기겠다는 욕심으로 신앙을 찾는 곳에는 미신 이상의 신앙이 자랄 수 없다.

무엇보다 먼저 양심적 가치와 도덕적 의의를 자각할 때, 그 종교는 참다운 종교가 된다. 그렇게 본다면 신앙은 도덕을 완성하면서 더 높은 것을 줄 수 있어야 한다.

부끄럽지만 우스운 이야기가 생각난다. 1970년대 초에 일본에서 온 목사들과 우리나라의 목사들이 함께 모인 적이 있었다. 우리나라의 어느 목사가 "기독교의 세는 한국이 월등하게 앞서 있는데 어째서 일본이 한국보다 더 잘살게 되었는지 모르겠다"고 말했다. 그때 한 일본 목사가 "그래도 사회 공의를 지키는 수준은 일본이 높지 않느냐"고 대답했다.

쑥스러운 내용의 대화였다. 교회가 도덕적으로는 수준 이하이면서 양적으로 팽창만 하면 그것이 기독교 신앙의 전부인 듯 착각하고 있다는 증거였다. 그런 착각을 바로잡지 못하면 마치 기초가 없는 집을 짓는 것처럼 큰 집을 지을수록 더 크게 무너지게 된다. 예수도 "거룩한 것을 개에게 주지 말며 너희 진주를 돼지 앞에 던지지 말라"(마 7:6)고 말했고 세속적 욕망을 신앙으로 착각하는 제자에게는 "여우도 굴이 있고 공중의 새도 거처가 있으되 인자는 머리 둘 곳이 없다"(마 8:20)며 따라오는 것을 거절했다.

금강석은 세상에서 제일 단단한 광석이다. 그러나 그것을 가는 것은 금강사(金剛沙)이다. 참 신앙은 고귀한 것이다. 그러나 신앙을 평가하는 시금석은 양심과 도덕이다.

그러면 참 신앙을 위해 우리가 해야 할 일은 무엇인가?

첫째, 양심의 회복이다. 양심의 회복은 신앙과 비신앙 할 것 없이 우리 모두에게 주어진 급선무이다. 개인의 일상생활이나 사회생활에서 양심의 회복 없이는 도덕과 신앙을 동시에 잃게 된다. 이 문제는 우리 전 인생에 걸친 필수 조건이다.

자기 정당의 승리를 위하여 부정 투표에 참여하면서 사회 정의나 민주주의를 거론한다면 무슨 소용이 있는가. 수단과 방법을 가리지 않고 돈을 벌어서 인생을 즐기려는 기업인이 십일조를 바치는 것이 무슨 의미가 있는가. 당장 자신에게 맡겨진 일은 돌보지 않으면서 타인의 생활에 관여하기 좋아하는 사람이 어떻게 선한 사회를 만들 수 있겠는가. 하물며 신앙이 다르다고 해서 가까운 가족들의 불행은 내버려둔 채, 사랑을 설교한다면 그 무슨 당착인가.

양심의 회복이란 어떤 경우에도 악과 짝하지 않고 선을 택하는 것이고 불의를 버리고 정의를 취하는 것이다. 어떤 경우에도 거짓

김형석 교수의 예수를 믿는다는 것

을 버리고 진실에 참여할 때, 우리는 양심의 자율성을 되찾을 수 있다. 그처럼 당연히 주어진 권리와 의무를 감당하지 못하면서, 또 스스로 포기하면서 믿음을 찾는다면 그 신앙이 참 빛을 낼 수 있겠는가.

그러므로 신앙인이 된다는 것은 역사와 사회 속에 살면서 정당한 가치를 발견하고 그에 따르려는 의지와 신념을 갖고 실천하는 것을 뜻한다.

둘째, 선하고 아름다운 인간관계를 책임지는 것이다. 우리가 머무는 곳에 싸움이 그치지 않거나 동료들이 자신을 달갑게 여기지 않는다면, 우리는 신앙과 종교를 논하기 전에 먼저 인간관계를 개선해야 한다. 예수께서도 제물을 바치기 위해 성전에 왔다가 잘못된 인간관계가 생각나거든 먼저 가서 그 잘못을 바로잡은 뒤에 제물을 드리라고 말했다. 종교행사보다 먼저 해야 할 것이 바로 선하고 아름다운 인간관계의 회복이다.

우리가 항상 강조하는 사랑이 무엇인가. 선하고 아름다운 인간관계를 위해 우리 자신을 희생시키는 것이 아닌가. 인간관계의 회복을 제쳐놓고 사랑의 실천만을 강조한다면 그것은 큰 모순이다. 종교인은 그것의 모범이 되어야 하고 사회 전체가 그렇게 될 수 있도록 애써야 한다. 구약을 믿는 종교나 이슬람교에서는 아직도 '이는 이로 갚고, 눈은 눈으로 갚는 것'을 요청하고 있다. 그래서 많은 휴머니스트가 그런 종교를 외면하거나 그들의 종교적 신념이 시정되기를 바란다. 선하고 행복한 인간관계를 해치면서 어떻게 값진 신앙생활을 할 수 있겠는가.

교회생활이란 다른 것이 아니다. 선하고 아름다운 인간관계를 증진하고, 세상 사람들에게 그것의 모범을 보여주는 것이다. 그들의 마음속에 '우리도 저들처럼 살아야지' 하는 생각을 심어줄 수 있는 선망의 대상이 되어야 한다. 그래서 초대 교회 교인들의 생활 모습을 본 세상 사람들이 당시의 신도들을 '크리스천'이라고 불렀던 것이다.

셋째, 휴머니즘(人道主義)에 동참하는 것이다. 휴머니즘이라는 말은 두 가지 뜻으로 쓰인다. 종교와 신을 거부하는 뜻에서 철저한 인간주의를 가리키는 경우와 인격적 삶의 완성을 위해 신앙과 신을 받아들이는 경우이다. 전자에 속한다고 해서 우리는 그들을 적대시할 필요는 없다. 예수께서는 바로 그런 사람에게 "수고하고 무거운 짐 진 자들아 다 내게로 오라 내가 너희를 쉬게 하리라"(마 11:28)고 말씀하신 것이다. 일부의 신도들이 반신(反神)적 인도주의자들을 경원시하고 있으나 오히려 그들은 기독교 신앙에 가까이 다가간 사람들이다. 지혜가 너희의 믿음을 심판한다는 교훈을 한번 상기해보자.

어떤 의미에서 논의되든지 휴머니스트들이 갖는 공통점이 있다. 인간은 다른 무엇보다 소중하며 모든 일에서 항상 목적이 되어야 한다는 사실이다. 이 사실은 종교와 도덕 구분 없이 적용되는 근본 원리이다.

기독교가 왜 존재하는가. 한 사람 한 사람의 생명을 귀중히 보신 그리스도의 정신 때문이다. 기독교 신앙의 본질이 어디에 있는가. 스스로를 죄인이라 고백하는 우리를 위해 하나님의 아들이신 그리스도께서 오셨다는 데 있다. 그렇다면 인간 주체성과 인간 목적의식은 우리 모두의 공통적인 기준이 아닐 수 없다.

그런 점에서 기독교는 어떤 종교보다도 인간성 회복에 앞장서야 하며 인격적인 사랑의 사회를 건설하기 위해 노력할 의무가 있다. 인간 목적의 역사적 책임에 동참할 성스러운 임무를 수행해야 한다. 문제는 그 책임을 인간의 힘만으로 해결할 수 있는가이다.

같은 실존주의 철학자이기는 해도 니체, 하이데거, 사르트르는 인간의 문제는 인간에 한한다고 생각했다. 그러나 키르케고르, 야스퍼스, 마르셀은 인간의 완성은 신의 은총을 통해 가능하다고 보았다. 그러나 그들 모두가 인간의 실존적 완성을 문제 삼았다는 사실은 부정할 수 없다. 따라서 우리도 인간 목적이라는 인도주의적 노력을 거부하거나 외면해서는 안 된다. 그것은 양심과 도덕을 도외시한 종교가 가능하다고 생각한 것만큼 잘못된 일이다.

이제 마지막 결론으로 돌아가자.

양심과 도덕적 노력이 채워졌다고 해서 인간이 자기완성을 이룰 수 있는가. 양심과 도덕이 우리를 구원할 수 있는가. 더 나아가 우리는 구원의 약속과 안식을 얻고 있는가. 어째서 공자는 "죽음을 알 수 없다"고 말했고 "아침에 도를 알면 저녁에 죽어도 좋다"고 호소했는가. 지금 우리는 양심과 도덕으로 삶의 모든 문제가 끝났다고 자신할 수 있는가.

기독교는 바로 그 지점, 인간의 한계와 인생항로의 난파 지점에서 우리에게 신앙을 요청한다. 허무와 절망의 강 앞에서 양심과 도덕으로는 건널 수 없는 무한의 강 저편으로 가야 한다고 가르치는 것이다. 강 저편에는 우리가 바라는 영원이 있고, 그 영원이 주는 참다운 안식이 있기 때문이다.

그 영원과 안식을 포기한다면 믿음이나 종교는 필요 없다. 그러나 학문·예술·도덕이 가져다줄 수 없는 영원과 안식을 갈구하는 수고로운 짐을 진 사람은 그 강을 건너야 한다. 강 저편에는 영원이 있고 그 영원을 약속해 준 하나님이 계시기 때문이다.

그러므로 양심과 도덕은 귀할수록 깊은 한계를 느끼며 맑을수록 무거운 짐을 안겨 준다. 공자가 준 교훈이 바로 그것이다. 기독교는 양심과 도덕을 완성하는 동시에 그것을 초월할 수 있는 신앙을 제시해 준다. 그것이 영원에서 오는 안식을 얻는 길이다. 바울이 "오호라 나는 곤고한 사람이로다 이 사망의 몸에서 누가 나를 건져내랴"(롬 7:24)고 호소한 것은 인간은 궁극적으로 구원을 갈구해야 하는 존재임을 보여 준다.

내가 아는 한 선배 철학자는 유교와 동양의 정신적 전통에서 자랐다. 그러나 세상을 떠나기 얼마 전 '성성성(誠成聖)'이라는 글을 남겼다. 성(誠)은 모든 윤리와 도덕 그리고 양심의 핵심이다. 그러나 우리를 구원으로 이끄는 성(聖)은 도덕의 한계를 넘어서 있다. 이 글을 남긴 그는 70 평생의 유교적 전통에서 벗어나 조용히 크리스천으로 귀의했다. 그의 장례식이 서울 시내 모 장로교회에서 치러졌을 때 많은 사람이 의외라 생각했다. 학계의 존경받는 원로였던 그가 크리스천이 아니었다는 것을 모두 알고 있었기 때문이다. 그 역시 인간의 궁극적 완성과 목표는 신앙적 구원에 있음을 죽음을 앞두었을 때 자각했던 것이다.

이것은 개인의 과제만이 아니다. 현재 우리는 과거 어느 때보다도 역사적 위기에 직면하고 있다. 그 사실은 과학자와 역사가를 비롯해 인류의 미래를 걱정하는 모든 사람이 더 잘 예고해 주고 있다. 지구와 인류의 종말이 눈앞에 있다는 자각을 이렇게 강렬히 느껴본 때는 과거에 없었다.

무엇이 우리를 구원할 수 있는가. 과거에는 양심이 그 책임을 져왔고, 윤리와 도덕과 이데올로기도 계속 인류의 구원을 외쳤다. 그러나 우리는 그 한계를 잘 알고 있다. 인류 구원의 책임과 약속을 지킬 수 있도록 해주는 것이 참다운 종교이며 그리스도는 그 뜻을 위해 이 땅에 온 것이다.

참된 신앙은 역사 속에서 영원을 사는 것

사람들은 기독교를 역사 종교라고 말한다. 거기에는 깊은 뜻이 깔려 있다. 우리가 아는 대부분의 종교는 인간과 자연의 관계에서 탄생했다. 원시 종교가 동식물의 상징을 숭배하는 토템 신앙이나 만물에는 영(靈)이 있다며 자연의 영을 믿는 애니미즘 신앙에 기울어졌던 것도 넓게 보면 자연 신앙을 가리킨다.

나름 철학적 사상을 내포한 종교도 마찬가지이다. 동양인들이 하늘(天)과 도(道)를 숭상한 것이나 신선(神仙)이 되는 것을 으뜸이라고 생각한 것은 모두 자연 질서에의 합일과 순환을 지향하는 신앙이다. 옛날 사람들은 인간은 자연에서 왔다가 자연으로 돌아가는 본성과 운명을 지닌 존재로 믿었기 때문에 그 신앙도 당연히 자연과의 동화일 수밖에 없었다.

그러나 이스라엘 사람들은 출발부터 달랐다. 자연은 인간을 위한 피조물이며 자연과 인간을 창조한 절대자가 있다는 믿음에서 시작된 게 구약과 신약의 종교이다.

그러므로 그들에 따르면 자연 숭앙이나 숭배는 잘못된 것이며, 우상 숭배라는 죄악을 범하는 일이다. 구약에서 수없이 되풀이되고 있는 '우상을 버리라'는 계명은 토템, 즉 동물상과 자연숭배를 배격하라는 뜻이다. 그들의 신앙은 인간과 자연이 아니라 인간과 하나님 사이의 관계에서만 존재한다. 그러므로 우리가 생각하는 일반적인 종교와는 그 성격이 다르다.

그 질적인 차이점을 강조한 것이 기독교는 역사 종교라는 견해이다. 인간과 자연은 철학과 과학을 만들어 냈으나 인간과 신은 역사를 만들었다. 세계적 종교학자인 엘리아데 교수도 "세계의 모든 종교가 자연을 바탕으로 삼고 있으나 기독교는 신을 상대로 하는 역사 종교이기 때문에 자연 종교 견지에서 본다면 기독교는 '동질의'

김형석 교수의 예수를 믿는다는 것

종교가 아니다"라고 말한다.

성경의 구조가 그렇다. 구약 첫 마디가 태초의 창조로 시작되고, 신약 끝마디가 재림의 약속으로 완결된다. 그것이 바로 역사의 시작인 동시에 마지막을 뜻한다. 그 중심을 만드는 것이 그리스도에 의한 인간의 구원이다. 요한복음 3장 16절 말씀이 바로 그것이다. 이렇게 본다면 기독교는 창조와 구원과 재림(완성)의 세 가지 사건으로 이루어져 있다. 그리고 구약과 신약의 대부분이 역사 기록으로 되어 있다. 다른 종교에 비한다면 기독교는 분명히 역사 종교이다.

그러면 역사 종교의 특수성은 무엇인가.

역사는 시간을 이질적(異質的)인 일회성(一回性)에서 이해한다. 역사에는 똑같은 사건이 하나도 없으며 한 번 지나간 시간은 반복되지 않는다. 역사의 마차가 달리고 있을 때 그 바퀴만 보는 사람은 역사는 반복한다고 말한다. 그러나 그 마차는 절대로 한 번 지나간 자리에 돌아오는 일이 없다. 시간은 이미 지나갔기 때문이다.

그러나 자연은 그렇지 않다. 춘하추동이 반복되며 물리현상도 질적 차이가 없이 반복된다. 그래서 그리스 사상을 이어받은 철학자 니체는 세계를 영구회귀(永久回歸)의 운명으로 파악했다. 세계는 끊임없이 반복되는 시간의 궤도를 달리기 때문이다. 이에 반해 역사는 모든 사건이 단 한 번의 의미를 갖는다. 그러므로 시간은 일회적이며 제각기 다른 역사의 의미를 만들면서 전진한다.

사람은 반복과 그에 따르는 필연성을 믿게 되면 자신도 모르게

　　　　　　　　　　제2부　우리의 믿음은 어디서 오나

운명론자가 된다. 그래서 자연 종교를 믿거나 역사의식이 빈곤한 사회에 가면 행운을 기다리는 운명론자가 되기 쉽다. 그러나 기독교는 언제나 역사적 선택과 결단을 강조한다. 동양과 서구 전통을 대신하는 니체는 '운명애'를 강조했다. 그러나 투철한 기독교 정신의 소유자였던 키르케고르는 언제나 '이것인가 저것인가'를 물었다. 기독교는 선택과 결단의 역사적 현재에 머물기 때문이다. 기독교가 역사 종교인 이유도 거기에 있다.

기독교는 생의 일회성과 역사적 구체성을 지니고 있다. 순간순간 가치 있는 선택과 결단을 하며 살아야 하고, 삶 자체가 하나님과의 인격적인 만남을 통한 역사적 사건이어야 한다. 그래서 구약과 신약의 공통된 역사 내용은 인간과 하나님의 생생하고 구체적인 관계와 사건으로 이루어져 있다. 그런 의미에서 기독교는 철학도 아니고 예술도 아니다. 철학과 예술을 탄생시킬 수 있는 삶의 직접적이고 구체적인 내용이다.

이러한 기독교의 역사성은 개인과 사회생활에서 미래지향적인 가치관을 북돋워 주었다. 역사의식은 과거의 노예가 되지 않고 다가오는 미래를 대비하려는 의지를 강화한다. 그리고 기독교 자체가 바로 그러한 미래지향적인 종교이다. 구약은 메시아가 올 미래를 준비하는 내용으로, 신약은 그리스도의 다시 오심에 대한 각오와 자세를 다지는 내용으로 되어 있다. 그러므로 기독교 신앙을 갖는 것은 미래지향적 인생관을 갖는 것과 일맥상통한다.

아우구스티누스는 1600여 년 전 자신의 저서 《고백록》에서 시간은 미래로부터 와서 현재라는 점을 거쳐 과거로 사라져 없어진다고 역설했다. 존재하는 시간은 미래이고 과거는 없어진 것으로 생각했다. 그러나 유교 전통에서 자란 우리는 대개 시간은 과거로부터 와서 현재를 거쳐 미래로 간다고 생각한다. 존재하는 것은 과거이고 미래는 아직 오지 않은 것으로 여긴다.

왜 이 문제가 중요한가.

과거와 인습의 노예가 되어 과거가 해결되지 않으면 미래로 갈 수 없다는 사고방식과 미래를 해결하기 위해 과거를 무로 돌리는 의식구조를 비교해 보라. 그 차이는 엄청나다. 그래서 사람들은 역사의식이 빈곤한 인도사회, 과거 중심의 동양사회, 미래지향적인 서구사회를 비교하면서 서구 전통을 발전한 사회로 평가한다.

지금도 우리는 공자나 맹자보다 훌륭한 사상가는 없다고 생각하고 그들을 존경한다. 그러나 서구의 젊은이들은 플라톤이나 아리스토텔레스를 존경하지만, 현대의 사상가는 모두 그들보다 앞서 있다고 생각한다. 역사는 끝없이 계속 발전한다고 생각하기 때문이다.

미래지향적이지 못한 모습은 과거 가정과 학교에서 엿볼 수 있다. 효도라는 미명 아래 부모를 위한 자녀의 책임을 강조하면서 자녀를 위한 부모의 책임은 다하지 못하는 보수적인 가정이 그렇다. 어느 한쪽도 희생하지 않으면서 서로 위해주는 가정이 바람직하다. 자녀를 희생시키는 부모가 되어서는 안 된다.

학교 교육도 마찬가지이다. 과거 학교에서 스승과 제자의 관계를 보면 제자는 스승을 위해 존재했다. 스승에 대한 복종과 충성이 교

제2부 우리의 믿음은 어디서 오나

육의 표준이었다. 그러나 최근에는 많이 달라졌다. 어디까지나 제자를 위해 스승이 존재한다. 스승은 복종을 강요하기보다 자율적 성장을 도우며 오히려 스승보다 앞서는 제자를 만드는 것이 교육의 근본정신이다. 부모보다 더 나은 가치관을 가진 자녀로 키우고 스승보다 앞서는 제자가 되도록 가르치는 것이 미래지향적인 가정과 학교의 모습이다.

사회생활도 그렇다. 장유유서(長幼有序)를 따지다 보면 젊은층이 기성세대를 앞서서 진취적으로 발전하는 데 차질이 생긴다. 젊은 세대가 기성세대와 자리를 함께하며 서로의 유능함을 비교하는 환경을 조성해 젊은 세대가 성장할 수 있도록 도와야 한다. 그것이 바로 다름 아닌 미래지향적 가치관과 생활방식이다.

이런 생각을 갖고 옛날 TV 드라마를 들여다보면 나라의 불행이 어디서 왔는지 짐작된다. 원수를 갚기 위해 서로 죽이고 은혜를 갚기 위해 파당을 짓는 것이 우리 비극의 시작이었다. 갚는다는 생각이 무엇인가. 과거를 해결하지 못하면 미래로 갈 수 없다는 과거 중심의 사고방식이다.

이런 점을 생각하면 역사의식의 필요성과 더불어 미래지향적인 가치관이 얼마나 중요한지를 재삼 강조하지 않을 수 없다.

또한 기독교가 역사 종교라는 것은 역사 속에 내재하는 심판 의식을 의미한다. 자연과학은 인과법칙에 따라 성립한다. 그러나 역사 속에도 인과에 따르는 심판의식이 있다. 물론 자연과학과 같은 인과법칙은 아닐 것이다. 그러나 선에는 선한 결과가 뒤따르고 악에는 악에 해당하는 결과가 뒤따른다는 것이 역사의 심판의식이다. 그래서 "세계사는 세계 심판이다"라는 말이 전해지는 것이다. 우리는 역사에서 언제나 그 사실을 체험하고 있다.

공부하지 않은 학생이 좋은 성적을 거둘 수 없듯이 게으른 민족은 가난해지며, 폭력적이고 독재적인 사회는 반드시 파괴와 무질서, 불신을 낳는 것과 일맥상통한다. 우리는 제2차 세계대전 직전의 일본과 독일에서 그 사실을 엄연히 확인했다. 언론의 자유가 없으면 유언비어가 성행하게 되는 것도 마찬가지이다.

기독교는 다른 어떤 종교보다 선악보응의 역사적 심판을 강조하는 종교이다. 그 점에서는 구약과 신약에 차이가 없다. 오히려 기독교가 신의 존재를 믿는다는 사실은 이 엄연한 역사적 심판 때문인지도 모른다. 살아 계신 하나님이란 역사 속에서 역사를 심판하시는 하나님이란 뜻이다. 그런 점에서 기독교는 역사 종교이다. 그렇기 때문에 하나님 앞에서 역사적 심판에 능동적·적극적으로 동참하지 않을 수 없다. 구약의 예언자들이 생명을 걸고 사회악과 역사악으로부터 하나님의 백성을 분리하려고 했던 이유가 여기에 있다.

또한 기독교는 이러한 역사 속에 영원을 담으며 그 영원한 것을 위해 노력하는 종교이다. 쉽게 표현하면 기독교는 흘러가는 역사 속에 영원히 남을 것을 위해 노력하는 종교라는 뜻이다. 모든 것은 시간과 더불어 왔다가 사라지고 온갖 것은 과거로 돌아가 그 자취를 찾을 길이 없어도, 기독교는 그 속에 영원히 남을 것을 위해 노력하는 책임을 갖는다는 의미이다. 영원히 남는 것이란 영원히 변하지 않는 어떤 것이 아니라 모든 역사적 사실을 영원히 새롭게 만들며 생명을 충족시키는 진리와 빛의 종교라는 뜻이다. 그것은 완성의 이념일 수도 있고 거듭나는 생으로 나타날 수도 있다.

한마디로 우리의 역사적 삶이 시간마다 그리스도와 함께 이루어지며 하나가 된다는 뜻이다. 신앙이란 그리스도와의 동시성(同時性)이라고 표현한 사람이 있다. 우리의 역사적 시간을 그리스도의 삶과 한가지로 채운다는 뜻이다. 그것이 바로 시간 속에서 영원을 사는 일이다.

만일 이러한 뜻을 신앙적으로 자각하는 사람이 있다면 '믿음은 사명이다'라는 결론에 도달하지 않을 수 없다. 참다운 신앙이란 자신의 생명보다 더 소중한 것을 위해 모든 것을 바칠 수 있는 삶이다. 그런 삶을 우리는 믿음이라고 부른다.

아무리 초보자라고 해도 믿음에는 그런 뜻이 있기 때문에 신앙을 갖게 되면 누구보다도 강렬한 역사적 사명에 동참하지 않을 수 없다. 영원히 남아야 할 무엇을 위해 사명감을 갖고 살 수 있다는 자기 결단과 노력, 우리는 그것을 역사 속에서 영원을 사는 길이라고 부른다. 예수를 믿는다는 것이 바로 그런 것이다.

예수님의 여러 비유 중에 두 아들의 비유가 있다.

아버지가 큰아들에게 포도밭에 가서 일하라고 말했다. 큰아들은 "예"라고 대답했지만 가지 않았다. 아버지는 작은아들에게도 말했다. 작은아들은 "아니오. 싫습니다"라고 대답했지만 뉘우치고 포도밭에 가서 일했다. 누가 아버지의 뜻을 따른 것일까?

믿음이란 무엇이며 어떤 특징이 있는지를 묻게 된다. 어떤 사람들은 믿음은 지식의 긍정이라고 생각한다. 배워서 알고 깨달은 바를 지적으로 긍정하면 그것이 곧 믿음이라고 생각한다. 그런 생각을 한 사람은 많다. 흔히 주지(主知)주의를 택하는 사람들이다. 중세의 토마스 아퀴나스도 믿음은 진리에 대한 신념이라고 생각했다. 진리가 그리스도를 통해 주어졌고, 내가 그것을 깨달았다면 그것이 곧 믿음이라는 생각이다.

많은 신학자가 그것을 인정한다. 그래서 열심히 연구하고 참다운 지식을 깨달아 더 깊은 믿음에 도달하려 애쓴다. 또 모르는 것은 믿을 수 없고 잘못된 지식은 참다운 신앙을 줄 수 없다고 여긴다. 그러니까 믿음은 진리이며 진리는 지식을 통해 주어지는 것이라고 생각한다. 앞으로도 이런 신앙관은 언제까지나 계속될 것이다.

또 다른 사람들은 믿음은 의지와 실천이라고 생각한다. 예수께서도 "나더러 주여 주여 하는 자마다 다 천국에 들어갈 것이 아니요 다만 하늘에 계신 내 아버지의 뜻대로 행하는 자라야 들어가리라"(마 7:21)고 가르치셨다. 야고보도 "영혼 없는 몸이 죽은 것같이 행함이 없는 믿음은 죽은 것이니라"(약 2:26)라고 기록하고 있다.

믿음이 사랑의 실천이라면 신앙은 생활이어야 하고, 생활은 곧 행위를 뜻한다. 우리 주변에도 Y운동(청년운동), 구제사업, 연합운동 등 행사를 목적 삼는 실천이 많이 제창되고 있다.

그러나 여기에 문제가 없지는 않다. 실천과 활동에만 치우치거나 그 일에만 열중한 나머지 신학적 깊이나 체계적인 기독교의 이해를 놓치게 되면 정신적 빈곤과 내면적 공허를 면치 못하게 된다. 무엇을 할 것인가는 윤리와 도덕의 문제일 수도 있다. 그리고 무엇을 믿을 것인가에는 더 높은 뜻이 있어야 한다.

문제는 여기서 그치지 않는다. 신앙은 감정적 상태라고 생각하는 사람들도 있다. 후진 사회나 지적 수준이 낮은 사회에 가면 그 상황은 매우 심각하다.

본래 신앙의 기능에는 감정 요소가 다분하다. 하지만 지적으로 빈곤하고 사회활동에 참여하기 어려운 대부분의 사람들이 감정적 흥분과 도취를 신앙으로 생각할 여지는 얼마든지 있다. 특히 그 정도를 넘어 망아 상태에 빠지거나 방언 등에 도취하게 되면, 비정상적인 상태가 은총의 사실인 듯 착각하는 사람들이 많다.

미국의 흑인 교회를 방문하면 그런 모습을 자주 발견하게 된다. 심지어 찬양을 하다가 졸도하는 사람, 흥분해서 고함을 지르는 설교자, 거의 발작 상태와 구별하기 어려운 모습도 볼 수 있다. 우리나라에서도 일부 교회에 가면 비슷한 모습을 발견한다. 특히 성령강림이나 예수의 재림을 강조하는 교파에서는 그런 성격의 신앙생활이 자주 눈에 띈다.

그러면 참다운 신앙생활이란 어떤 것인가.

어느 누구도 그것에 대해 만족스러운 정의를 내릴 수는 없다. 그러나 적어도 신앙은 인간의 지성·의지·감정을 모두 포함한 고요하고도 엄숙한 전인적인 인격의 과제라고 생각할 수는 있다. 신앙은 흥분 상태나 감정의 내용만도 아니며, 합리적 사색이나 신학적 결과도 아니다. 그것을 생명력 있는 신앙이라고 할 수는 없다.

사실 기독교는 신(神)학이 아니라 신(信)학을 가진 종교이다. 신(神)학은 옛날에도 있었고 기독교 이외에도 얼마든지 있다. 무신론자에게도 신(神)학은 존재할 수 있다. 그러나 기독교는 믿음의 학문적 이론과 체계를 원한다. 말하자면 무엇을 어떻게 믿는가가 관건이다. 물론 신(神)학과 신(信)학에는 공통점이 있다. 그러나 철학자들의 신(神)학이 학문적 접근에 중점을 둔다면, 기독교의 신(信)학은 교회와 믿음이 그 중심을 이룬다.

그러면 믿음은 무엇인가. 경건하고도 엄숙한 인격을 가지고 예수 그리스도에게 나아가 그의 인격과 삶을 나의 것으로 받아들이며 그리스도의 사명에 동참하는 일이다. 다시 말하면 하나님께 우리 모든 인격을 맡겨 새로운 피조물이 되며, 하나님의 뜻을 따라 역사적 사명에 동참하는 것이 곧 신앙이다.

그러므로 우리는 편협한 인품이나 병든 인격을 가져서는 안 된다. 그것은 더러워진 그릇이나 깨진 도자기와 같다. 그런 그릇에는 값진 물건을 담을 수 없다. 물론 병든 인격이 그리스도에 의해 새로 고침을 받는 것은 사실이나 우리는 자신의 인간됨과 인격을 소홀히 여기거나 인격 완성의 책임을 경시해서는 안 된다.

지적 수준이나 학문적 업적이 다른 사람보다 뒤떨어지면서 정신적 지도자가 되려고 하는 생각도 잘못이지만, 평균 이하의 지성을 갖고도 존경받는 신학자가 되기를 원한다면 그것도 큰 잘못이다. 좋은 신학자나 존경받는 신앙인이 되기 위해서는 누구에게도 뒤지지 않는 지적 수준을 갖추도록 학문적 노력을 게을리하지 않아야 한다.

사회활동에서도 그렇다. 모범적인 사업가이면서 교회의 지도자가 된다거나 어려운 일도 마다하지 않는 사회 공헌자이면서 기독교 신앙인이 된다면 바람직한 신앙생활을 할 수 있겠지만, 모든 일에 실패하면서 교회 지도자가 되거나 모범적이지 못한 사회생활을 하면서 크리스천의 의의만 찾는다면 어떻게 올바른 신앙인이라고 할 수 있겠는가.

크리스천이라면 누가 봐도 믿음직스럽고 언제 어디서 누구를 대하든지 정성과 진실을 느낄 수 있는 인품을 갖추어야 한다. 또한 모든 이웃이 마음으로부터 존경하고 기댈 수 있는 인격의 소유자이면서 그 위에 크리스천의 요소를 갖추어야 한다. 신앙으로서 그 결실을 입증해 줄 수 있어야 한다.

그런 뜻을 받아들이는 크리스천이라면 다음 몇 가지 문제에 대해 자기반성과 개선의 과정을 거쳐 바람직한 신앙생활을 할 수 있을 것 같다.

먼저, 크리스천들은 말이 많다는 일반적인 비판을 넘어설 수 있어야 한다. 그와 같은 좋지 못한 평을 받는 이유는 무엇일까? 가톨릭교회에서는 강론이 적기 때문에 도를 넘거나 점잖지 못한 설교를 듣는 일이 거의 없다. 그러나 개신교에서는 예배의 중심을 설교로 채우기 때문에 자연히 자주 설교를 듣게 되며, 설교의 횟수가 많아짐에 따라 말도 많이 해야 하는 폐습에 빠지기 쉽다.

또 설교는 조용히 거룩한 하나님의 뜻이나 경건한 신앙의 내용을 전하는 것에 그치지 않는다. 설교하다 보면 더 잘해야 한다는 압박감과 청중을 의식하는 심리에 사로잡혀 본의 아니게 지나친 표현을 남발하는 실수를 범하게 된다. 그래서 어떤 목사님의 설교는 시장판의 장사꾼 같다는 비판을 듣기도 한다.

그런 예는 수없이 많다. 우선 일반인들은 큰 소리로 고함을 지를 필요를 느끼지 않는다. 물론 강조하고 싶은 내용이 있을 수 있다. 그렇다고 해서 큰 목소리로 청중을 피곤하게 만들 필요는 없다. 예수께서도 별로 큰 목소리로 말씀하셨을 것 같지는 않다.

또 어떤 설교자나 대표기도를 맡은 사람의 경우 불필요한 악센트를 습관처럼 사용하기도 한다. 또 어떤 설교자는 주일학교의 어린 학생이나 수준 낮은 대중을 상대로 했던 발성과 손짓을 성인예배 회중에게 사용하는 경우도 있다. 지성인들이 듣기에 어색할 뿐만 아니라 그런 설교에 실망하기도 한다. 교회의 지도층이라면 이런 몇몇 태도는 삼가야 한다.

또 설교를 위한 설교를 하다 보면 자연히 말을 많이 하게 되고, 뒷감당을 하기 힘든 결과를 가져오기도 한다. 그래서 '예수 믿는 사람들은 말이 많아 못쓰겠다'거나 '말로 먹고사는 사람들'이라는 불쾌한 평을 듣는다.

더 걱정스러운 일은 교회 안에서 불필요하고 덕스럽지 못한 말이 도는 것이다. 여자 신도건 남자 신도건 자주 모이다 보면 말에 부주의한 경우가 많아지고 없던 말을 만들어 내기도 한다. 그런 말들이 교회 안에 돌면 교인들뿐만 아니라 교역자와 교회 지도층들에게도 안 좋은 영향을 미치는 것이 당연하다.

내가 아는 어느 사회지도층 인사는 부인이 교회에 나가는 것을 몹시 꺼렸다. 두 가지 이유 때문이었는데, 하나는 필요 없는 잡담과 수다스런 분위기가 싫기 때문이었고, 다른 하나는 기도를 드릴 때마다 공연히 울음 섞인 표정과 말을 사용해서 가정 분위기를 해치고 심지어는 자녀들의 정서교육에 도움이 되지 못하기 때문이었다. 부인의 교양 있는 태도와 자녀들의 정서 안정을 원하는 가장으로서 당연히 생각할 수 있는 문제이다.

친분이 있는 한 교인에게 그 이야기를 했더니, 그는 "교회만 그런가요? 다 그렇지요"라고 반응했다. 그러나 교회는 다른 사회와 비교할 수 있거나 남의 문제로 치부할 수 있는 곳이 아니다. 교회는 모든 면에서 사회의 모범이 되어야 하며, 더 나아가 미래의 교회는 사회가 더 교양 있고 양식 있게 발전하는 데 기여해야 한다.

물론 우리는 전도의 의미가 크다는 사실을 잘 알고 있다. 그러나

김형석 교수의 예수를 믿는다는 것

상대방의 생활고나 어려운 사정을 염두에 두지 않고 무조건 교회에 나오라고 한다거나, 왜 예수를 믿지 않느냐며 강요하는 식의 요청도 삼가야 할 때가 있다. 상대방의 인품이나 인격을 무시하거나 가벼이 여기는 전도는 전도이기 이전에 하나의 과오가 될 수도 있기 때문이다.

일주일 내내 뛰어도 생계가 유지되지 않는 근로자에게 일요일에는 쉬면서 교회에 나오라는 말이 통할 리 없다. 그래서 다른 나라의 신부나 목사들은 교회에 나올 형편이 못되는 사람들을 부두나 광산으로 찾아 나선다. 양들이 따라오게 하는 것이 아니라 양떼들이 있는 곳을 찾아가는 목자의 직책이 더 귀하다는 신념을 갖고 있는 것이다.

우리는 아버지가 포도밭으로 가서 일하라고 했을 때 그러겠다고 대답해놓고 가지 않은 큰아들처럼 말만 앞서기보다는 처음에 잘못했을지언정 곧 잘못을 뉘우치고 일터로 가는 작은아들처럼 실천이 있는 신앙을 가져야 한다.

신앙 자체가 생활이기 때문에 우리는 말보다 생활, 요구보다 모범, 시키기보다 섬기는 자세로 교회생활을 이끌어가야 한다. 만일 그렇게 살아간다면 지금 당장은 눈에 띄지 않아도 더 많은 전도와 더 값있는 교회생활을 영위해 갈 수 있을 것이다.

믿음은 앎이 아니라 신념이며, 신념은 실천을 통해 얻는 확신이다. 그러므로 믿는 대로 이루어진다는 것은 실천의 신념을 뜻한다. 삶의 결실을 이웃과 사회에 전할 수 있는 것이 신앙인 것이다.

제2부 우리의 믿음은 어디서 오나

성경을 읽는 사람들과 기독교를 받아들이려는 사람들이 이해하기 어려워하는 주제가 있다. 그것은 기독교의 기적 또는 이적의 문제이다. 성경에 나오는 상징적인 교훈은 그 뜻을 받아들이면 된다. '욥기'나 '요나'의 기록은 대개가 상징적 비유로 이해되고 있다.

그러나 신약에 등장하는 수많은 이적의 기록은 아무리 생각해도 비이성적이어서 논리적으로 해석할 수 없는 문제들이다. 그래서 이성과 합리주의를 믿고 현대과학의 정신을 이어받은 지성인들은 성경의 윤리적 교훈은 높이 평가하면서도 비과학적이며 반이성적인 이적들은 배제하거나 덮어두는 경향이 적지 않다.

그래도 문제는 남아 있다. 논어에도 이적의 내용이 없고, 불경에는 간혹 이적의 이야기가 있어도 별로 문제 삼지 않는다. 옛날이야기인 데다 불교의 이적 설화는 대개가 조작되었다고 믿기 때문이다.

그런데 기독교의 기적은 성격이 다르다. 신약이 기록될 당시는 로마 문명이 극치를 이룬 데다 그리스 철학이 널리 보급되어 있던 때였다. 그런 시기에 이적을 말하거나 주장했다는 것은 시대적으로 봐도 우스꽝스러운 일이다. 상당히 많은 스토아 철학자들이 기독교에 관한 이야기를 듣고는 '그런 어리석은 신앙이 어디 있는가'라든가 '철학적 지혜를 갖춘 내가 어떻게 그런 종교를 믿을 수 있는가'라는 의구심을 품은 것은 당연했다. 그들의 지성은 오늘날의 수준과 별 차이가 없었다.

그렇다면 문제는 기독교에 이적이 없거나 이적을 논하지 않는 방향으로 발전했어야 할 것이다. 그러나 기독교는 지금도 조심스럽긴 하지만, 이적을 논하고 있으며 이적의 체험을 주된 소재로 삼고 있다. 시대에 역행하는 길이 아닐까?

물론 구약이나 초대 교회의 실정으로 미뤄보아 지나치게 이적을 강조하거나 마치 이적이 신앙의 중심이며 목적인 것처럼 생각한 사람들이 없지 않다. 유감스럽게도 현대 기독교인들 중에도 자기 나름대로 이적이 신앙의 과제이고 그것 때문에 신앙을 갖게 되는 듯이 착각하는 사람도 있다. 말하자면 이적을 파는 잘못된 신앙인들이 없지 않다.

그러나 교회는 현대 사회에서도 이적의 문제를 배제하지 않고 있다. 많은 사람이 이적 같은 신앙 체험을 하고 있으며, 그것을 통해 신앙의 깊이와 내용을 더해 가고 있다. 또 오랜 신앙생활을 해 온 사람들은 경건하고 겸손히 그 사실을 숨기면서도 이적의 은총을 거듭 체험하고 있다.

이적이란 무엇인가.

옛날 사람들과 오늘날의 일부 신도들은 주로 두 가지를 이적이라고 생각한다. 하나는 인간의 힘으로는 불가능한 것이 하나님의 능력으로 이루어졌을 때 이적이라고 부른다. 다른 하나는 가장 확실한 증거로서 자연법칙과 질서를 초월하는 것을 이적이라고 생각한다. 그것을 믿는 사람들은 예수께서 바다 위를 걷고, 불치의 병을 치료하고, 모습을 변화시킨 뒤 모세와 엘리야와 대화를 나누셨다는 사실 등을 강조한다. 쉽게 말하면 예수께서 초자연적인 능력을 보이신 것을 이적 중의 이적이라고 여긴다.

그래서 어떤 사람들은 옛날 기우제처럼 비가 내리길 기원하는 행사에도 참석하는가 하면 불치병의 환자가 기적적으로 치유되기를 바라는 기도 모임에도 참석한다. 그들의 심리 상태를 살펴보면 하나님의 축복이 이적과 더불어 나타나기를 원하고, 그것이 하나님의 축복과 은혜라고 믿으며 그렇게 되기를 간절히 기다리게 된다. 일부 인사들이 그런 태도를 걱정하는 것은 그것이 기복 신앙이기 때문이다. 기복 신앙은 옛날부터 잘못된 종교관에서 비롯되며 자칫 이적을 파는 샤머니즘으로 변질될 가능성도 없지 않다.

그렇다면 기독교가 말하는 이적이란 어떤 것인가.

무엇보다도 중요한 것은 기독교는 절대로 이적을 선전하거나 장사하는 종교가 아니라는 점이다. 이적이 목적이 되어 이적을 행하는 종교는 반드시 잘못된 결과를 초래한다. 예수께서도 병을 고치거나 이적을 행한 후에는 반드시 그 사실을 숨기도록 당부하셨다. 더 소중하고 귀한 일에 지장을 가져오기 때문이다. 참다운 신앙인들도 그렇다. 이적적인 은총의 사실에 접한 사람은 그 사실을 가볍게 말하거나 떠들어 대기를 원하지 않는다. 이적은 언제나 더 높은 것을 위한 부수적 조건이었고 조심스럽게 숨겨야 할 은총의 사실이었다.

이적은 한마디로 은총이다. 하나님께서 인간을 축복해 주시는 은총을 우리는 세속적인 개념의 이적이나 기적으로 바꾸어 말하고 있

김형석 교수의 예수를 믿는다는 것

다. 그리고 은총의 궁극적 목표는 인간 구원에 있다. 허무와 절망에서 허덕이는 인간이 신으로부터 구원의 약속과 체험을 얻을 수 있다면 그 자체가 은총이며 그것은 무엇보다도 고귀한 이적이다.

그런 뜻에서 기독교는 은총의 종교이며 은총의 사실이 계속되는 동안 기독교는 세속적 개념으로 이적의 종교이다.

그러면 구원을 위해 가장 중요한 것은 무엇인가. 인격의 거듭남이며 생활의 신앙적 변화이다. 인격의 거듭남을 위해 그리스도가 오셨고, 그것을 통해 모든 신앙생활의 의미가 채워지는 것이다. 만일 기적적으로 병이 치료되고 어떤 인간에게 초자연적인 능력이 나타났다고 해도 그것은 구원의 목적을 위한 하나의 수단이며 과정일 뿐이다. 그 자체가 목적도 아니고 전부도 아니다. 예수는 의사도 아니고 의료사업을 위해 세상에 오신 것도 아니다.

새로운 불교로 알려진 원불교에서는 병들었거나 환자가 생기면 절에 가서 부처님께 낫게 해주기를 기원하지 말고 병원에 가서 치료를 받으라고 가르친다. 의료 혜택을 받도록 해주는 것이 곧 부처님의 뜻과 통한다고 본다.

기독교도 마찬가지이다. 예수께서 구원의 수단으로 환자를 치료해 주셨다고 해서 마치 병 치료가 기독교의 목적이라고 여긴다면 그것은 잘못된 생각이다. 예수께서는 병 치료보다 복음 전하는 것을 더 귀하게 여기셨다. 복음은 인간이 진리와 자유를 누릴 수 있는 구원을 얻는 데 필수조건이다.

그러나 믿음의 진정한 가치를 모르는 인간은 인격의 거듭남이나 값진 인생의 출발을 하찮게 여기고 눈에 보이는 병의 치료에만 열중하는 과오를 저지르기 쉽다.

그렇다고 해서 초자연적 능력의 은총을 모두 부정하는 것은 아니다. 육체의 건강이나 생명의 가치를 소홀히 여기는 것도 기독교의 뜻은 아니다. 문제는 그 자체가 목적이 되거나 기독교의 은총이 이적으로 채워지는 듯 착각하는 데 있다.

성경을 읽어 보면 이적은 세 가지 조건에서 일어나곤 했다. 첫째는 하나님께 바치는 영광이다. 그 사건을 통해 하나님께서 영광을 받으실 조건이 언제나 앞서야 한다. 둘째는 그리스도의 긍휼과 사랑이다. 자비와 긍휼이 있는 곳에는 항상 은총이 존재했다. 셋째는 우리의 믿음이다. 믿는 대로 된다는 것이 그리스도의 교훈이며 기독교의 신앙이다. 진정한 믿음은 모든 것을 가능케 한다.

만일 이 세 가지 조건이 지금도 충족된다면 우리는 이적의 가능성과 현실을 믿어도 좋을 것이다. 그리스도와 초대 교회 당시에는 왜 이적 사건이 많았을까? 하나님 나라의 출발을 위해서는 이 세 가지 조건뿐만 아니라 은총의 사실이 어느 때보다 더욱 필요했기 때문이다. 그 당시에는 순교자도 많이 나왔다. 순교 사건은 이적과 비례하기 때문이다.

키르케고르 연구로 널리 알려진 한 후배 철학자가 있었다. 어느 날 그가 나에게 이렇게 말했다.

"신앙생활을 한답시고 신학과 철학에 관심을 갖고 오래 살아오지 않았습니까. 그런데 제 아들이 현대 의학으로는 고치기 어려운 불치병에 걸렸습니다. 여러 의사의 진단 결과를 듣고 회복은 단념하고 있었습니다. 그런데 제 아내가 안타까운 어미의 심정을 누를 길이 없어 생명을 걸고 기도하고 또 기도를 받기 시작했습니다. 나는 오죽 괴로우면 저렇게 애태울까 싶어 안쓰러운 마음으로 지켜보았습니다. 그런데 놀랍게도 아들이 병에서 회복되었습니다. 그 후로 저는 그 사실 앞에 머리를 숙이고 있습니다. 지금까지 누구에게도 이런 얘기를 한 적이 없습니다. 너무 놀랍고 경이로운 사건이었기 때문입니다."

그는 옛날 파스칼이 겪었던 심정을 그대로 체험했다면서 앞으로 어떻게 하나님께 영광을 돌릴 수 있을지 알 길이 없다고 덧붙였다. 어쨌든 그는 장로의 아들로 태어나 나이 50이 될 때까지 교회생활을 했으나 그 일을 계기로 새삼 살아 계신 하나님의 능력과 그리스도의 사랑을 깨닫고 새롭게 신앙생활을 출발하게 되었다.

그러나 기적은 이러한 병고침만을 가리키지 않는다. 수많은 사람이 그리스도를 통해 인생의 희망과 장래를 약속받으며 거듭남을 체험하고 있지 않은가. 그것은 병의 치유보다 몇 배나 더 값진 이적이다. 그럼에도 불구하고 우리는 그것을 별로 중요하게 생각지 않는다. 그만큼 인간은 세속화되었으며 육체적인 이기심의 노예가 되어 버렸다.

성 프란체스코와 같은 비범한 인물만을 생각할 필요가 없다. 지금도 우리 주변의 많은 사람이 경건하고 지성스러운 기도와 사랑의 실천을 통해 많은 은총을 체험하고 있으며, 그 사건들의 연결이 기

제2부 우리의 믿음은 어디서 오나

독교의 역사를 이어 왔다. 그리고 앞으로도 계승해 갈 것이다. 은총의 사건은 항상 우리의 인격을 변화시키고 정신을 고귀하게 이끌어가며 역사 속에 영원한 것을 남게 해준다. 그것이 다름 아닌 신앙적 이적이다. 그리고 그 뜻은 자연질서를 지배하는 이적보다 몇 배나 바람직한 내용이다.

우리 영혼이 하나님 앞에서 구원의 약속을 받고 인격의 거듭남이라는 축복을 받게 된다면 은총의 사실은 지극히 당연하면서도 역사의 정도를 걷는 신앙적 체험이 된다.

초대 교회의 베드로나 바울의 신앙생활과 업적을 생각해 보자. 그들은 이성적 철학과 합리적 사고가 만발한 시대에 살았다. 그러면서도 철학과 사상 위에 은총과 구원이 있는 하나님 나라를 건설하기 위해, 우리 눈에는 이적이라고 볼 수밖에 없는 사건을 지극히 자연스럽게 전개해 나갔다. 만일 그런 역사적 사건이 없었다면 오늘날 기독교의 결실은 없었을 것이다.

그것은 그들이 하나님의 교회와 하나님 나라를 건설해 가는 역사적 사건에 지극히 자연스럽게 동참했기 때문이다. 그런 의미로 본다면 은총의 사실들은 오늘날에도 우리 주변에서 계속 일어나고 있다.

제3부

예수를
닦아가는 삶

예수는 누구보다도 깊은 고뇌와 환희를 겪으며 사신 분이다.

그 고뇌의 절정을 이룬 사건이 두 번 있었는데, 하나는 겟세마네 동산의 기도였고, 다른 하나는 십자가 위에서의 호소였다.

또 예수는 세상을 떠나시기 전날 밤, 이 땅에서 가장 즐겁고 만족스러운 순간을 가지셨다. 마가의 다락방에서 제자들에게 베푼 최후의 만찬이 그것이었다. 사랑하는 제자들과 의미 있는 시간을 갖지 못한 채 세상을 떠날까 걱정하시던 예수님으로서는 값진 시간이 아닐 수 없었다.

그러나 그 밤이 다가기 전에 예수는 세상에서 가장 깊은 고뇌와 시련을 겪으셔야 했다. 겟세마네 동산에서 똑같은 기도를 세 차례나 드리셨다. 십자가를 지고 많은 사람의 조소와 환멸 속에 세상을 떠나는 것 말고는 방법이 없는지 하나님께 호소로 기도했던 것이다. 그때까지도 예수는 수많은 기도를 통해 하나님의 지시에 따라오셨다. 그러나 그날 마지막 기도에서는 가능하다면 다른 방법으로 하나님의 뜻을 이룰 수는 없는지 하나님께 간청하셨다.

그러나 하나님의 대답은 없으셨다. 두 차례의 기도가 끝났다. 예수는 제자들에게 자신에게 협조해 줄 것을 부탁하셨다. 그러나 제자들은 전혀 그 뜻을 이해하지 못했다. 세 번째 기도에 임했지만, 하나님의 뜻에는 변동이 없었다.

예수는 십자가를 지기로 결심하셨다. 결단을 내린 뒤부터 예수님의 마음은 가라앉은 듯 잠잠해졌다. 몇 시간 앞으로 다가온 고통과 죽음을 넘어 이미 멀리 떨어진 곳에 서 계셨던 것이다. 잡혀갈 때도 제자들을 돌봐줄 수 있었고, 두 차례의 법정에서도 예수는 매우 안정된 상태를 지키셨다. 이미 모든 것이 끝나 있었기 때문이다. 십자가를 지고 가실 때도 눈물을 흘리는 여인들에게 "나를 위하여 울지 말고 너희와 너희 자녀를 위하여 울라"(눅 23:28)는 위로의 뜻을 남기셨다. 십자가 위에서도 옆 십자가에 매달린 강도의 소원을 들어주셨다.

죽음을 각오한 사람에게 남은 모든 문제는 의미가 없는 법이다. 하물며 겟세마네의 고비가 이미 그 일생을 결정지었기 때문에 예수께 남은 것은 육체의 고통뿐이었다. 하지만 예수는 육체적 고뇌의 봉우리를 이미 넘어가고 계셨다.

그런데 그리스도에게는 넘어야 할 또 하나의 고뇌의 잔이 있었다. 그것은 십자가 위에서 남긴 독백에 나타나 있다.

"나의 하나님, 나의 하나님, 어찌하여 나를 버리셨나이까"(마 27:46) 하는 고뇌에 찬 호소였다. 복음서 기자들은 예수의 말씀을 원문 그대로 빼놓지 않고 기록하고 있다.

이미 겟세마네에서 결단하시고 모든 고통을 다 끝낸 예수께서 왜 이런 고뇌의 독백을 외치셨을까. 어째서 그래야만 하셨을까.

내가 중학교에 다닐 때 읽은 책의 저자는, 예수는 죽음을 앞두고 하나님의 존재와 자신의 사명감에 대해 부정적 회의를 느꼈기 때문에 그런 호소를 했다고 설명했다.

어떤 신학자는 시편 22편의 첫 구절 "내 하나님이여 내 하나님이여 어찌 나를 버리셨나이까 어찌 나를 멀리 하여 돕지 아니하시오며 내 신음 소리를 듣지 아니하시나이까"(시 22:1)를 읊는 것이라고 기록했다. 그 말로 시작해 하나님의 뜻과 영광을 찬양한 것이라는 해석이었다. 만일 누군가가 임종을 맞으면서 "하늘에 계신 우리 아버지여 이름이 거룩히 여김을 받으시오며"라는 말을 남겼다면 그것은 주의 기도를 드리면서 눈을 감았다는 사실을 입증할 수 있는 것과 같다.

나는 오랫동안 예수께서 왜 그런 고백을 하셨는지 그 참뜻을 깨닫지 못하고 있었다. 이미 겟세마네에서 자신을 위한 모든 문제를 해결하신 뒤였다. 예수님과 하나님의 관계는 완결되고, 하나님이 영광 받으시는 뜻은 이미 충족된 셈이었다. 그러면 무엇 때문에 호소를 남기셨을까.

나는 아주 우연한 기회에 그 뜻의 일부를 깨닫게 되었다. 그와 똑같은 탄식의 기도를 드리는 한 어머니를 직접 보았던 것이다.

내가 중학교 3학년 무렵이었다. 어느 여름날 저녁, 아버지는 방에 있고 어머니는 부엌에서 저녁을 준비하는 중이었다. 그때 어머니를 형님이라고 부르는 같은 동네의 한 아주머니가 어린 아들을 업고 집으로 달려왔다. 내 아버지는 의사는 아니었지만, 우리 마을에서 누구보다도 의학 상식이 풍부한 편이었다. 약방을 차렸던 적도 있고 동네 환자들을 의사나 병원으로 안내하는 일도 자주 했다. 사실 아버지는 오래 병을 앓았던 나를 위하는 심정으로 많은 의학

책을 읽었고, 그 상식이 쌓여 시골에서는 의사를 대신할 정도로 의학 상식에 정통했다. 어렸을 때 나를 치료해 준 미국 의사가 "이 아이의 아버지가 의사가 되어야겠는데"라고 했던 말을 아버지는 잊을 수 없었던 것이다. 동네에 위급 환자가 생기면 우선 아버지를 찾아오는 일이 잦았다.

어린 아들을 업고 땀투성이가 되어 찾아온 그 어머니도 그중 한 사람이었다. 그 부인에게는 세 살 때부터 뇌전증(간질)을 앓던 큰아들이 있었다. 그로 인해 지적 장애가 생겼고, 지금은 폐인이 되고 말았다. 그러던 중에 지금의 둘째 아들을 얻었다. 부부의 정성은 이 둘째 아들에게 쏟아질 수밖에 없었다. 둘째 아들이 잘 자라 네 살이 되었다. 그런데 그날 오후 갑자기 둘째 아들 역시 간질 발작을 일으킨 것이다. 그 소식을 전해들은 아이의 어머니가 밭에서 흙투성이가 된 채로 집으로 달려 와서는 갈 곳이 없으니 급한 마음에 그 아이를 업고 우리집까지 뛰어왔다.

아버지는 그 아이의 발작 상태가 이미 폐인이 된 큰아들의 상태와 같음을 알았다. 그렇다고 해서 어떻게 하겠는가. 발작이 끝나기를 기다리면서 손발을 주물러 주는 수밖에 별 도리가 없었다.

그때였다. 그 어머니는 넋잃은 사람처럼 하늘을 쳐다보면서 이렇게 탄식했다.

"하나님, 왜 저를 버리십니까!"

나는 지금도 그 어머니의 모습과 목소리를 잊을 수가 없다. 그 어머니의 탄식은 자기를 위해서가 아니었다. 자기 생명보다 귀한 아들의 절망적인 모습을 보았을 때, 자연스럽게 나온 독백이었다. 자기 아들을 자신의 생명보다 더 위하는 심정이 아니었다면 그런 호소는 나올 수 없었을 것이다. 혹은 이런 상황에 처하기 전에 '먼저 제 생명을 거두어가 주십시오'라고 기도했을지도 모른다.

모세는 그런 기도를 드렸다. 이스라엘 백성이 죄를 범하자 하나님께서 진멸하겠다고 선언하셨다. 그때 모세는 내 앞에서 사랑하는 백성이 징계의 죽임을 당하는 것을 볼 바에는 먼저 내 생명을 가져가 달라고 애원했다. 차마 볼 수가 없었던 것이다. 그리고 이방 사람들이 '너희 하나님이 어디 있느냐'고 비방하는 모습을 보는 것보다 죽음을 택하고 싶었던 것이다.

그러나 예수는 그렇게 도피할 수가 없었다. 모세에게는 이스라엘 백성과 자기 자신이 있었다. 자신의 존재가 사라지면 모든 문제는 끝나는 것이다. 그러나 예수는 모든 인간을 끝까지 구원하시는 것이 목적이었다. 자신의 존재보다 귀한 것이 인류의 구원이었다.

그런데 십자가에서 내려다보는 상황은 어떠했는가. 지금까지 있던 사회악이 최고로 높아져 있으며, 앞으로 다가올 역사의 심판은 너무나 비극적이었다. 저주, 원망, 하나님에 대한 반역은 도처에 있었고, 예수의 뒤를 계승해야 할 제자들도 환멸과 실망에 빠져 다 흩어져 버리고 말았다. 온 인류가 하나님께 버림받은 모습을 본 예수는 "하나님 어찌하여 나를 버리셨나이까"(막 15:34)라는 애타는 호소와 기도를 드리지 않을 수 없었다.

예수에게 문제가 되는 것은 육체의 죽음이나 고통이 아니었다.

그것은 이미 다 지나간 일이다. 가족이나 제자들이 빠질 환멸과 실망도 짐작 못한 바는 아니었다. 그러나 구약 때부터 정성을 들인 노력과 예수의 수고가 이렇게까지도 배반당하고 하나님을 외면하는 죄악으로 내달리는 상태를 보았을 때 예수께서는 억누를 수 없는 슬픈 마음으로 애끊는 호소를 하지 않을 수 없으셨다.

그것은 사랑하는 사람들을 위해 부르짖을 수 있는 최후의 기도였다. 기도할 수 있다는 것은 아직 종말이 아니라는 의미이다. 하나님의 사랑만이 인류를 구원할 수 있으므로 예수님으로서는 당연한 절규였다.

성경에는 그 기도가 끝난 뒤 예수께서는 "다 이루었다"는 말을 남기고 운명하셨다고 기록되어 있다. 그 기도는 사랑하는 인류를 위한 마지막 기도였던 것이다.

인간이 사는 데는 몇 가지 원칙이 있다. 자기를 위해 사는 사람들에게는 언제나 고통이 뒤따른다. 그래서 사람들은 인생을 고해와 같다고 말했다. 생각해 보면 고통은 누구에게나 엄습해 온다. 그 고통에서 벗어나기 위해 인생에서 도피하거나 부정하는 종교도 생기지 않았는가.

그러나 자신과 세상, 자신과 진리, 자신과 역사를 함께 생각하면서 사는 사람에게는 고뇌가 뒤따른다. 정신적인 고뇌이다. 소유나 육체로 인한 고통과는 다르다. 참 자유를 사랑하는 사람이 겪는 고뇌는 위대하다.

만약 민족의 자유를 갈망하는 사람의 고뇌가 얼마나 큰 것인지

제3부 예수를 닮아가는 삶

깨달은 사람이 있다고 하자. 그는 결코 자신의 고통은 말하지 않는다. 고통은 고뇌의 껍질에 지나지 않기 때문이다. 더 나아가 자신과 하나님과 인류를 동시에 생각하면서 사는 사람이 있다면 그는 하나님 앞에서 자신은 인류의 죄를 대신하는 희생 제물임을 자각하지 않을 수 없을 것이다. 자신은 껍질인 고통과 알맹이인 고뇌를 모두 불사르는 존재가 되어야 하며 자신을 스스로 포기하는 실천을 감행해야 하기 때문이다. 이미 자아를 위한 존재는 필요 없게 된다. 인간에 대한 사랑으로 자신을 희생 제물로 삼은 예수 덕분에 인류는 하나님 앞에서 구원받은 존재가 된다.

그때 그는 "하나님 어찌하여 나를 버리셨나이까"라는 기도를 드리게 된다. 그것은 하나님께 인류를 대신해 드린 최후의 기도이다.

값진 인생을 사는 법

예수의 가르침이 끝난 뒤 무리 중에 한 사람이 예수를 찾아와 "선생님 내 형을 명하여 유산을 나와 나누게 하소서"(눅 12:13)라고 부탁했다.

예수는 마음이 괴로웠다. 지금까지 진리와 하나님 나라의 교훈을 전했는데, 그것과는 전혀 상관없는 세속적인 주제를 청해 왔기 때문이다. 그래서 예수께서는 "이 사람아 누가 나를 너희의 재판장이나 물건 나누는 자로 세웠느냐… 삼가 모든 탐심을 물리치라 사람의 생명이 그 소유의 넉넉한 데 있지 아니하니라"(눅 12:14-15)라고 씁쓸하게 거절하셨다.

그러고는 말씀을 듣고 있던 무리에게 새로운 비유를 가르치셨다. 어떤 부자가 농사가 잘되자 새로 창고를 크게 짓고 여러 해 먹을 곡식을 쌓아 두기로 했다. 그리고 "영혼아 여러 해 쓸 물건을 많이 쌓아 두었으니 평안히 쉬고 먹고 마시고 즐거워하자"(눅 12:19)라고 말했다. 그러나 만일 그날 밤 하나님께서 그 사람의 영혼을 도로 찾아가신다면 그가 준비한 것은 누구의 것이 되겠는가. 그러면서 예수께서는 "자기를 위하여 재물을 쌓아 두고 하나님께 대하여 부요하지 못한 자가 이와 같으니라"(눅 12:21)라고 말씀하셨다.

생각해 보면 기막힌 말씀이고 누구에게나 해당되는 교훈이다. 나와 우리 주변에 이런 사람들이 얼마든지 있지 않은가.

내가 아는 의사 한 사람이 있다. 대학을 나온 뒤 개업해서 열심히 일해 적지 않은 재산을 모았다. 재산이 생기고 보니 의사 일이 대수롭지 않게 여겨졌다. 부인과 함께 그 재산으로 부동산 투기에 손을 댔다. 재산은 배로 늘어났다. 환자를 돌보는 일이 하찮게 생각되었다. 얼마든지 쉽게 치부할 수 있는 방법을 알았기 때문이다. 병원은 다른 이에게 양도하고 본격적으로 부동산에 열중했다. 그러나 불행한 사건이 생겼다. 도시계획에 묶인 땅을 사들였던 것이다. 그래서 소송을 제기했다. 몇 달 동안 밤잠을 설치면서 재산상의 손해를 막으려고 애쓰다가 혈압으로 쓰러져 병원으로 옮겨졌다. 부인은 혼자

서 처리할 능력이 없어 서울에서 대학 졸업반에 있던 아들을 내려오게 했다. 졸업 후 취직해 봤자 얼마 벌지 못할 것이라는 생각에서였다. 결국 몇 달 뒤 의사는 의식을 회복하지 못한 채 세상을 떠났고, 아들은 대학을 포기해야 하는 불행한 결과를 초래하고 말았다.

그 의사가 바로 예수의 비유에 나오는 주인공과 같은 인생을 산 것이다. 그 의사뿐이겠는가. 우리 역시 '좀 더 돈을 벌어야지', '좀 더 즐겁게 살아야지' 하는 마음으로 일생을 보낸다. 그러다가 아무것도 지니지 못한 채 인생을 끝내고 만다. '인생은 빈손으로 왔다가 빈손으로 돌아간다'는 격언이 전혀 틀린 말이 아니다.

내 육체를 위하여 많은 물건을 소유하고 즐겁게 살자는 생각이 우리 인생관으로 정착된다면 빈손으로 왔다가 빈손으로 갈 수밖에 없다. 그리고 참다운 행복과 즐거움도 누리지 못하고 만다. 소유가 목적인 사람은 누구나 같은 과정을 밟는다. 권력의 소유도 그렇다. 우리 정치 풍토에서도 이런 현실을 발견할 수 있었다. 앞서 말한 의사는 돈보다 몇 배나 귀중한 치료라는 의사의 본분을 잊고 황금의 노예가 되었기 때문에 인생에 실패했고, 잘못된 정치가들은 국민에 대한 봉사의 책임을 잊고 자신을 위해 권력을 소유하려고 애썼기 때문에 결국 빈손으로 돌아갔다. 자신이 빈손으로 돌아간 데 그치지 않고, 국민에게까지 큰 불행을 남기는 결과가 되었다. 명예를 소유하고 싶어 자신과 사회에 불행을 남기는 사람들도 얼마든지 있다.

예수께서는 그런 사람을 가리켜 인생을 잘못 사는 어리석은 사람이라고 말씀하셨다. 그러면 인생을 값지게 사는 지혜로운 사람은 누구인가. 정신적 가치를 남기기 위해 재물을 쓸 줄 아는 사람이며, 값진 일을 찾아 그 일에 정성을 쏟는 사람이다.

최근에는 기업인들도 그 뜻을 잘 알고 있다. 지금은 돈을 벌기 위해 회사를 차리거나 공장을 세우는 사고방식은 기업정신이라고 생각지 않는다. 기업 이전의 가치관이다. 진정한 기업인은 기업을 통해 사회에 경제적 혜택을 주며 기업 운영의 목적을 정신적 가치에 두는 사람이다. 학자가 학문적 성과를 남기고 예술가가 좋은 작품을 남기듯이 기업다운 기업을 남겨 사회에 경제적 혜택이 돌아가도록 하는 것이 기업의 목적이 되고 있다.

우리나라에도 점차 그런 기업인들의 수가 늘어나고 있다. 유한양행(제약회사)의 창설자인 유일한 씨가 그런 인물이었다. 그는 국민을 질병으로부터 보호하고 기업의 혜택을 사회에 환원하기 위해 평생을 바쳤다. 만일 우리나라의 모든 기업인이 그와 같은 정신을 이어받을 수 있었다면, 지금 우리는 세계에서 가장 앞선 경제생활을 누리고 있었을지 모른다. 경제의 의미는 소유하는 것이 아니라 기여하는 것에서 찾아야 한다.

어떤 면에서 본다면 그들은 인생의 의미를 자신의 일과 생활을 통해 보여준 사람들이다. 사회에 기여하기 위해 물질의 소유를 포기했거나 타인에게 제공한 사람들이다. 돈과 소유를 목적에서 수단으로 바꾸어 놓은 것이다.

예수께서는 이보다 더 높은 차원의 교훈을 주셨다. 자기를 위해 재물을 쌓아 두고 하나님께 대하여 부요하지 못한 사람은 그 부자 농부와 같아진다고 가르치셨다. 중요한 것은 하나님께 대하여 부요한 사람이 되어야 한다는 것이다. 하나님은 물질을 필요로 하는 분이 아니시다. 예수도 평생 동안 돈이나 재물을 소유하신 적이 없었다. 그렇다면 어떻게 하나님에 대하여 풍요한 생활을 할 수 있는가. 우선 우리는 하나님의 뜻을 깨닫고 하나님과 더불어 풍요함을 누릴 수 있는 삶을 생각해야 한다.

어떤 사람들은 참다운 크리스천은 재물을 소유하지 않는다고, 그것이 가장 크리스천다운 삶이라고 생각한다. 그래서 무소유와 빈곤을 자랑으로 삼기도 한다. 그러나 그것은 잘못된 생각이다. 그리스도의 뜻을 이해하지 못하는 사람보다 그리스도의 정신을 터득한 사람이 재물을 소유하는 것이 본인과 사회를 위해 더 바람직하다.

재물은 소유의 대상이 아니라 값지게 쓰일 때 가치가 있다. 크리스천이 재물을 소유한다는 것은 자신을 위한 점유가 아니라 하나님의 뜻대로 쓸 수 있어 그 가치가 인정된다는 뜻이다. 만일 기독교인 사업가는 재산을 소유하려고 애쓰고 비기독교인 사업가는 재산을 사회에 환원한다면, 후자가 훨씬 더 하나님 앞에서 풍요로운 생활을 하는 셈이다. 하나님이 원하시는 뜻대로 재물을 사용했기 때문이다.

하나님 앞에서의 풍요로움이 그대로 교회의 풍요로움이라고 생각해서는 안 된다. 교회는 재물을 소유하는 곳이 아니기 때문이다. 만일 교회가 다른 어떤 기관보다 가난하고 굶주린 이웃을 위해 경제적 혜택을 줄 수 있다면 그 교회의 풍요로움은 유익할 것이다. 그러나 교회가 베풀려는 목적이 아니라 단지 소유하기 위해 많은 재물을 원한다면, 그것은 하나님의 뜻에 어긋나는 것이다.

역사적으로도 교회가 많은 재물을 소유했을 때 과오를 범하는 경우가 많았다. 종교개혁 전후로 교회가 많은 재산을 소유했고 가난한 백성에게 경제적 도움을 주기보다 피해를 주었다. 하나님 앞에서의 풍요로움은 가난한 사람들을 풍요롭게 해주는 일이다.

으리으리한 교회 건물 주변에 있는 오막살이나 빈민촌을 보면 마음이 편할 수 있는가. 수많은 빈민과 실업자들이 먹을 것을 달라고 아우성치는데 교회만 풍족한 생활을 즐길 수 있겠는가. 그럴 수 있다면 그것은 하나님 앞에서의 풍요로움이 아니다. 예전에 한 외국인이 들려준 말이 지금도 생각난다. 한국에 와보니 크고 화려한 예배당과 사찰을 너무 많이 보는 것 같다는 얘기였다. 그는 사회적으로 빈곤한 사람들이 많은 나라에서 기독교와 불교가 잘못되어 가고 있다는 뜻을 그렇게 표현했던 것이다.

그러면 하나님 앞에서 진정한 풍요로움은 무엇인가.

예수는 "네 소유를 팔아 가난한 자들에게 주라 그리하면 하늘에서 보화가 네게 있으리라 그리고 와서 나를 따르라"(마 19:21)고 가르치셨다.

하나님 앞에서의 풍요로움은 모든 재물을 가난한 사람들을 위해 값지게 쓸 때라는 가르침이다. 그렇게 되면 경제적인 부가 고루 분배되면서 모두가 물질의 혜택을 받게 된다. 재물은 하나님을 위해 있는 것이 아니다. 하나님은 재물을 필요로 하지 않으신다. 만일 하나님의 뜻으로 세워진 교회라면 재물을 필요로 하지 않을 것이다. 교회가 재물을 앞세우는 것은 인간의 교회이기 때문이다.

그러면 재물이 갈 곳은 어디인가. 우선 가난한 이웃들이 잘살 수 있는 곳으로 가야 한다. 그렇다고 아무 일도 하지 않고 게으른 사람들이 경제적 혜택만 받으면 된다는 뜻은 아니다. 가난한 사람들이 일을 사랑하고 최선을 다할 수 있는 사회를 만드는 데 경제적 투자가 이루어져야 한다는 뜻이다. 그것을 예수는 가난한 사람에게 재물을 보내는 것이라고 표현하셨다. 일하는 사람이 늘어나면 기업이 더 성장하며 기업의 윤택함은 그 사회를 더 부하게 만든다.

그렇게 재물을 나눠주는 삶을 사는 사람은 경제적 대가로 하늘의 보화, 즉 참다운 믿음과 정신적 풍요로움을 누리게 된다. 사랑과 행복을 통해 값진 인생의 의의를 발견하게 된다. 이렇게 살 수 있는 사람이 기업에 참여하고 경제를 담당하게 된다면, 사회는 경제적 모순과 갈등에서 벗어나 하나님 나라의 모습을 찾기에 이를 것이다.

다시 우리의 문제로 돌아가자. 만일 지금 인생의 석양이 찾아와 세상 것들을 내려놓고 어디론가 가야 한다면 우리에게 가장 필요한 것은 무엇인가. 재산의 많고 적음이 무슨 의미가 있고, 지위의 높고 낮음이 무슨 소용이 있겠는가.

석양이 질 때 놀던 어린이들이 저마다 자기 집을 찾아가듯 우리도 갈 곳을 찾아가지 않으면 안 된다. 그때 갈 곳이 없는 어린이는

김형석 교수의 예수를 믿는다는 것

고아이다. 중요한 것은 장난감을 누가 더 많이 갖고 있는가가 아니다. 인생의 석양이 찾아왔을 때 갈 곳이 있는 존재가 되어야 한다. 죽음이 내 앞에 다가왔을 때 스스로를 갈 곳 없는 고아로 단정한다면 우리에게는 암흑과 허무만 있을 뿐이다.

하나님 앞에서 풍요로움을 갖는다는 것은 모든 소유를 정당하게 관리하여 사랑의 마음으로 기여와 봉사를 할 수 있고, 우리 삶의 영원한 가치를 위해 참다운 믿음을 얻으며, 우리 자신을 영원한 고향으로 이끌 수 있는 소망을 갖는 일이다. 그래서 예수는 재물로 향락을 얻으려는 부자 농부에게 삶의 한계인 죽음을 제시한 것이다.

오늘밤 당장 하나님께서 우리의 영을 찾지는 않으실 것이다. 그러나 언젠가는 부르심을 받았을 때 갈 곳 없는 고아로 남을 수는 없지 않은가.

예수께서 1억을 주신다면

만일 예수께서 나에게 '이 돈을 너에게 줄 테니 필요하다고 생각하는 곳에 쓰라'며 1억 원을 주신다면 어떻게 할까. 우선은 받는 것을 사양할 것이다. 나는 그 돈을 값있게 쓸 수도 없고, 훌륭한 경제 계획을 세울 능력도 없기 때문이다. 나보다 유능한 사람에게 줄 수 있도록 사양하는 것이 떳떳한 도리가 아닐까 싶다.

제3부 예수를 닮아가는 삶

'그래도 나는 너에게 맡기고 싶다'고 하신다면 어떻게 할까. 나나 내 가족을 위해 쓸 수 있을까. 전혀 그럴 수는 없을 것 같다. 우리 살림에 필요한 돈은 내가 벌어야 하고 전부터 벌어 쓰고 있다.

가까운 친척 중 한 사람이 재정적으로 어려움을 겪고 있으니 그들에게 줄 수 있을까. 그런 생각은 떠오르지 않는다. 가난한 친척은 가족들이 돕는 것이 원칙이고, 노력의 대가가 아닌 경제적 수입은 결국 경제적 자립을 해치기 쉽다.

대부분의 교인은 예수께서 주신 돈이면 교회에 헌금을 해야 할 것이라고 생각한다. 재물을 하늘에 쌓아 두라는 뜻을 교회로 생각하는 까닭이다.

그러나 나는 그렇게 생각하지 않는다. 교회는 돈을 맡아서 소중하게 쓰는 곳이다. 교회는 재산이나 돈을 소유하는 기관이 아니다.

내가 잘 아는 어떤 장로교회는 헌금이 많이 들어오자 그것으로 땅을 샀다. 하지만 결국 토지개혁으로 그 부동산이 헐값에 농민들에게 돌아가 버렸다. 교회 입장에서 본다면 큰 손해를 입은 셈이다. 그러나 사회인의 입장에서 본다면 그것은 잘된 일이다. 농토는 경작인에게 돌아가는 것이 사회 순리이기 때문이다.

예수께서는 어떻게 생각하셨을까. 역시 교회는 가능한 한 많은 것을 나눠줘야지 소유가 목적은 아니라고 말씀하실 것이다.

내가 다니는 교회에서 훌륭한 예배당을 건축한다면 나는 예수께서 주신 그 돈을 건축헌금으로 바칠 수 있을까. 사정에 따라서는 가능할지 모른다. 그러나 예배드릴 장소가 없는 농어촌의 가난한 교회 정도라면 몰라도 서울에 있는 풍족한 교회라면 헌금할 생각이 나지 않는다.

만일 훌륭한 교회가 파이프 오르간을 설치한다면 예수의 이름으로 헌금할 수 있을까. 그때도 예수께서는 당신의 이름으로 기념사업이나 헌금하는 일은 그만두라고 당부하실 것 같다.

그러면 그 돈은 어디에 쓸까? 실업자가 되어 경제적으로 어려운 사람들에게 나눠주면 어떨까. 생각에 따라서는 가능한 일이다. 열심히 일해 자력으로 경제적 곤란을 해결하려고 애쓰지만, 하루하루 입에 풀칠하기도 어려워 영양 부족으로 고생하는 이들이 있다면, 나는 풍성한 예산을 가진 교회에 헌금하는 것보다 그 가족에게 기꺼이 주고 싶은 마음이다. 큰 예배당 주변에 굶주린 이웃들이 있다면, 나는 예배당에 헌금하기보다 가난한 이웃을 위해 돈을 쓰는 것이 경제의 신앙적 원칙이라고 생각한다.

나의 직장은 학교였다. 상당히 많은 대학생이 등록금을 낼 길이 없어 학업을 중단하기도 한다. 학비를 벌기 위해 학업에 지장을 초래하면서까지 아르바이트를 하는 학생들도 많다. 그 젊은이들의 장래에 대한 기대가 좌절되는 것을 볼 때 마음이 안타깝기 그지없다.

그들에게 "이 돈은 예수께서 나에게 준 것인데, 이 돈을 자네에게 줄 테니 열심히 공부해서 훌륭한 인격을 갖추고 보람 있는 인생을 살아 주게. 그리고 후일에 경제적으로 자립하게 되면 자네와 같이 가난으로 고생하는 사람을 힘이 닿는 데까지 도와주게"라고 말하면서 건네주고 싶다. 나는 필요 이상으로 큰 예배당을 짓는 것보다 경제 형편이 어려운 사람을 도와주는 것이 더 값진 일이라고 믿고 있기 때문이다.

나와 비슷한 생각을 하는 사람들이 상당히 많은 것으로 안다. 한 친구는 나에게, 국가가 국민들의 세금을 가치 있게 쓴다면 자기는 세금과 연보의 질적 차이에 대해 가치판단을 내리고 싶지 않다는 말을 했다. 돈을 교회에 묻어두기보다 가난한 국민을 위해 쓰는 것이 어째서 잘못이냐고 반문한 것이었다.

수술비가 없어서 수술을 받지 못하는 사람이나 생명을 잃어야 하는 가엾은 환자들이 있다면, 나는 기꺼이 그들에게 돈을 주고 싶다. 그들은 누군가의 베풂과 사랑으로 당장 목숨을 구해야 하는 사람들이기 때문이다.

보호받아야 할 어린이나 지체 장애인 청소년이나 정신 장애인들이 돈으로 사랑의 보호를 받을 수 있다면 나는 즐거운 마음으로 그 돈을 내놓을 수 있을 것 같다. 예수께서도 그 뜻을 옳지 않게 보시지는 않을 것이다.

무엇 때문에 돈을 사용하는 데 이런 순서를 생각하게 되었을까. 경제력은 인간을 위해서 가장 값지게 쓰여야 하기 때문이다. 돈의 참다운 목적은 인간을 위해서이다. 구약 시대의 사람들은 돈을 하나님을 위해 쓰는 것으로 착각했다. 그러나 하나님께서는 인간의 돈이 필요할 정도로 가난하지도 않으시며, 성전을 짓고 교회 행사를 위해 많은 돈을 쓰는 것보다 가난한 이웃을 위해 쓰는 것을 더 원하셨을 것 같다.

세상의 아버지를 생각해 보자. 한 아들은 돈이 많아 큰 잔치를 벌이고 큰 집을 짓는데 다른 아들들은 굶고 있다면 그 아버지는 돈 많은 아들의 처사를 기뻐하겠는가. 중세의 기독교가 그런 과오를 범했기 때문에 종교개혁을 통해 개신교가 등장했던 것이다.

하물며 하나님의 일을 위해 쓴다며 모은 돈을 교회를 치장하거나 별로 필요하지 않은 행사에 쓴다면 그것은 큰 과오를 저지르는 일이다. 종교개혁 이전의 기독교가 그런 잘못을 감행했다. 로마 교황은 큰 성전을 지을 자금이 모자라게 된 데다 호화로운 생활을 하기 위해 수입이 필요했다. 그러나 교황은 세금을 걷기가 어려워졌다. 가난에 시달리는 국민들이 세금의 사용에 대해 불만을 품었기 때문이다.

돈을 거둬들이는 방법은 하나밖에 없었다. 순박한 국민들이 갖고 있는 신앙심을 경제성과 결부시키는 것이었다. 처음에는 성경에 있는 헌금에 필요한 내용들을 설명했다. 헌금을 거두는 가장 편리한 방법이었기 때문이다. 그러나 그 돈이 값지게 쓰이지 않음을 안 국민들은 헌금 내는 것을 기피했고, 가난한 교인들은 먹고사는 일이 더 시급했다.

그때 찾아낸 방법이 '면죄부'를 파는 것이었다. 헌금을 하면 그 헌금의 대가로 우리의 죄를 용서받을 수 있으며 이미 세상을 떠난 사람들의 영혼도 천국으로 갈 수 있다고 선전했다. 심지어는 "여러분이 내는 헌금이 땡그랑 소리를 내며 헌금 통에 떨어지는 순간 지옥에서 대기하고 있던 여러분 가족의 영혼이 천국으로 올라간다"는 표현도 서슴지 않았다.

돈 한 푼이 아쉬운 가난한 국민에게 이런 설명이 통하지 않자 고위 성직자까지 면죄부 파는 일에 앞장서게 되었고, 헌금을 거둬들인 성직자는 물론이고 자기 영토에서 그 일을 하도록 허락해 준 국왕도 한몫을 차지하기에 이르렀다. 용서받을 수 없는 과오가 아닐수 없었다. 상황이 이러하니 종교가 개혁되지 않을 수 없었고 개혁은 교회의 역사를 새로 쓰는 데 기여했다.

예수께서도 유월절을 계기로 제사 물건을 팔아 수익을 올리고, 시중에서 사용하는 로마 돈을 헌금에 쓰는 이스라엘 돈으로 바꾸어주면서 이득을 얻는 제사장과 교권자들을 책망하면서 하나님의 전을 강도들의 소굴로 삼았다고 크게 분노하셨다. 채찍을 들어 성전에서 장사하는 무리를 내쫓고 돈궤를 뒤엎었으니 예수의 분노가 어느 정도였는지 짐작할 수 있다.

옛날의 사건들을 되새겨 보는 이유는 겉으로 나타나는 모습은 다르지만 우리 자신도 자칫하면 같은 과오를 저지를 가능성이 있기때문이다. 그리고 지금도 일부에서는 같은 과오를 범하는 사람들이있다. 유사 종교가 생기는 것도, 일부 기독교가 사회의 걱정거리가되는 것도 마찬가지 이유에서이다. 우리는 경제적 목적과 치부를일삼는 종교를 걱정하고 삼가면서 우리 자신이 같은 위치에 머문다면 그 결과는 어떻게 되겠는가.

세상의 지혜로운 사람들도 돈은 그 자체가 목적이 아니며, 값진삶을 살기 위한 수단일 뿐임을 잘 알고 있다. 지금은 기업을 운영하

♦   김형석 교수의 예수를 믿는다는 것

고 있는 경제인들도 이윤추구나 치부가 궁극적 목적이 아님을 인정하고 있다. 그래서 자본주의 자체가 소유 체제에서 기여 체제로 변하고 있다. 그것이 경제 발전의 원리이기도 하다. 그런데 아직도 소유 의식을 넘어서지 못하는 종교가 있다면 어떻게 그런 종교가 현대사회를 이끌어갈 수 있겠는가.

따라서 우리는 올바른 경제관을 확립해야 하고, 그 방법의 하나로 예수께서 주신 1억 원을 어디에 쓸지 생각해 보는 시간을 가질 필요가 있다. 예수께서는 그 1억 원을 어디에 쓰셨을 것으로 생각하는가.

물론 우리는 그 문제를 개인적인 면에서 생각해 보았다. 인간은 누구나 개인 경제의 일면을 가지고 있기 때문이다. 그러나 더 중요한 것은 경제의 사회적 성격이다. 후진 사회의 크리스천들은 신앙을 개인적인 것으로 취급하거나 가정의 과제로 여기는 경우가 많다. 그러나 선진 사회에서는 신앙의 사회적 의의가 강조되며 교회는 사회적 책임이 있다는 신념이 강하다. 그래서 후진 사회일수록 열심히 모이고 번잡한 교회 행사를 즐기는 반면, 선진 사회에서는 그리스도의 정신과 이념을 어떻게 사회적으로 실현하는가에 중점을 둔다. 어떤 면에서 "주여, 주여" 하고 입으로만 부르는 사람은 후진 사회에 많고 직접 하나님의 뜻을 실천하는 사람은 선진 사회에 많다는 이론이 성립될지도 모른다.

아직도 우리 주변에는 고아원을 운영하는 것은 기독교 사랑의 실천이지만, 큰 회사나 공장을 경영하는 것은 치부를 위한 수단이라고 잘못 생각하는 이들이 없지 않다. 그러나 많은 회사와 공장이 문

제3부 예수를 닮아가는 삶

을 닫게 된다면 개인적인 구제 사업만으로 빈곤 문제가 해결될 수 있을까. 정치가 잘못되어 혁명이나 전쟁이 벌어진다면 구제품을 모으는 것만으로 그 비참을 극복할 수 있을까. 그렇다면 경제문제도 사회발전을 통해 해결되어야 할 것이 아닌가.

사회가 발전하더라도 돈은 그 자체가 목적이 아니고 소유가 최선의 길이 아니라는 경제관념에는 큰 변화가 없다. 돈은 그것을 필요로 하는 가난한 사람에게 선용의 가치가 있다는 사실을 깨닫는다면 교회가 지닐 경제적 의의도 쉽게 찾을 수 있다. 경제 문제 해결의 첩경은 가난 때문에 인간적 삶을 영위할 수 없는 사람을 위한 경제 정책을 최우선으로 실시하는 것이다. 국가와 사회 경제가 모두 그런 방향으로 목표를 설정하고 있는데, 교회만 아직도 편협하고 낙후된 경제관을 갖고 있다면 그것은 큰 불행이 아닐 수 없다.

그런 점에서 크리스천은 자신의 모든 재산이 예수로부터 위탁받은 것이며, 예수 그리스도 대신 쓰는 것일 뿐이라고 생각하면 크게 잘못이 없을 것이다.

어울리지 않는 계산

큰 포도밭을 가진 한 부자가 있었다. 아침 일찍 일거리를 찾는 사람들을 만나 자기 포도밭에서 일하라고 부탁했다. 품삯은 넉넉하게

김형석 교수의 예수를 믿는다는 것

한 데나리온을 주기로 약속했다. 오전 9시쯤 장터로 나갔다가 일거리를 찾지 못해 놀고 있는 몇 사람을 보고 그들에게도 자신의 포도밭에서 일하라고 말했다. 12시와 오후 3시에도 그렇게 했다. 그런데 주인은 5시에도 일감을 찾지 못해 장터를 서성대는 사람을 보았다. 빈손으로 돌아가면 그의 가족이 얼마나 실망할까 하는 생각에 그에게도 자신의 포도밭에 가서 일하라고 말했다.

한 시간쯤 지나서 주인은 품삯을 지불하기 위해 포도밭으로 갔다. 종을 시켜 가장 늦게 온 사람부터 한 데나리온을 주고 3시, 12시에 온 순서로 돈을 주었다. 아침 일찍부터 와서 일한 일꾼은 한 시간에서 세 시간만 일한 사람도 한 데나리온을 받으니, 자신은 훨씬 많이 받을 것이라고 기대하면서 자기 차례를 기다렸다. 그런데 주인은 자기에게도 한 데나리온을 주는 것이 아닌가. 그래서 한 시간 일한 사람과 종일 뙤약볕에서 더위를 견디며 일한 사람이 어떻게 똑같이 받을 수 있느냐며 항의했다.

그러자 주인은 이렇게 말했다. "친구여 내가 네게 잘못한 것이 없노라 네가 나와 한 데나리온의 약속을 하지 아니하였느냐 네 것이나 가지고 가라 나중 온 이 사람에게 너와 같이 주는 것이 내 뜻이니라 내 것을 가지고 내 뜻대로 할 것이 아니냐 내가 선하므로 네가 악하게 보느냐 이와 같이 나중 된 자로서 먼저 되고 먼저 된 자로서 나중 되리라"(마 20:13-16). 예수께서는 이 비유를 통해, 어려움에 처한 사람을 돕기 위해 사랑을 베푼 주인에게는 잘못이 없으며 나중 사람이 처음 사람보다 앞서는 일은 충분히 가능함을 가르치셨다.

영국이 산업혁명 후 노사분규 등으로 사회 경제적 혼란을 겪고 있을 때 존 러스킨은 이 비유를 읽고 《나중에 온 이 사람에게도》라는 저서를 남겼다. 경제적 갈등과 모순을 해결하는 방법으로 인도주의적 경제학을 제시한 것이다. 훗날 인도의 간디도 서로 경쟁하기보다 사랑을 베푸는 것을 강조하는 그 책을 읽고 감명을 받아 사회 경제의 새로운 방향에 대해 큰 깨달음을 얻었다. 지금과 같이 사회 경제적 시련기를 겪고 있는 우리도 예수의 포도밭 주인 교훈을 통해 신앙적 깨달음을 얻기를 바라는 마음이 간절하다.

이 이야기는 자본주의 경제 체제를 부정하는 뜻으로는 볼 수 없다. 본래 예수는 많은 사람이 피해를 입을 수 있는 급진적 사회개혁을 원한 분이 아니셨다. 가이사의 것과 하나님의 것을 구별하여 하나님의 뜻이 가이사의 것을 지배할 수 있는 역사가 전개된다면 역사는 정당하고 올바른 궤도로 서서히 옮아갈 수 있기 때문이다. 문제는 도덕적 가치나 신앙의 개념을 잘못 가르치거나 인격적 파멸을 불러오는 죄악을 저지르는 것이다. 이에 대해 예수께서는 절대 용납하지 않으시고 크게 책망하셨다.

예수께서 자본주의 경제 체제가 아닌 다른 체제에서 사셨다고 해도 어떤 급진적인 개혁을 강요하지는 않으셨을 것 같다. 사람들이 누려야 할 정신적 가치와 의의를 갖게 되면 경제, 정치 등 피상적 문제들은 자연스럽게 해결될 것이라는 것이 예수의 뜻이었던 것 같다.

그러면 예수의 교훈은 무엇을 뜻하는가.

사람은 누구나 열심히 일해야 하고 또 일할 수 있는 여건이 형성

되어야 한다는 것을 뜻한다. 기독교는 일을 사랑하는 신앙을 가르쳐 왔다. 게으름은 악이며 모든 과오의 원인이다. 그러므로 인간은 누구나 열심히 일하지 않으면 안 된다. 안식일 관념도 그런 의미를 갖고 있다. 5일간은 즐겁게 정성을 다해 일하고, 주말에는 기쁜 안식을 취하라는 것이다.

즐기고 싶은 것은 인간의 본능이다. 즐기는 것은 노는 것과 통한다. 지금도 편하게 놀면서 일생을 보내려는 잘못된 인생관을 가진 사람들이 많다. 그러나 인간은 누구나 일을 사랑하고 열심히 일할 수 있을 때 건강해지고 능력이 향상되어 성공과 영광을 누릴 수 있다. 이 모든 것은 일의 대가로 주어지는 것이다. 5일간 육체노동을 한 사람은 하루의 정신노동이 필요하며, 5일간 정신노동을 한 사람은 하루의 육체노동이 필요하다. 안식은 하루로 족하다는 것이 구약 때부터의 교훈이다.

이와 같이 기독교는 근로정신을 소중히 여기는 종교이기 때문에 그 뜻을 올바로 받아들인 사회는 일찌감치 경제 발전을 이루었다.

나는 평양 부근의 농촌에서 자랐다. 우리 마을에는 일찍부터 장로교회가 있었고 나는 어릴 때부터 교육과 근로정신을 강조하는 분위기에 익숙해져 있었다. 지금 생각해 보면 당시의 서울 근교에 비해 교육과 경제 수준이 두세 배는 높지 않았을까 싶다. 마을에는 사립 초등학교가 있었고, 채소, 과일, 벼농사 등 농업 개발도 80년대 서울 주변과 큰 차이가 없었던 것으로 짐작한다.

포도밭 주인이 다섯 차례에 걸쳐 일꾼을 밭으로 보냈다는 것은,

사람은 일을 할 수 있고 또 일을 해야 경제적 기본을 갖출 수 있다는 사실을 암시한다. 둥근 삼각형을 생각할 수 없듯 게으른 크리스천은 상상할 수 없는 사회를 만들어야 한다. 일은 인간에게 주어진 특권이며 또 모두에게 주어진 축복의 조건이다. 만일 교인들이 교회생활에 붙잡혀 일을 못하거나 중고등학생들이 교회 봉사에 치우쳐 학교에서 좋은 성적을 얻지 못한다면, 교회는 근면과 근로의 중요성을 다시 한번 고려해 봐야 할 것이다. 일을 사랑하는 것 자체가 크리스천다운 삶의 조건이다.

물론 가난한 사람들은 수입을 위해 일하는 것이 보통이다. 그렇다고 해서 수입이 안정적인 사람은 놀아도 된다는 생각은 용납될 수 없다. 오히려 그들이 하는 일은 인류를 위해 귀하게 쓰이기 때문에 더 일을 해야 하고, 돈을 쓰면서라도 필요한 일을 할 수 있을 때 진정 값진 삶을 살게 된다. 기독교적 기업 철학이나 경제 윤리는 간단하다. '열심히 일하고 부지런히 노력해서 경제적 부를 쌓으라. 그리고 그것을 너와 네 가정을 위해서가 아니라 가난한 이웃과 사회를 위해 써라'이다. 그렇게 일하는 개인과 기업이 될 때, 우리는 가난하고 게으른 사람이 없는 행복한 사회를 만들게 된다. 그래서 예수께서는 일에 대한 보수보다 의무를 강조하셨다.

여기서 중요한 점은 다음에 있다. 오후 5시에 포도밭에 와서 일한 사람은 한 시간밖에 일하지 않았고 12시에 온 사람은 여섯 시간을 일했지만 아침 일찍부터 포도밭에 온 사람은 열 시간이나 일한 셈이었다. 그러나 주인은 그들 모두에게 똑같은 보수를 주었다. 처음부터 일한 사람이 불공평하다고 항의할 만하다. 일은 10배나 더 했는데도 똑같은 보수를 받았기 때문이다.

그러나 주인의 생각과 판단에는 잘못이 없었다. 그 당시 하루의 품삯 1데나리온 정도면 자타가 인정하는 충분한 보수였고 또 그렇게 주기로 정한 약속을 이행했기 때문이다. 굳이 문제를 찾자면 늦게 온 사람들에게 주인이 자비를 베푼 것뿐이다. 그들에게도 가족이 있고 돈을 가져가지 못하면 온 가족의 굶주림을 해결할 길이 없다. 또 그들도 조건이 허락되었다면 아침 이른 시간부터 포도밭에서 일할 수 있었을 것이다. 그 잘못은 그들 개인보다 사회 여건에 있었던 것이다.

왜 예수께서는 이런 경제관을 가르치셨을까. 거기에는 두 가지 기본 원리와 질서가 전제되어 있다. 하나는 일을 한 사람은 누구나 그 가족과 함께 생활고에 시달리지 않고 살 수 있는 여건이 이루어져야 한다는 것이고, 다른 하나는 사회는 그러한 경제 질서를 확립해야 한다는 것이다.

이 가르침은 개인의 소유를 목적으로 삼는 자본주의 체제가 개선되어야 함을 뜻한다. 자본주의 체제가 잘못되었다는 지적이 아니라 개인의 소유 체제가 기여 체제로 바뀌고, 가난한 사람을 도외시한 채 나만 많은 재산을 소유하고, 또 그 재력을 즐길 수 있다는 생각은 바뀌어야 한다는 의미이다. 우리는 개인의 소유를 목표로 삼는 자본주의 경제 체제가 많은 문제를 안고 있음을 잘 알고 있다. 그런 문제 때문에 과거에 공산주의가 힘을 얻게 되었다는 사실만 보더라도 충분히 짐작할 수 있다.

그래서 공산 세계와 대치하고 있는 몇몇 국가들은 균등한 경제적 혜택을 지향하는 복지 체제를 택하고 있으며, 자본주의 사회들도 개인의 소유 체제를 사회적 기여 체제로 개편해 가고 있다. 다시 말하면 가난한 국민이 없고, 경제적 혜택이 고르게 돌아가야 경제 발전도 빨리 이루어질 수 있다는 것이 현대 경제의 원칙이 되었다.

이 원칙은 경제적으로도 정의 위에 사랑의 질서가 수립되어야 함을 의미한다. 흔히 법률·정치·경제에서는 공정의 원칙이 지켜져야 한다는 것이 상식이다. 물론 맞는 말이다. 그러나 그 공정성이 실현되려면 인도주의적 박애 정신과 어려운 사람을 돕는 봉사 정신이 반드시 전제되어야 한다. 또 그것이 이루어지는 사회 질서를 확립하는 것이 기독교의 의무이자 사명이기도 하다.

예수의 비유에서는 마지막에 온 사람에게 먼저 임금을 지불했고, 그것은 주인의 뜻이라고 말했다. 말하자면 가난하고 헐벗은 이웃을 먼저 생각하고 우선적으로 돕는 정책을 수립하는 것이 옳다는 뜻이기도 하다. 그것은 경제 정책이나 국가 경제를 운영하는 경우에도 마찬가지이다.

큰돈을 들여 국회의사당을 신축할 때 국회의원 중 누구 하나 병원이나 학교를 먼저 짓고 기다렸다가 국회의사당을 짓자고 요청한 사람이 없었다. 국회의원들 중에 크리스천과 불교도들이 많이 있었음에도 그랬다. 바로 이런 사고방식이 잘못되었다는 것이다. 앞으로도 그런 의식구조를 고치지 못하는 사람이 얼마든지 생길 것이

김형석 교수의 예수를 믿는다는 것

다. 이런 정치인들도 잘못이지만, 국민의 가난은 외면한 채 예배당 짓기에 열중하는 교회 지도자가 있다면 더 깊이 반성해야 한다.

우리는 경제가 개인과 사회의 전부라고는 생각지 않는다. 그러나 경제가 잘못되면 다른 모든 분야가 병들게 된다. 그래서 기독교는 사회 경제 문제를 해결하기 위해 직접 현장에 뛰어들지는 않아도 그 문제가 선하고 바람직한 방향으로 해결될 수 있도록 언제나 이상을 제시해 주어야 한다. 특히 고아원이나 양로원 같은 사회사업에 열중한다는 이유로 사회 경제의 전체 진로나 국민경제의 기본적인 방향을 그르치는 과오를 범하는 교회가 되어서는 안 된다. 개인은 이웃을 돕고 교회는 사회를 이끌어 가는 책임을 감당하지 않으면 안 된다.

여러 경제 문제들을 감안할 때 우리는 예수의 이 짧은 교훈이 오늘날 우리에게 무엇을 요청하는가를 깊이 생각해 봐야 할 것이다. 기독교는 무조건 사회에 돈을 나눠주기 위해 존재하는 것은 아니지만, 선한 경제 질서와 교훈은 반드시 제시해 주어야 하기 때문이다.

가이사의 것과 하나님의 것을 구별하지 못하는 잘못

예수님께서 돌아가신 주간 화요일은 예수의 생애를 통해 가장 많은 교훈을 남기신 날이다. 죽음을 3일 앞둔 시점에서 예수는 모든 것을 남겨 주시고 싶은 심정이었으리라.

그날 낮에도 성전 뜰 안에는 여러 계층의 사람들이 모여 있었다. 그중 율법 고수를 강조하는 서기관과 바리새인들은 이번 유월절에는 예수를 완전히 제거해 버리자고 모의했다. 그 일을 위해 그들은 평소 적대관계에 있던 헤롯당원들과 합작하기로 했다. 헤롯당은 친로마파로서 민족의 반역자라고 불리는 정치세력이었고, 바리새파는 민족주의자이자 종교 지도자로 자처하는 세력이었다. 그들은 함께 군중 앞에 나타나 예수에게 공개 질문을 했다.

"선생님이여 우리가 아노니 당신은 참되시고 진리로 하나님의 도를 가르치시며 아무도 꺼리는 일이 없으시니 이는 사람을 외모로 보지 아니하심이니이다 그러면 당신의 생각에는 어떠한지 우리에게 이르소서 가이사에게 세금을 바치는 것이 옳으니이까 옳지 아니하니이까"(마 22:16-17)

이때 만일 예수께서 '바쳐야 한다'고 대답하시면 바리새파 사람들이 대중의 호응을 얻어 예수를 성전 문 밖으로 끌고 나가 돌로 쳐 죽이는 종교 재판이 가능했을 것이다. 또 만일 예수께서 '바치지 말아야 한다'고 대답하시면 반대로 헤롯당원들이 예수를 로마 법정으로 끌고 가 가이사에 대한 반역죄로 처단하게 되었을 것이다.

질문을 던진 두 파 사람들은 군중 앞에 의기양양하게 서서 예수의 대답을 촉구했다. 침묵을 지키던 예수께서는 심중에 가엾음과 분노를 동시에 느끼면서 "외식하는 자들아 어찌하여 나를 시험하느냐"라고 말씀하시고는 "세금 낼 돈을 내게 보이라"고 하셨다. 그들

김형석 교수의 예수를 믿는다는 것

이 데나리온 하나를 가져오자 예수께서는 "이 형상과 글이 누구의 것이냐"고 물으셨다. 그들이 "가이사의 것"이라고 대답했다. 이에 예수께서는 "그런즉 가이사의 것은 가이사에게, 하나님의 것은 하나님께 바치라"고 하셨다.

사람들은 예수의 지혜에 놀랐다. 군중의 동향을 눈치 챈 양 세력의 사람들은 의심과 분노를 억누르면서 일단은 예수로부터 떠나갔다.

화요일 낮에 있었던 일이다.

3일 후 금요일 아침, 로마의 총독 빌라도는 가이사의 것과 하나님의 것을 구별할 수 없었다. 지금도 많은 크리스천이 이 둘을 구별하지 못한 탓에 기독교가 병들고 사회는 불행에 빠지는 결과를 초래하고 있다.

그러면 가이사의 것과 하나님의 것은 어떻게 가려져야 할까.

이스라엘 사람들은 인습적으로 그것을 알고 있었다. 그들은 사회생활을 할 때는 로마 돈을 썼다. 그러나 성전에서 헌금을 할 때는 이스라엘 돈으로 바꾸어 바쳤다. 그래서 제사장을 비롯한 권력자들은 성전 안에 환전상을 차려놓고 수수료를 받아 치부를 했다. 그만큼 그들은 가이사와 하나님을 구별하고 싶어 했다.

안식일은 하나님께, 나머지 6일은 세상일에 바치는 것으로 알았고, 종교세로 바치는 수입의 10분의 1은 하나님의 것으로 믿고 있었다. 하나님께 바칠 것을 가이사에게 바치는 것은 우상을 섬기는 것만큼 큰 죄가 되는 것으로 믿고 있었다.

지금도 마찬가지이다. 아우구스티누스의 《신국론》을 읽어 보면 역사적으로 이 두 가지를 구별하는 것을 최대의 임무로 삼고 있음을 알 수 있다. 종교 박해가 심했던 때였으므로 가이사는 로마의 세속적 권력을 대표했고, 교회는 하나님을 위한 상징으로 엄격히 구별되어 있었다. 그 점에서는 초대 교회일수록 심했다. 바울도 그런 성격의 소유자였다. 종교개혁의 대표자들도 그러했고, 키르케고르도 누구 못지않게 가이사와 하나님을 구별하는 편이었다. 일반적으로 보수주의 성격을 띠는 신도들이 비슷한 전통을 이어받았다. 그들은 오히려 가이사에게 속하는 것까지도 하나님께 돌려야 한다고 주장할 정도였다.

그러나 토마스 아퀴나스를 비롯한 일부 가톨릭 계통의 사람들은 가이사의 것과 하나님의 것을 그렇게 엄격히 구별하지 않았다. 오랜 중세기 동안 교황이 세상 권세까지도 통제하고 있었기 때문에 생긴 전통일지도 모른다.

최근 기독교의 사회 참여라는 말이 종종 들려온다. 심지어는 외국어를 그대로 번역하여 기독교의 세속화라는 개념을 쓰기도 한다. 기독교의 윤리성이 강조되기도 하고, 본질 윤리보다 상황 윤리를 제창해서 기독교의 의미를 사회와 역사 속에서 찾아야 한다는 신학 이론이 강조되기도 한다.

이런 점을 감안하면, 기독교가 탄생될 때나 박해를 받을 때는 가이사와 하나님이 엄격히 구별되는 것이 역사의 상례였고, 기독교가 큰 문제없이 사회와 공존할 때는 둘 사이의 명백한 구별이 줄어들고 오히려 세상을 하나님 나라로 바꾸는 것이 교회의 사명이라고까지 주장했던 것을 알 수 있다.

그래도 우리의 문제는 여전히 남는다. 예수께서 둘을 구별하라고 하신 뜻은 무엇이며, 현대인들은 그 교훈을 어떻게 받아들여야 하는가. 한 명의 크리스천이 열 명의 불신자 속에 살면서, 기독교가 다른 종교와 공존하는 사회에 살면서, 기독교를 박해하는 공산 치하에 살면서 우리는 가이사의 것과 하나님의 것을 어떻게 구별할 수 있으며 또 구별해야 하는가.

인간이 육체와 정신을 완전히 구별하면서 살 수 없듯이 우리의 삶은 세속적인 것과 신앙적인 것을 완전히 구별하면서 살 수 없다. 그것을 위해 수도원 생활이나 탈세속적인 생활을 강조하기도 했지만 오히려 심한 모순과 갈등을 빚어 삶의 파국을 초래하는 경우가 생기곤 했다.

소금과 빛의 교훈이 있다. 소금은 썩는 것을 막기 위해 있으며 빛은 암흑을 전제로 했을 때 필요한 것이다. 하나님의 것도 세상적인 것을 위해 필요하며, 그리스도도 인간을 위해 세상에 오신 것이다. 이렇게 본다면 여기까지는 가이사의 것, 이후부터는 하나님의 것 등으로 구별한다는 사실 자체가 잘못일지도 모른다.

그러나 우리는 다음과 같은 구별은 할 수 있다. 세상적인 것은 수단과 방편을 위한 예비적 가치를 갖는 것이지만, 하나님께 속하는 것은 언제나 그 자체가 목적이라는 가치판단을 위한 구별이다.

세상의 통치자들이 해야 할 일이 있다. 국가와 백성을 위해 경제적 부, 정치적 안정, 기술 발전에 따르는 편리한 생활을 추구하는 것이다. 그것은 옛날부터 지금까지 선한 가이사가 해야 할 임무이다. 또 그런 일은 우리 생존의 필수적 조건들이므로 우리 모두가 그 일에 참여해야 한다. 그러나 그것은 무엇인가를 위한 예비적 가치와 보조적 수단에 지나지 않는다. 그 자체가 목적일 수는 없고 또 목적이 되어서도 안 된다.

우리 역시 물질적으로 살기 좋은 세상을 만드는 데 일정한 역할을 해야 한다. 그밖에도 학문과 진리를 찾으려고 노력하고 예술과 아름다움, 선한 윤리적 가치를 추구하는 일을 해야 한다. 이런 값진 노력은 가이사가 하는 것이 아니고, 시인, 학자, 화가, 교육자, 사회의 정신적 지도자들이 하는 일이다. 전체주의 사회나 공산주의 국가에서는 그 일까지도 가이사가 하려고 한다. 그래서 사회 비극이 생기며 역사의 과오를 범하게 된다.

정신적 사업에 종사하는 국민은 사실 물질적 사업에 전념하는 가이사보다 중요한 책임을 맡고 있다. 그런 사회를 참다운 민주사회라고 부른다. 관(官)보다 민(民)이 더 중요한 책임을 맡고 있기 때문이다. 그러나 이 정신적 사업도 삶의 전부는 아니며 그 자체가 목적도 아니다. 어떤 개인에게는 예술이나 진리가 목적이 될 수 있어도 인간 전체는 더 높은 목적을 위해 살고 있는 것이다. 그래서 이렇게 고귀한 정신적 노력들은 가이사에게 속하기보다는 고귀한 개인들에게 속하며, 그것이 영구한 가치를 가질 때 하나님께 속하는 경우도 생긴다.

그러나 언제나 하나님께만 속해야 하는 것이 있다. 그것은 우리

김형석 교수의 예수를 믿는다는 것

의 궁극적인 목적과 일치한다. 바로 우리 삶의 주체인 생명과 인격이다. 그것은 누구도 수단으로 삼을 수 없으며 하나님께 바쳐져야 한다.

오래전 만주에서 러일전쟁이 일어났을 때였다. 당시 일본의 한 육군 대령이 두 부하와 함께 러시아 군법회의에 따라 사형을 당하게 되었다. 그들은 철교 폭파의 임무를 맡았다가 미수로 체포되었던 것이다. 육군 대령은 자신의 재산 중 일부를 전쟁으로 남편과 부모를 잃은 러시아의 미망인과 고아들을 위해 써달라는 유언을 남겼다. 그리고 러시아 목사의 마지막 안수기도와 세례를 받은 뒤 사형을 당했다. 크리스천이었던 그는 군인으로서의 충성과 크리스천으로서의 사랑의 실천을 당부하고 생명과 영혼을 하나님께 바쳤던 것이다.

그가 한 일은 인간으로서 할 수 있는 최선의 선택이자 크리스천이 해야 하는 마지막 선택이었다.

내가 잘 아는 철학교수 한 사람은 한국전쟁 때 생명의 위협 속에서 그리스도와 약속을 맺었다. 이 죽음의 기간을 넘기게 해주시면, 여생을 그리스도를 위해 일하겠다고 다짐했던 것이다. 전쟁이 끝난 뒤 그는 자신의 학문과 삶의 방향을 완전히 바꾸었다. 이전까지는 모든 것이 자기를 위해 존재했으나 그 이후부터는 삶의 내용과 목적이 그리스도에게 바쳐졌기 때문이다. 목적이었던 자아가 수단으로 바뀌게 된 것이다.

우리의 일상생활에서도 이와 같은 선택이 이루어져야 한다. 우리

의 삶과 생명을, 그리고 우리 인격을 하나님의 뜻을 이루고 사명을
완수하는 데 쓰는 사람은 자연히 정신적 삶의 의미도 충족시키며
세속적인 삶의 결과도 선한 방향으로 이끌어갈 수 있다.

정신 활동이 그 목적에 배치된다면 선하게 바로잡고 목적에 어긋
나는 가이사의 세력과는 투쟁을 벌여서라도 역사를 하나님 목적으
로 바꾸어 가는 것이 크리스천의 사명이자 올바른 선택이다.

이런 흐름 속에서 가이사에의 길을 먼저 하나님에의 길로 바꾸
며, 가이사에게 속하는 것들까지도 하나님의 뜻에 머물게 하는 것
이 크리스천의 본래 사명이다. 많은 사람이 가이사와 짝하고 있을
때, 우리는 하나님의 선한 뜻을 실천하고 완성시키기 위해 모든 것
을 하나님께로 돌리는 책임을 져야 한다.

금욕과 방종 두 극단이 불러온 비극

예수께서 전도생활을 시작하신 지 얼마 안 되었을 무렵이었다.
예루살렘 성전 뜰에서 제자들을 가르치고 있을 때, 한 무리의 사람
들이 비참한 모습의 여인을 끌고 들어왔다. 주동자들은 율법학자와
바리새파의 대표자들이었다.

그들은 여인을 예수와 군중 사이에 세워 놓고 물었다. "선생이여
이 여자가 간음하다가 현장에서 잡혔나이다 모세는 율법에 이러한

여자를 돌로 치라 명하였거니와 선생은 어떻게 말하겠나이까"(요 8:4-5)

예수께서 사랑을 강조하여 용서를 베풀라고 하시면 그들이 절대화한 모세를 배반하게 된다. 반면 예수께서 법대로 처리하라고 말씀하면 그들은 그 여인을 이끌고 성문 밖으로 나가 전례대로 돌로 쳐 죽여 하나의 돌무덤만 남게 된다. 여기서 무엇보다도 중요한 문제는 어떻게 모세의 율법보다 하나님의 사랑이 귀한지, 어떻게 정의의 질서 위에 사랑이 머물고 인간애의 신앙이 자랄 수 있는지를 보여주는 것이었다.

지도자들의 잘못된 의식구조를 바로잡고 사랑의 사회질서를 세우는 문제를 생각하면서 예수는 말없이 몸을 굽혀 땅 위에 글씨를 쓰셨다. 그랬더니 여인을 끌고 온 사람들이 큰 소리로 예수의 대답을 재촉했다. 한참 후에 예수는 몸을 일으키고는 무리를 바라보면서 엄숙하게 말씀하셨다. "너희 중에 죄 없는 자가 먼저 돌로 치라."

군중은 자기반성을 하게 되었다. 모세의 율법을 잘 아는 사람들은 자신의 부족함과 죄악을 깨닫게 되었고, 예수의 책망과 충고를 들은 사람들은 남을 정죄하는 일이 불가능함을 깨우치게 되었다. 그래서 한두 사람씩 예수 앞을 떠나 성전 밖으로 나가 버렸다. 결국 모두가 자취를 감추고 말았다.

예수는 다시 허리를 굽혀 땅 위에 글을 쓰시다가 처참한 모습을 하고 있는 여인에게 물었다. "여자여 너를 고발하던 그들이 어디 있느냐 너를 정죄한 자가 없느냐." 이에 여인이 "주여 없나이다"라고 대답했다. 예수는 "나도 너를 정죄하지 아니하노니 가서 다시는 죄를 범하지 말라"고 타이르셨다.

이 내용은 일반인에게도 널리 알려진 얘기이다. 내 친구 하나는 이 장면을 읽고 "예수는 30여 세의 젊은 나이로 세상을 떠났는데, 어쩌면 그렇게 인간에 대해 깊고 폭넓은 안목을 가질 수 있었을까" 하며 감탄했다.

바울의 여성관이나 결혼관에는 편협한 점들이 많다. 목적에 맞추려는 인위적인 면이 자주 눈에 띈다. 그러나 예수의 교훈에는 억지가 없이 자연스러우며 진실과 사랑이 가득 차 있다.

위에 나오는 장면은 2천 년 전 이야기이다. 그러나 지금 누가 읽어도 어색함이 없고 모순이나 부조화를 느끼지 않는다. 예수의 교훈은 낙태의 자유를 부르짖는 오늘날의 여성들이 읽어도, 성의 개방을 호소하는 현대 여성들이 읽어도 문제 삼을 것이 없다. 내 친구도 예수의 그런 여성관을 높이 샀던 것이다.

예수는 누구보다도 인간을 잘 이해하셨다. 그리고 인간을 사랑하셨다. 어떤 인간에게도 희망과 가능성을 심어 주셨다. 의인들은 예수 앞에서 죄인임을 자각했고, 악인들은 예수를 통해 의의 길을 걸었다. 여인을 정죄하려던 사람들은 죄를 깨닫고 물러났으며, 죄인으로 끌려왔던 여인은 선의의 희망을 안고 돌아갈 수 있었다. 사실 종교와 신앙이란 그래야 한다. 인간적 변화와 새로운 삶의 가능성이 중요하다.

예수는 90의 선을 지니고 있더라도 악으로 후퇴하지 않도록 이끌어 주며, 10밖에 안 되는 선에 머물고 있는 사람도 90의 선으로 이끌어 준다. 상대가 현재 어디에 머물고 있는가를 묻기 전에 어떻게 하면 그가 선한 인간이 될 수 있는지를 더 걱정하는 것이다.

이스라엘 사람들은 맹세하기를 좋아했다. 종교적 전통이 중요한 사회에서 사는 사람들은 권위가 필요하고, 권위를 존중하면 자신도 모르게 절대의식의 노예가 된다. 그것이 이스라엘 사람들의 종교적 특성인 동시에 도덕적 약점이었다. 그래서 그들은 하나님, 성전, 목숨 등을 걸고 맹세하는 일이 잦았다.

그것을 잘 아는 예수는 제자들에게 맹세하지 말라고 가르치셨다. 사람은 절대 완전할 수 없으며, 그런 인간이 다른 무엇을 걸고 맹세하는 것은 당연히 허위와 독선과 자기 파멸을 가져올 뿐이므로 맹세는 결국 죄악과 통하기 쉽다고 가르치셨다.

따라서 진실의 잣대로 판단해서 긍정과 부정을 말하는 것에 그쳐야 한다고 말씀하셨다. '예스'와 '노'를 가리는 것 이상의 일은 모든 인간이 삼가야 한다는 뜻이다. 어떻게 보면 나약한 자세 같기도 하다. 아집과 교만으로 가득 차 있는 이스라엘 사람들의 입장에서 본다면 만족스럽지 못한 인생의 자세이겠지만, 성실한 인간이 취할 태도는 아니다.

베드로의 경우가 바로 그랬다. 스승이 그의 배반을 예고했을 때, 그는 절대로 그런 일은 있을 수 없다고 부인했다. 자기를 절대화시켰다. 그러나 몇 시간 못 가서 베드로는 예수를 분명히 부정했다. 그것도 보잘것없는 계집종 앞에서. 베드로는 자신에 대해 깊은 혐오를 느낄 정도로 뉘우쳤다. 그 뒤부터 자신은 결코 믿을 바가 못 된다는 사실을 깨달았을 것이다.

맹세의 뜻이 무엇인지 아는 사람은 적어도 두 가지 사실을 발견하게 된다. 하나는 맹세는 누구도 지킬 수 없는 과장이라는 사실이고, 다른 하나는 맹세를 통해 얻는 바가 없다는 사실이다. 따져 보면 인간은 맹세할 수 없는 동물이다. 더욱이 종교적 대상을 두고 맹세하는 것은 악을 불러올 뿐이다.

한 지성적 크리스천의 말이 생각난다. 어떤 목사는 결혼 주례를 할 때 '이렇게 하기를 맹세합니까?'라고 묻는데, 오히려 '이렇게 하도록 최선을 다하겠나요?'라고 묻는 것이 그리스도의 뜻에 가까운 것이라는 의견이었다. 재고해볼 만한 내용이다.

인간이 절대적인 존재가 못된다는 사실을 불만스럽게 여길 필요는 없다. 인간은 상대적이고 약하기 때문에 계속 뉘우치며 회개함으로써 새로운 삶으로 나아갈 수 있다. 또 인간은 겸손하고 성실하게 살면서 자기 성장을 이룰 수 있다. 종교와 신앙이 필요한 것은 바로 그런 사람을 위해서이다. 그런데 이스라엘 사람들이 종교를 빙자해 자신을 절대화하고 맹세로써 인간성을 경직화하는 것을 보면서 예수는 그들을 걱정하지 않을 수 없었던 것이다.

이중에서도 인간의 삶에 가장 중요한 것이 사랑과 성에 대한 문제이다. 인간은 태어날 때부터 강한 성적 욕망과 본능을 가지고 있다. 만일 그것이 없었다면 인간은 사랑이 없는 메마른 삶을 살아야 하고 종족 번식이라는 중대한 기능을 잃었을 것이다. 사실 인간은 식욕이나 권력욕보다 성욕을 더 강하게 지닌 존재로, 생존의 가능성을 성적 욕망에서 누리도록 되어 있다.

그런데 일부 종교인들은 무조건 그것을 죄악시하고 억제할 대상으로 가르쳤다. 그것은 삶의 기반인 생명의 질서를 무시하는 결과를 낳았다. 그 때문에 일어나는 모순과 인간성 파괴는 엄청났다. 성욕을 해결하기 위해 자신의 인격을 파괴하는 일은 더 큰 잘못임을 잊어서는 안 된다. 굳이 프로이트의 이론까지 거론할 필요도 없다. 성과 성적 본능을 고의로 거부하고 억제하는 일이 얼마나 위험한가는 우리 모두 잘 알고 있다.

그렇다고 해서 인간의 감정과 행동을 동물적 욕구와 본능에 맡겨버린다면 그것은 더 큰 불행과 파국을 가져온다. 걷잡을 수 없는 사회악과 퇴락을 초래할 수도 있다. 성도덕의 붕괴가 사회의 붕괴를 불러온 경우가 얼마든지 있다. 그런 점에서 성을 찬양하거나 미화하는 일은 바람직하지 않다. 식욕을 미화하거나 권력욕을 찬양하는 것이 잘못인 것과 마찬가지이다.

또한 성적 본능과 욕망이 모든 사람에게 해당하는 것인 만큼 성실한 자기반성을 통해 스스로의 삶을 직시하고 판단할 수 있어야 한다. 왜 사람들이 간음한 여인을 책망할 수 없었는가. 자신들도 똑같은 처지에 있다는 사실을 알았기 때문이다. 다른 사람의 성적 타락을 책망하며 꾸짖기는 쉽다. 그러나 나 자신이 같은 처지에 놓이기는 더 쉽다는 사실도 알아야 한다.

우리는 흔히 성적 변태자를 죄인으로 여긴다. 그럴 수 있다. 인간

　　　　　　　　　　　　　제3부　예수를 닮아가는 삶

성과 인격의 파괴를 가져올 수 있기 때문이다. 그러나 더 중요한 것을 알아야 한다. 변태의 가능성은 누구나 다 갖고 있다는 사실이다.

그러면 우리가 택할 수 있는 길은 무엇인가? 분명한 것은 금욕과 방종 두 극단 모두 잘못된 길이고 위험한 선택이라는 결론이다. 중세기에는 적지 않은 사람들이 자진해서 성불구자가 되기도 했고, 현재에도 극단적 금욕주의자들은 그런 방법을 취하기도 한다. 더 이해할 수 없는 것은 그것을 자랑하고 선전하는 사람까지 있다. 성의 노예가 되는 것도 옳지 못하나 성 때문에 인간성과 인격의 파국을 초래하는 것은 더욱 어리석은 일이다.

성적 현실은 있는 그대로 받아들여야 한다. 문제는 어떻게 그것을 조정하고 승화시킬 수 있는가 하는 것이다. 조정한다는 것은 욕망과 이성이 균형과 조화를 이루는 것이고, 승화시킨다는 것은 성적 본능과 욕망을 사랑이라는 보다 높은 차원으로 정화하는 일이다. 그래서 사랑다운 사랑을 하고, 행복한 결혼생활과 가정생활을 꾸리며, 아름답고 선한 인간관계를 맺어 삶 전체를 선하고 행복하게 이끌어 가는 책임을 서로 나누어 가질 수 있어야 한다.

인간에게는 한 번 주어진 삶을 아름답고 행복하게 살 권리가 있다. 그리고 그 삶의 형태는 다 같을 수 없다. 지나치게 다른 사람의 생활에 개입하여 나와 같지 않음을 지적하는 일은 옳지 못하다. 다른 사람에게 고통과 불행을 주면 안 된다는 것은 불변의 원칙이다. 내가 내 인생의 자유와 행복을 추구하듯이 다른 사람들도 나름대로의 인생 방향이 있다. 서로 존중하고 배려할 수 있어야 한다.

김형석 교수의 예수를 믿는다는 것

그렇다면 예수께서 주신 교훈은 무엇인가. 하나님께서 주신 사랑의 순리에 인격적 사랑을 더함으로써 행복하고 경건한 삶을 누리는 일이다. 중요한 것은 성애(性愛)의 거부가 아니다. 그것을 포함하면서도 더 높은 차원의 인격적 사랑으로 이성을 대하며 그리스도의 정신을 본받아 이웃과 사회에 대한 봉사를 실천하는 가정으로 승화하는 것이다. 그리스도께서 우리를 사랑하신 것같이 우리도 서로 사랑하며 같은 마음으로 이성을 대하는 것이다. 사회의 기본이 되는 모든 가정은 인격적 사랑 위에서 이루어지는 것이다.

세 믿음의 조상을 통해 하나님이 이루시려는 뜻

한 친구에게 성경을 선물한 적이 있다. 그는 동양학을 전공한 교수였다. 몇 달 뒤, 그는 나에게 이런 이야기를 했다.

모든 종교 경전이 그러하듯이 성경도 도덕적으로나 종교적으로 성스럽고 점잖은 교훈으로 이루어진 책일 줄 알았는데 막상 읽어 보니 예상과는 달랐다는 얘기였다. 구약 속에는 전쟁, 사기, 질투, 싸움, 음모, 강간, 남색, 살인, 심지어는 부친과 동침해서 자녀를 얻는 이야기까지 숨김없이 기록되어 있더라고 했다.

그러나 그의 다음 말이 뜻 깊었다.

생각해 보니 인간 사회에서 벌어지는 모든 일을 덮어 두거나 가리지 않고 다 알고 체험하면서 얻게 되는 신념과 믿음이 귀한 것이지, 인간적 사건과 역사적 사실을 숨기면서 진실과 믿음을 찾는다면 그것은 다름 아닌 위선과 가식이며 생명력을 잃은 형식적 믿음이 될 것이라는 이야기였다.

내 친구는 학자의 시각에서 성경을 바르게 있는 그대로 보았던 것이다. 그러나 이상하게도 내 친구 목사들은 오히려 성경을 바르게 이해하지 못하는 경우가 있다. 성경은 거룩하며 하나님의 말씀이기 때문에 잘못이 없다, 따라서 악에 해당하는 부분은 숨겨 두어야 한다는 전제를 깔고 읽고 해석하는 경우가 많다. 역시 신앙적 선입관 때문이다.

그러나 성경의 상당히 많은 부분은 역사의 기록이다. 역사적 사건과 현실 속에 하나님의 뜻이 어떻게 나타나 작용했는가를 기록한 것이 성경이다. 오히려 인간적 사건과 역사적 사실을 은폐하거나 왜곡하는 것이 잘못이다. 또 인간적 사건과 역사적 사실로 이루어진 것이 기독교가 가진 성격이기도 하다. 논어나 불경과 다른 면이 바로 거기에 있다.

하나의 실례를 들어보자. 구약에서 자주 등장하는 세 명의 믿음의 선조에 대한 이야기이다. 그들은 3대에 걸친 이스라엘 민족의 지도자였다. 우리는 그 세 사람이 모두 훌륭하고 존경할 만한 믿음의 표상이라고 생각한다. 그러나 따져 보면 세 사람은 인간적으로 그렇게 위대하거나 훌륭한 인물은 아니었다.

물론 최초의 선조인 아브라함은 훌륭한 인품과 경건한 믿음의 소

김형석 교수의 예수를 믿는다는 것

유자였다. 이스라엘 사람들이 나는 아브라함의 후손이라고 자랑하고 싶을 만큼 위대한 인물이었다. 인간에게 가장 귀중한 성품은 성실이다. 성실이 경건의 수준으로 올라가면 신앙을 깨닫고 받아들이게 된다. 아브라함이 바로 그런 인물이었다.

물론 아브라함에게도 실수와 허점은 있었다. 성경은 그의 잘못을 하나도 숨기지 않고 기록했다. 그러나 그의 잘못은 인간적으로 용서받을 수 있을 만큼 공감과 동정이 가는 과오였다. 우리 주변에서는 찾아보기 어려운 인물임에는 틀림없다.

그러나 그의 아들 이삭은 아버지보다 훨씬 무능한 편이었다. 아마 모친 사라의 유순하고 착한 성격을 이어받았던 것 같다. 착하기만 할 뿐 현실에서는 무능한 사람의 대표자라고 해도 과언이 아닐 정도였다. 그래서 성경에는 그에 관한 기록이 비교적 적다. 리브가와 결혼한 이야기와 우물을 팠다가 다른 부족에게 빼앗기고 쫓겨다닌 사실을 제외하면 이삭에 대한 기록은 별로 남아 있지 않다.

따져 보면 결혼도 아버지가 종에게 부탁한 대로 따랐을 뿐이다. 자기주장이나 확고한 신념을 내세운 적도 별로 없다. 그저 말없이 복종하는 것이 그의 미덕이었다.

우물 사건도 그렇다. 이스라엘 지역에서는 우물이 생활의 근거가 된다. 우물을 파서 물이 나오면 그 우물의 크기와 물의 양만큼 가족과 부족들의 생활 터전이 마련된다. 물이 없으면 살 수 없다. 그것이 사막 지대의 생활상이다. 그런데 애써 우물을 파서 생활의 기틀이 잡힐 즈음이면 우물이 있다는 소식을 들은 다른 부족이 싸움을

제3부 예수를 닮아가는 삶

걸어온다. 그러면 이삭은 싸움에 맞대응해 보지도 못하고 물러난다. 또 다른 곳에 우물을 파고는 다시 싸움을 걸어오는 다른 부족에게 쫓겨 가곤 했다. 아버지 아브라함이나 그의 두 아들이었으면 달랐을 것이다. 오히려 선제공격을 하고 자신 소유의 영토를 넓혔을 것이다.

그러나 이러한 이삭도 믿음의 세 선조 중 한 사람에 포함된다.

이삭에게는 두 아들이 있었다. 쌍둥이로 태어난 에서와 야곱이다. 그런데 두 아들은 아버지와 달랐다. 아마 이삭의 아내 리브가가 대단한 여성이었던 것 같다. 두 아들의 강성한 면모는 모두 어머니의 모습을 물려받았는지도 모른다.

물론 믿음의 후계자는 동생 야곱이다. 야곱의 아들 12명이 훗날 이스라엘 민족 12지파의 선조가 된다. 그런데 야곱은 어려서부터 남에게 지기 싫어했고, 이기기 위해서는 수단 방법을 가리지 않는 성격의 소유자였다. 외삼촌 라반까지 이용해서 그의 두 딸을 아내로 얻었고 꾀를 써서 재산까지 취할 정도로 야심이 많은 인물이었다. 아마 그가 장사를 했다면 그와의 거래에서 이득을 본 사람은 없었을 것이다. 이기적이며 자기 위주로 사는 사람으로 가정을 이끌어 가는 데도 그런 성향이 드러났다.

그가 네 명의 아내와 많은 재산을 가지고 고향으로 돌아오게 되었다. 형 에서를 속이고 장자권을 탈취했기 때문에 형의 분노와 복수를 각오하지 않을 수 없었다. 그래서 간교하게 형의 심리를 이용해 가급적 손해가 적은 화해 방법을 모색했다. 자신을 종의 위치로

낮추어 부르며 선물을 분산해서 보내 에서가 서서히 마음을 누그러뜨리도록 머리를 썼다.

그러고도 안 될 경우에는 자기만이라도 살아남아야 한다는 생각에 가족을 넷으로 나누어 에서가 있는 곳으로 보내기로 했다. 덜 사랑하는 아내를 먼저 보내고 많이 사랑하는 아내는 뒤에 세웠다. 그러고는 자기는 홀로 떨어져 최악의 경우가 생기면 도망칠 궁리를 했다. 젊었을 때만 그런 것이 아니었다. 큰 무리의 가족을 이끌고 살면서도 이기적인 생각과 수단을 버리지 못했다.

누가 봐도 야곱을 선량하고 의리 있고 존경받을 만한 인물로는 여기지 않았을 것이다. 가급적 멀리하는 것이 좋은 약삭빠른 인물이었다. 그러나 그런 야곱도 믿음의 세 선조 중 하나이다.

어떻게 야곱과 같은 인물이 믿음의 조상이 될 수 있을까?

인간은 누구나 저마다의 개성과 장단점이 있다. 그리고 누구나 과오와 실패를 거듭할 수 있다. 그것이 있는 그대로의 인간이다. 이 세 사람만 그런 것이 아니다. 우리 모두가 그렇다. 따져 보면 나도 그 세 사람 중 하나일 수 있다. 장단점이 있고 과오를 범할 가능성도 얼마든지 있다. 그러므로 우리는 이 세 사람 속에서 나 자신을 발견하게 된다. 따라서 그들을 모든 인간을 대신하는 인물로 보는 것이 더 타당할 것이다.

그러나 그런 현실적 인물 그대로가 믿음의 선조가 된 것은 아니다. 세 사람은 똑같이 공통된 신앙의 과정을 밟았다. 아브라함은 말년에 자기 생명의 몇 갑절보다 소중히 여기는 아들 이삭을 하나님께 제물로 바치는 신앙적 결단을 감행했다. 그 사건이 너무 컸기 때문에 그후로는 자신의 생명이나 삶은 공허하고 무의미하다고 느끼면서 여생을 보냈다.

이삭은 유순하고 조용한 인품이었다. 여러 번 우물을 팠다가는 빼앗기곤 했지만, 그의 욕심 없는 평화를 향한 집념은 하나님의 사랑으로 승화된다. 평화를 위해 노력하는 사람은 하나님의 자녀로 불린다는 뜻이 이삭을 두고 하는 말이 될 정도였다. 선량하고 부드러운 인품이었기 때문에 세상 일에 큰 곤란을 겪지 않고 믿음의 과정을 밟아 나갈 수 있었다.

야곱은 말년에 이를 때까지 자기 능력과 지혜를 믿고 살았다. 하지만 딸 디나가 강간당하는 사건을 겪은 후, "네가 네 형 에서의 낯을 피하여 도망하던 때에 네게 나타났던 하나님께 거기서 제단을 쌓으라"(창 35:1)는 하나님의 경책을 듣고는 기도의 장소였던 벧엘로 올라가 하나님께 용서를 빌었다. 그 뒤로 죽을 때까지 야곱은 완전히 새로운 인물이 되었다. 소유, 명예, 땅 위의 행복 같은 것은 염두에 두지 않은 채 새로운 삶을 시작했던 것이다. 믿음이란 그런 것이다.

인간은 누구나 약점과 장점을 가지고 인생의 비탈길을 걸으면서, 약간의 선도 행하고 큰 과오도 범하면서 살아간다. 그때 가장 귀한 것은 양심과 도덕이다. 양심에 비추어 부끄러움이 적고 도덕적으로 비난받지 않으면 훌륭한 인생을 산 것으로 생각하기 쉽다. 인간은 누구나 다 그렇게 살아가고 있다. 그러나 그 인간이 하나님과의 관

김형석 교수의 예수를 믿는다는 것

계를 깨닫는 생의 정점에 도달하게 되면 자기 본위의 모든 과거를
무로 돌리고 새로운 삶을 시작하게 된다. 기독교는 그것을 회개와
중생이라는 말로 대신해 왔다. 잘못된 과거를 모두 무로 돌리고 거
듭남의 체험을 하게 되는 것이다.

아브라함을 비롯한 세 사람은 우리와 같은 인간이었다. 그러나
이 세 사람은 저마다 다른 위치에서 똑같은 신앙적 체험을 했다. 그
런 체험을 겪은 그들의 삶은 다 같은 내용이었다. 즉 하나님과 함께
하는 삶이다. 그래서 이스라엘 사람들은 이 세 사람을 믿음의 선조
라고 불러온 것이다. 이러한 내용이 인간 모두가 겪을 수 있는 신앙
의 본상(本像)이다.

그러면 삶이 바뀌는 신앙의 체험과 내용은 무엇인가.

첫째, 가치관의 전환이다. 지금까지는 무엇을 얼마나 많이 소유
하는가가 인생을 즐겁게 살 수 있는 기준이었다면, 참 신앙을 체험
한 뒤로는 세상에서 나를 위한 소유나 가치는 결국 아무 의미가 없
으며 공허한 수고와 노력임을 깨닫게 된다. 바울은 노골적으로 그
것을 분토와 같이 하찮은 것들이었다고 고백했다. 공허하고 무의미
한 일에 시간과 노력을 들일 필요를 발견하지 못하게 된다.

둘째, 생의 목적이 달라진다. 이삭을 바치기 전의 아브라함은 모
든 것을 이삭을 위해 남기고 싶었다. 땅, 재물, 노비 모두가 아들 이
삭을 위해 필요한 것이라고 생각했다. 더 많이 벌고 더 많이 장만해
서 노후를 만족스럽게 사는 것이 목적이었다. 생의 목적이 자신과
가족에게 있었다. 그런데 하나님의 뜻을 따라 아들을 바치고 난 뒤

에는 인생의 목적이 달라졌다. 비로소 모든 삶의 목적이 나와 내 가정에 있는 것이 아니라 하나님의 뜻과 영원한 것에 있다는 사실을 깨닫게 되었다. 자신을 위한 생의 목적이 하나님을 위한 것으로 전환한 것이다.

가치관과 인생의 목적이 하나님을 위한 것으로 전환되면 인간은 비로소 나와 하나님의 관계에 깊이 빠지게 되며 영원으로의 동참이 가능해진다. 하나의 빗방울이 자기 모습을 유지하기 위해 애쓰는 수고를 끝내고 유유히 흐르는 강물에 잠겨드는 것같이 삶의 영원성 속에 잠기게 된다. 그 뜻이 성취되었기 때문에 하나님은 믿음의 세 선조를 통해 이스라엘의 역사에 새롭고 영구한 의의를 부여하신 것이다.

제4부

예수와
그 주변 사람들

예수의 생애는 33년 3개월 정도로 그쳤다. 그 당시의 풍습에 따르다면 30까지는 가정과 개인생활에 할애하는 것이 보통이었다. 예수께서도 30년의 사생활은 아버지 요셉을 돕고, 아버지가 작고한 후에는 목수의 일을 계승하는 젊은 가장으로 사셨다.

30이 되면서 오랜 침묵을 깨고 종교적으로 가르치며 사회생활에 투신했다. 그러니까 공생애는 3년 3개월로 끝난 셈이다. 공자나 석가의 생애에 비하면 너무 짧은 일생이었다.

그러나 성경을 읽어 보면 예수께 그보다 긴 생애가 필요 없었고 본인도 그 이상을 원하지 않으셨다. 그는 남다른 사명을 갖고 세상에 온 분이었으며 그 사명은 죽음을 통해 성취되는 것이었기 때문에 하루라도 빨리 십자가에의 결단이 필요했다. 3년 3개월 중에서도 임종을 앞둔 1개월가량이 가장 긴박한 삶이었고 최후의 일주간은 예수의 전 생애를 결산하는 정점이기도 했다.

예수께서는 생애 마지막 단계에 접어들었을 때 조용히 제자들과 자리를 함께할 기회를 마련하셨다. 빌립보 가이사랴 여러 마을로 갔을 때였다. 예수께서는 제자들에게 "우리를 보는 사람들이 나를 누구라고 말하더냐?" 하고 물으셨다. 제자들이 대답했다. "사회 정의를 위해 싸우다가 세상을 떠난 세례 요한과 같은 분이라고 말하는 것을 들었습니다. 또 옛날 구약 시대에 가장 권능이 있었던 선지자 엘리야와 같은 분이라고도 합니다. 또 민족과 국가를 위해 눈물로 생애를 보낸 예레미야와 같은 애국적 선지자라고 말하는 이들도 있습니다." 그때 예수께서는 "너희는 나를 누구라고 생각하느냐"라고 물으셨다. 그때 베드로가 대답했다. "주는 그리스도시요 살아 계신 하나님의 아들이십니다"(마 16:13-16 참조).

이 고백은 예수에 관한 최초의 신앙고백이다. 인간 '예수'가 하나님께서 보내신 '그리스도'임을 고백한 것이다. 그리스도는 몇 가지 뜻이 있지만, 종합하면 '구세주'라는 뜻이다. 그래서 바울은 신앙이란 다른 것이 아니라 예수를 그리스도로 믿는 일이라고 가르쳤다.

베드로가 처음 그 사실을 고백했을 때 예수께서는 "이것을 알게 한 것은 나를 보내신 하늘에 계신 하나님이다. 그러나 내가 그리스도인 것은 (내가 살아 있을 얼마 동안은) 아무에게도 말하지 말라"고 말씀하셨다. 그리고 이 최초의 고백을 한 베드로가 교회의 반석이 될 것을 약속하고 축복해 주셨다.

과연 예수는 누구인가. 나는 예수를 누구라고 생각하며 또 믿고 있는가.

교회에서는 예수를 우리의 친구라고 말한다. 예수를 아는 사람은 그 뜻이 타당함을 인정하게 된다. 예수께서는 0에서 시작해서 100까지의 인생을 사신 분이다. 인간은 아무리 악조건에서 시작했더라도 10이나 20에서 인생을 출발한다. 그리고 가장 성공한 사람도 80이나 90에서 끝난다. 그러므로 누구도 예수와는 인생의 동행자가 될 수 있다.

나도 가난한 청소년기를 보내면서 불평과 원망을 터뜨리고 싶은 때가 있었다. 그러나 예수보다는 가난하게 살지 않았기 때문에 감사를 배울 수 있었다. 일제강점기를 살았고 한국전쟁을 겪었다. 어째서 우리가 처한 환경이 이런가 하고 불평을 토로하고 싶은 심정이었다. 그러나 예수의 환경에 비하면 오히려 고마움을 느껴야 함을 깨달았다. 인생의 밑바닥에서 출발한 사람이야말로 예수의 친구가 될 수 있기 때문이다.

그와 반대도 성립된다. 예수께서는 100까지의 삶을 완성하셨기 때문에 누구도 그와 친구가 될 수 있다. 학자도, 예술가도, 제왕도, 장군도, 어떤 스승도 그와 동행할 수 있다. 원하기만 하면 그들 모두가 예수의 친구일 수 있다.

그리고 예수께서는 자진해서 우리 모두의 친구가 되기를 원하고 계신다. 우리에게 용기와 믿음과 새로운 사명의 인생을 약속해 주기 위해서이다. 우리는 역사적 고금을 물을 필요 없이 많은 사람이 예수의 진실한 친구가 되고 있음을 잘 알고 있다. 교만한 사상가, 독재적 정치가, 고집스러운 예술가의 친구가 되지 못해 애태우기보다 인간 중의 인간이신 예수의 친구가 되는 것은 인생의 가장 위대한 선택일 수 있다.

나는 오래전 예루살렘과 갈릴리 여러 지방을 여행하면서 강하게 느낀 바가 있었다. 예수는 왕 중의 왕이 아니라 인간 중의 인간이라는 점이다. 올리브산 밑에 제자들과 잠들면서 이야기꽃을 피우던 예수, 갈릴리 주변을 다니면서 사랑과 희망을 주려고 노력하던 예수, 예수는 누구보다도 다정하고 함께 즐길 수 있는 인간이었고 우리의 친구가 되실 수 있는 분이었다.

신앙적 체험을 한 사람들은 예수는 우리 모두가 갖고 있는 문제의 해결자이심을 고백하게 된다. 본래부터 문제의식이 없는 사람은 종교와는 무관한 법이다. 돈 벌어 치부하고 인생을 즐기며, 개인적 행복과 영달을 목적 삼는 사람들에게는 하나님의 존재가 부담스러우며 종교적 교훈이 귀찮아진다. "나에게는 하나님이 없는 편이 좋아. 그래야 인생을 맘 놓고 즐길 수 있거든"이라는 카라마조프의 말이 타당성을 갖는다.

그러나 삶과 인간에 관한 깊은 문제의식을 갖고 있는 사람은 반드시 종교에 관심을 가지지 않을 수 없다. 처음에는 그 문제를 해결하기 위해 과학을 찾기도 하고, 역사에 관심을 갖기도 한다. 예술·철학·도덕 등 문제해결을 위한 노력을 거듭하게 된다.

그러나 어디서 무슨 노력을 하더라도 해결되지 않는 문제가 남는다. 삶의 궁극적인 의미와 인간의 본질과 운명에 관한 문제이다. 어떤 사람들은 이 문제를 해결하기 위해 도덕과 양심에 호소해 본다. 그러나 유한한 인간의 도덕과 양심이 인간 존재의 문제를 해결할 수는 없음을 깨닫게 된다. 또 다른 사람들은 학문 중의 학문이라고 말하는 철학을 통해 그 문제를 해결하려고 한다. 그러나 철학은 더 크고 어려운 문제를 남길 뿐 문제를 해결하는 길은 더욱 어려워진다.

이때 만일 인간의 본질과 운명의 문제를 그리스도를 통해 해결할 수 있다면 우리는 새로운 신앙과 종교세계를 발견하게 될 것이다.

우리가 그리스도로부터 삶과 운명의 문제에 대한 해답을 얻는 것은 역사와 현실 면에서 가능하다. 위대한 철학자나 학자가 예수를 통해 인생의 진리를 깨달았고, 도덕과 양심의 짐을 지고 고민하던 사람이 그분을 통해 생의 무거운 짐을 풀어 놓을 수 있었다. 또 임금과 장군이 그분 앞에서 겸손을 배우고 왕관을 벗을 수 있게 되었다.

나는 어렸을 때, 생명의 위협과 삶의 공허감을 느끼고 신앙의 길로 들어왔다. 그러나 어렸을 때였기 때문에 기독교의 진리를 깊이 느끼거나 깨달을 수는 없었다. 대학에 다니면서 여러 가지 문제를 접해본 뒤 다시 한번 새롭게 그리스도를 인식하기에 이르렀다. 그때 나는 내 친구에게 "지금은 예수께서 세상에 계실 때 단 하나의 기적조차 행하지 않으셨다고 해도 그분을 그리스도로 믿게 되었다"고 편지를 쓴 적이 있었다. 그때의 심정은 단순한 것이었다. 나는 예수를 통해 내가 고민하던 진리의 문제에 대한 해결을 얻을 수 있었기 때문이다.

지금도 그렇다. 어떤 문제의식을 갖고 성경을 읽고 그리스도의 뜻과 교훈에 접하게 되면 그 문제의 해결을 얻으면서 더 깊이 성경을 이해하게 된다. 인간 예수는 우리 모두의 문제를 가지고 있다. 그러나 그리스도는 그 모든 문제의 해결자가 되신다. 그래서 우리는 예수를 하나님의 아들이라 부르게 되는 것이다.

우리 모두에게 예수는 누구인가. 예수는 구원의 약속과 새로운 사명을 주시는 분이다. 인간의 공통된 본분과 목적이 있다면 그것은 자기완성이다. 모름지기 존재하는 만물은 자기완성이 삶의 목적이 아닐 수 없다. 인간은 더욱 그러하다. 그런데 불행하게도 정신과 인격적 존재인 인간은 자기완성을 원하면서도 언제나 자기상실과 자신의 종말을 느끼면서 살고 있다. 육체의 건강과 체력이 상실되어 가는 사실은 누구도 부정할 수 없다. 기억력의 상실은 연령과 더불어 더욱 심하게 나타난다. 정열과 용기도 점차 쇠퇴해 간다. 그래서 인생은 완성을 뜻하면서도 상실을 향해 전진하고 있음을 인정하지 않을 수 없다.

상실의 단계가 어느 한계를 넘으면 그것은 모든 것의 종말로 연결된다. 우리에게 종말은 죽음이다. 죽음은 우리 존재 자체를 빼앗아 간다. 인간은 종말과 죽음을 현재 속에 지닌 채 살아 간다. 그러므로 먼 장래를 생각하는 사람은 죽음과 종말을 안고 살아야 하며 결국은 허무한 종말 앞에 스스로를 내맡길 수밖에는 도리가 없다. 그것은 우리 모두에게 주어진 운명의 길이다.

상실과 종말을 극복하는 것을 우리는 영원함이라 부른다. 삶의 충족과 더불어 있는 영원성이며 역사적 사명과 창조적 자아를 확인하는 영존성이다.

예수가 우리에게 약속한 것이 바로 그것이다. 그것을 우리는 구원이라고 부른다. 인간의 완성은 노력이 끝난 뒤에 찾아오는 구원이다. "오호라 나는 곤고한 사람이로다 누가 이 사망의 몸에서 나를 건져내랴"(롬 7:24)는 바울의 고백이 그것이다. 그렇게 구원의 사실을 체험한 사람은 그 구원의 사건을 역사적 사명감으로 채우면서 새 삶을 시작하기에 이른다. 그런 체험을 겪는 사람들은 그리스도가 누구인가를 스스로 확신하게 된다.

나는 가톨릭 서점에서 김홍섭 판사의 기록을 더듬은 일이 있다. 그는 우리 주변의 모범적인 법관으로 대법원 판사를 지낸 분이다. 어느 일요일 친구 이 모 검사와 함께 교회에 간 것이 계기가 되어 크리스천이 되었다. 그때 이미 그는 고령이었으나 주말만 되면 강원도 지방으로 전도 여행을 떠났다. 한 사람의 생명이라도 돌봐주고 싶어서였다.

그는 자기 수입의 십일조를 바쳐 전도문을 준비하고, 오랜 법관 생활의 경험을 살려 시간과 힘이 미치는 데까지 수감자들의 영혼과 믿음을 위해 전도를 계속했다. 많은 수감자가 그를 통해 그리스도의 품으로 돌아갔다. 특히 그가 중형이나 사형 언도를 내린 죄수는 잊을 수가 없었다. 육체의 생명은 법에 의해 끝나더라도 그들의 영혼은 구원해야 한다는 것이 그의 간절한 소망이었다.

버림받았던 많은 죄수가 그를 통해 믿음을 얻었다. 그중 한 사람은 김창룡 암살사건으로 사형을 언도받고 사형이 집행된 허태영 대령이었다. 그는 김홍섭 판사의 안내로 고요히 영원에의 길을 떠날 수 있었다. 간수들까지도 집행을 꺼렸던 죄수들이 그의 신앙적 안내를 받아 영원한 생명을 얻을 수 있었다.

김 판사의 경우는 새로운 사명을 몸소 실천한 모범사례이다. 우리 생애 동안 언젠가 그리스도의 구원을 약속받고 새로운 사명으로 살 수 있다면 그것으로 인생은 족한 것이 아니겠는가. 그 책임을 감당해 주신 이가 바로 그리스도이시다.

김형석 교수의 예수를 믿는다는 것

마태복음 4장과 누가복음 4장을 보면 예수께서 공생애를 시작하기 전에 세 가지 시험을 받으셨다는 기록이 있다. 그 세 가지를 극복했기 때문에 그리스도의 업적이 성취되었다는 상징적인 이야기이다.

그렇다면 신앙생활을 위해서는 누구나 예수와 마찬가지로 세 가지 시험에 패하지 않아야 한다는 이론이 성립된다. 성경에는 그것을 악마의 유혹이라고 표현한다. 예수께서 주기도를 가르치실 때, 우리를 시험(유혹)에 빠지지 않게 해달라고 말씀하신 것을 보면 시험 중에서도 이 세 가지가 가장 어렵기 때문에 중요한 생의 시련임을 짐작할 수 있다.

예수께서는 공생애를 시작하기 전 40일간 금식기도를 하셨다. 기도를 끝낸 예수는 매우 시장기를 느끼셨다. 그때 악마는 예수에게 "이 돌들로 하여금 떡이 되게 하고 굶주림을 풀라"고 꾀었다. 응당 있을 수 있는 일이다.

예수께서는 30세까지 남다른 가난 속에서 사셨다. 부친은 일찍 세상을 떠났고 여섯 동생과 모친을 위한 생계는 목수 일로 때워 나가야 했다. 나사렛은 작은 마을이다. 계속 일거리가 있는 것도 아니고 경제적 여유가 있는 사회도 못되었다. 극히 소수의 사람을 제외하고는 모두가 가난과 굶주림 속에 허덕이고 있었다. 그중에서도 예수는 가장 심한 빈곤과의 투쟁을 계속하셔야 했다. 빈곤은 나

사렛 마을만의 문제가 아니었다. 로마의 식민지였던 이스라엘 백성 전체가 가난 속에 빠져 있었다.

이러한 때 악마는 예수에게 "앞으로 네가 해야 할 일이 무엇인가. 우선 이 가난한 사람들에게 먹을 것을 주는 일, 경제적 빈곤에서 해방시키는 것이 급선무가 아니냐"고 요청한 것이다. 있을 수 있는 일이다. 떡과 경제문제를 해결하기 위해 30년간 애절하게 간구해 온 것이 예수의 개인생활이기도 했다. 생각이 있는 사람이면 누구나 책임져야 할 소중한 과업이다. 가난의 해결을 위해 과거 마르크스와 마르크스주의자들이 깃발을 들고 나섰던 것이다. 한때 인류의 3분의 1이 그 운동에 가담하기도 했다.

마르크스주의만이 아니다. 자본주의나 복지 경제를 원하는 모든 사람이 다 같이 돌로 떡을 만들어 빈곤으로부터 탈피하자는 것이 현대 사회의 요청이 되었다.

이러한 요청을 받았을 때 예수께서는 심각한 번뇌에 빠지시지 않을 수 없었다. 가난의 두려움을 잘 알고 계시며 경제적 빈곤 때문에 소외를 당하고 있는 이웃을 보아 온 예수께는 중요한 문제가 아닐 수 없었다. 악마는 저 많은 돌을 떡으로 만들자고 말했다. 하나님은 그런 능력을 주실 것이고, 그것을 해결하기 위한 노력이 모든 것에 선행해야 한다고 속삭였다.

예수께서 마침내 대답하셨다. "사람이 떡으로만 살 것이 아니요 하나님의 입으로부터 나오는 모든 말씀으로 살 것이라"(마 4:4).

떡과 경제는 필수이며 때로는 기본이다. 그러나 그것이 삶의 전부도 아니며 궁극적인 목적일 수도 없다. 만일 떡과 경제가 전부이고 궁극적인 목적이라면 예수께서는 돌로 떡을 만드셨을 것이다. 그러나 그것은 예비적인 조건이며 그 자체가 목적일 수는 없다. 경제문제는 해결되어야 한다. 그러나 그것을 위해 더 귀한 삶의 의미와 목적을 희생시킬 수는 없다. 역시 그 점에 있어서 예수와 마르크스는 완전히 다르다.

예수께서는 왜 하나님의 말씀을 택하셨을까? 두 가지 이유가 있었을 것이다. 하나님의 말씀은 삶과 인격 전체를 완성하는 원동력이며 인간 자체의 목적이 될 수 있기 때문이다. 그리고 하나님의 말씀을 바로 깨닫는 사람은 그 교훈 때문에 경제문제를 바르게 처리하며 해결할 수 있기 때문이다. 그래서 무엇을 먹으며, 무엇을 입을까 하는 걱정보다 먼저 하나님의 의를 구하라고 가르치셨던 것이다. 경제문제를 해결한 후에 바른 인간이 되는 것이 아니라 먼저 인간다운 인간이 되면 경제문제는 자연히 해결된다는 것이다.

만일 우리 모두가 일을 사랑하며, 정당하게 얻은 수입을 가난한 이웃과 더불어 사용하는 것이 올바른 경제의 길임을 깨닫게 된다면 다른 모든 문제는 자연히 해결될 수 있지 않겠는가. 그 당시에도 이스라엘의 빈곤과는 대조적으로 로마에는 사치와 낭비, 넘치는 경제적 축적이 있었다. 오늘날도 마찬가지이다. 전쟁 무기 생산에 쏟아붓는 물자와 경제력, 부유한 계층의 삼갈 줄 모르는 낭비와 경제적 부조리를 해결할 수 있다면 우리는 지금보다 훨씬 더 나은 경제 사회를 만들었을 것이다.

그렇게 본다면 중요한 것은 돌로 떡을 만드는 일이 아니라 하나님의 말씀으로 살 줄 아는 마음 자세이다.

개인 문제도 마찬가지이다. 경제적 부를 소유하는 것이 삶의 목적이라고 생각하며 불행을 자초하는 것보다 하나님의 뜻대로 경제를 관리하며 그 혜택을 가난한 사회로 돌리는 자세를 갖는 것이 경제문제를 해결하는 궁극적 방법이 아닐까. 소유에서 기여로 우리의 사고방식이 바뀔 때 경제가 올바른 궤도에 오른다고 보는 이유가 여기에 있다.

그리고 이 모든 경제적 가치는 하나님의 뜻대로 인격의 완성과 삶의 궁극적인 목적을 위해 이바지할 수 있을 때 이상적인 삶과 사회를 만들게 된다. 그래서 예수는 악마의 유혹을 물리치실 수 있었던 것이다.

악마는 두 번째 시험을 했다. 예수를 높은 산으로 끌고 가 온 세계의 권세와 영광을 보이면서 "나에게 절을 하면 이 모든 권세와 영광을 그대에게 주겠다. 이것은 내가 맡은 것이기 때문이다"라고 유혹한다.

예수는 이름 없는 소시민이었다. 직업은 목수에 불과했다. 그가 속해 있는 조국 이스라엘은 대로마제국의 작은 식민지 중 하나였다. 사회적으로 봤을 때 예수는 가장 미천한 존재였다. 만일 당시의 로마 황제와 예수를 비교한다면 어떨까. 하늘과 땅 차이란 이를 두고 하는 말일 것이다.

예수께서는 권력과 그에 따르는 영광을 충분히 알고 계셨다. 그

김형석 교수의 예수를 믿는다는 것

것은 만인이 다 같이 원하는 것이다. 악마는 그것을 예수에게 제공하기로 했다. 그것은 세속에 속하는 것이다. 세속적 가치에 따르기만 하면 그것들을 얻을 수 있다고 약속했다. 다른 것을 포기하고 권력과 영광을 찾아 누리려는 의지만 있으면 다른 모든 것까지 줄 수 있다는 권유였다.

사실 그럴 법한 일이다. 예수는 무명의 품팔이꾼에 불과하셨다. 그리스 시대부터 전해오는 유명한 학자들처럼 지식이 있는 것도 아니었다. 예수는 무식하게 자란 젊은이가 아니신가. 로마의 군사력이 천부장을 통해 이스라엘을 지배하며 헤롯왕이 통치자로 임하고 있는데 가난한 목수로서 무엇을 어떻게 할 수 있었겠는가.

이런 상황에서 악마는 온 인류가 원하는 '권력에의 의지'를 유혹의 미끼로 던졌던 것이다. 마키아벨리도, 니체도 권력 의지를 최고의 철학으로 삼았다. 알렉산더, 카이사르, 나폴레옹도 역시 그랬다.

악마는 "권력을 가지면 권좌의 정상에서 다른 모든 것을 해낼 수 있으니 자신의 뜻을 실현할 만하지 않은가. 그것을 반대하는 사람은 세상에 없다. 그대가 하나님의 일을 택하려고 하기 때문에 선택에 한 줄기 의혹이 있을 뿐이다. 나와 같은 가치관과 인생관을 갖고 세상을 살아가면 어떠냐"고 권했다. 하나님의 뜻을 묻지 않는 세상 사람이라면 마다하거나 거절할 이유가 없다. 정당하고 필요한 제안이기 때문이다.

그러나 예수는 거절하셨다. 세속적인 아흔아홉을 버리고 나머지 하나 종교적 가치를 위해 하나님의 뜻을 택하시기로 했다. 최고의 권위를 인정한다는 것은 그것을 위해 생애를 바치며 인생의 가치와 의미를 세속적인 데 둔다는 뜻이다. 종교적 가치와 의미를 포기하고 다른 곳에서 삶의 의미와 가치를 찾는다는 뜻이다.

현대인도 그런 마음을 가지고 있다. 정권을 잡아야 사회를 바로 잡을 수 있다는 생각은 공산주의자의 꿈만은 아니다. 후진 사회의 많은 지도자가 권력에의 욕망을 생명보다 귀하게 여기고 있다. 지금 우리가 겪고 있는 전쟁, 혁명, 국제적 비극 등은 어디서 오는가. 권세와 영광을 목적 삼는 정권욕과 권세 확장의 악마적 유혹에서 오는 것이 아닌가. 교회 안의 잘못된 지도자들도 교회를 권세의 제물로 바친 경우가 자주 있었다.

왜 국제 분쟁이 끊임없이 일어나고, 미얀마와 아프가니스탄의 비극이 가중되고 있는가. 어째서 정치범들이 감옥마다 만원을 이루고 있으며, 인권 유린이 사라지지 않고 있는가. 공산주의자들의 세계 정복 야욕은 어째서 사라지지 않고 있는가. 모든 원인이 잘못된 가치관에 있다. 악마에게 생의 의미를 위임하고 있기 때문이다.

예수께서는 홀로 그런 상황에서 하나님과 종교적 가치를 택하셨다. 그리고 우리도 같은 선택을 하기를 원하신다.

끝으로 악마는 예수에게 성전에서 뛰어내리라고 유혹한다.

인류를 구원하는 엄청난 종교적 과업을 끝까지 택한다면 어떤 비범한 수단이라도 써야 할 것이며, 하나님의 목적을 위한 수단이라면 하나님도 이를 용납하실 것이라는 속삭임이었다.

이것은 짧은 몇 해 동안 인류를 상대로 하는 과업에 성공하기 위

김형석 교수의 예수를 믿는다는 것

한 수단과 방법이 될 수 있다. 성전에서 뛰어내려 한꺼번에 수천 명씩 믿게 만드는 일쯤은 당연하게 여겨질 수도 있다. 선한 목적을 위한 비범한 수단이기 때문이다. 그러나 예수께서는 이 유혹 또한 거절하셨다. 종교적 과업에 세속적 수단을 쓰는 것은 분명히 악마의 유혹이며 심지어 하나님을 시험하고 이용하려는 결과와 같음을 인정했다. 예수께서는 끝까지 평범 선 이하의 착하고 무능한 인간으로 머물기로 하셨다. 단 하나의 수단이나 방편도 없이 당신의 사업에 임하기로 하셨다. 그는 끝까지 '사람의 아들'로 머물기를 원하셨다. 우리 모두와 똑같은 사람의 아들이 되기를 바라셨다.

그것은 마치 착하고 가냘픈 토끼가 굶주린 이리떼, 사자와 호랑이들이 득실거리는 산중으로 그들을 위해 구원의 소식을 갖고 가는 것처럼 무모한 짓이었다. 나약함과 어리석음의 극치에 이르는 행동이었다. 그러나 예수는 그 길을 택하실 수밖에 없었다. 인간을 너무나 사랑하셨기 때문이다. 우리를 위해 당신의 모든 것을 바치기로 작정하셨기 때문이다. 모든 '사람의 아들'이 '하나님의 아들'이 되기 위해서는 자신이 먼저 사람의 아들로 출발하셔야 했던 것이다.

그러나 이 세 가지 시험을 이기셨기 때문에 악마는 예수를 떠났고, 하나님의 천사가 예수와 함께하게 된다. 우리도 마찬가지이다. 버릴 것을 버리고 떠나야 할 곳에서 떠날 때 하나님의 사랑과 도움을 받게 된다. 크리스천이 된다는 것은 이렇게 어렵게 예수의 뒤를 따르는 일이다.

예수께서 가르치신 비유 가운데 '달란트 비유'가 있다.

어떤 사람이 먼 길을 떠나면서 종들에게 돈을 맡겼다. 각각 그 재능대로 한 사람에게는 5달란트를, 한 사람에게는 2달란트를, 한 사람에게는 1달란트를 주며 자신이 없는 동안 열심히 일해서 많이 벌도록 하라는 당부를 남겼다.

얼마 후에 주인이 돌아와서 종들에게 그동안 얼마나 벌었는지 물었다. 5달란트를 받은 종은 그것으로 장사하여 또 5달란트를 남겼다고 보고하며 10달란트를 주인에게 바쳤다. 주인은 "잘하였도다 착하고 충성된 종아 네가 적은 일에 충성하였으매 내가 많은 것을 네게 맡기리니 네 주인의 즐거움에 참여할지어다"(마 25:21)라고 그 종을 칭찬했다. 그에게는 열 고을을 다스릴 권세를 주었다.

2달란트 받은 종도 똑같이 장사하여 또 2달란트를 남겼다고 아뢰며 4달란트를 주인에게 바쳤다. 주인은 그 종에게도 첫 번째 종과 똑같이 칭찬했다. 그리고 능력에 따라 다섯 고을을 다스릴 권리를 주었다.

1달란트 받은 종이 말했다. "주인이여 당신은 굳은 사람이라 심지 않은 데서 거두고 헤치지 않은 데서 모으는 줄을 내가 알았으므로 두려워하여 달란트를 땅에 감추어 두었나이다 보소서 당신의 것을 가지셨나이다"(마 25:24-25).

그 말을 들은 주인은 대단히 화가 나서 그에게 "악하고 게으른 종"이라고 말하며 "그 1달란트를 10달란트를 가진 자에게 주라 이 무익한 종을 바깥 어두운 데로 내쫓으라"(마 25:28, 30)고 명령했다.

지금 생각해 보면 그 비유 속에는 큰 뜻이 담겨 있다. 과거에는 인생을 평가하는 잣대가 현재의 우리와 다르다는 점을 느낄 수 있다.

만일 내가 주인이었다면 어떻게 했을까? 5달란트를 번 사람에게는 5만큼 칭찬하고 2달란트를 번 종에게는 2만큼의 칭찬을 했을 것 같다. 그런데 칭찬의 내용에는 차이점이 없다. 다 같이 착하고 충성된 종이라고 말했다. 두 사람 다 능력껏 최선을 다했기 때문에 같은 칭찬을 받는 것이 당연한 것이다.

내게 두 아들이 있다고 하자. 한 아들은 100의 소질과 능력이 있는데 최선을 다하지 않았다. 그래서 80의 결과를 얻었다. 다른 아들은 50의 능력밖에 없었는데 최선을 다해 노력했기 때문에 60의 결과를 얻었다고 하자.

그때 나는 누구를 더 칭찬하게 될까? 50의 능력으로 60의 결과를 얻은 아들이다. 노력해서 더 많은 결과를 성취했기 때문이다. 그런데 아버지가 아닌 다른 사람이 두 사람을 비교했을 때는 누구를 더 칭찬하겠는가? 60보다 80의 결과를 얻은 사람을 더 칭찬하는 것이 당연한 일이다. 결과로 평가하기 때문이다.

그런데 아버지인 나는 왜 후자를 더 칭찬하게 되는가? 아버지로서의 사랑 때문이다. 다른 사람들은 결과의 척도를 가지고 인생을 평가한다. 그러나 아버지는 사랑의 잣대를 가지고 두 아들을 대한다.

만일 우리 모두가 먼 후일에 하나님의 심판대 앞에 섰을 때, 정의의 잣대로만 우리를 다스린다면 어떻게 될까? 우리는 모두가 실망과 자책에 빠지고 말 것이다. 그러나 우리가 믿는 하나님은 사랑의 척도로 우리를 대해 주신다. 그래서 무능하고 부족한 우리가 기쁨 가운데 사랑의 품에 안기게 된다.

오늘날 우리는 크게 잘못된 사회에 살고 있다. 교육부 장관과 초등학교 교장을 비교했을 때 누가 더 훌륭한가 물어보라. 사람들은 그것은 말도 안 되는 비교라고 생각한다. 두 사람 외에 총장, 학장, 교장, 교감, 교육감, 장학사 등 수많은 사람이 있기 때문에 비교 자체가 잘못되었다고 생각한다.

다른 사회에 가면 어떤가. 교육부 장관은 정책 수립자로 행정적인 업적만 남는 데 비해, 교육 현장에서 민주 교육의 성과를 거둔 초등학교 교장의 업적과 명성은 교육사에 오래 남게 되어 있다.

농림축산부 장관이 누군지는 알 필요가 없어도 벼 종자를 개량해 수확량을 늘리도록 애쓴 농업기술자의 이름과 그의 공로는 길이 남는다. 그래서 한 사람밖에 없는 장관이 되기보다 좋은 초등학교 교장이 되기를 원하며, 사회에 공헌하는 기술자가 되는 길을 선택한다. 그것이 좋은 국가이며 민주적 발전을 이룩한 사회이다.

그런 사회에서는 직위의 높고 낮음이나 직업의 귀천을 묻지 않는다. 누가 더 사회에 기여하고 있는가를 물을 뿐이다. 최선을 다해 사회에 기여함으로써 그의 업적과 공로가 인정받을 수 있어야

김형석 교수의 예수를 믿는다는 것

한다.

민주 사회가 공산 사회나 통제된 사회보다 앞서 있는 점이 바로 그것이다. 정의와 평등이라는 잣대만으로 세상을 재는 것이 아니다. 사랑이 있기 때문에 자유를 소중히 여기는 것이 민주주의인 것이다. 그런데 지금 우리의 가치 기준과 사회 평가의 잣대는 어떤가.

기독교가 휴머니즘을 육성하는 종교이고 휴머니즘의 나무에 자유와 평등의 열매가 맺힐 수 있는 것은 휴머니즘은 사랑의 잣대를 버리지 않기 때문이다.

우리는 성공하는 인생을 살고 싶다고 말한다. 참다운 성공이란 무엇인가. 돈을 벌었거나 지위와 권세를 차지했거나 명예를 얻어 유명해지면 성공했다는 생각은 상식이 되어 있다. 그러나 그것이 바로 결과론이다. 사회에 불행이 닥쳐왔는데도 그가 치부했기 때문에 성공이라는 말인가. 국민은 고통을 겪고 있는데 그가 권세를 누렸기 때문에 성공했다고 말할 수 있을까? 어떤 사람이 명성을 얻기 위해 수단 방법을 가리지 않고 사회질서를 무너뜨렸는데 그래도 성공했다고 볼 수 있을까?

그 잘못된 가치판단이 우리를 한층 더 불행으로 몰아가고 있지 않은가. 그러면 참다운 성공은 무엇인가. 자신이 지니고 있는 선한 능력을 유감없이 발휘할 수 있으면 그것이 성공이다. 후회를 남기지 않을 정도로 주어진 일에 최선을 다하면 그가 가난하더라도, 권세와 지위를 누리지 못해도, 명예와 거리가 멀어도 그 사람이야말로 성공한 사람이고 존경할 만한 사람으로 인정해도 좋은 것이다.

성공이란 무엇인가. 이 세상에 태어나서 어떤 선한 봉사를 했는 가의 결과로 따질 수 있을 뿐이다. 80의 악을 행하고도 신문지상에 이름을 올렸다고 해서 그를 높여 줄 수는 없지 않은가. 사회질서를 파괴하고도 높은 위치에 있었다고 해서 존경할 수는 없는 법이다. 매일 신문에 오르내렸다고 해서 그 사람을 우러러보아야 한다면 얼마나 잘못된 세상인가.

우리는 남몰래 이웃에게 봉사하는 사람들에게 감사할 줄 알며, 주어진 직책을 성실히 감당해 사회에 이바지하는 이름 없는 소시민들에게 고마움을 느끼는 생활로 돌아가야 한다.

한 회사 사장의 한탄 섞인 말이 아직도 귓가에서 사라지지 않는다. "저런 ○○부 관리보다 땀 흘리면서 공장에서 묵묵히 일하는 우리 근로자들이 애국자지요. 그런데 어쩌다가 저런 잘못된 권력자들이 날뛰는 세상이 되었는지 모르겠어요." 그 당시만 해도 일부 공직자들이 기업인들을 돕기보다는 불편을 주는 일이 자주 있었던 때문이다.

그런데 아직도 그 사장의 탄식을 되풀이해야 하는 상황이 얼마든지 벌어지고 있다. 우리 모두의 가치기준과 판단이 달라지지 않으면 안 된다. 그리스도의 잣대를 가지고 사람을 대하며 세상을 보는 지혜와 용기가 한없이 아쉽다.

하나님 나라는 어떤 곳인가. 우리가 바라는 그리스도의 뜻이 이루어지는 사회는 어떤 곳인가. 최선을 다하는 사람이 아낌과 사랑을 받고, 섬기며 봉사하는 사람이 지도자가 되고 존경을 받는 사회이다. 이것은 종교가 제시하는 유토피아가 아니다. 유토피아라는 말은 이 세상에는 없는 곳이라는 뜻이다.

기독교는 하나님 나라를 내세에 국한시키거나 이 세상에는 없는 곳이라 말하지 않는다. 우리의 선택과 노력으로 성취할 수 있는 사회와 국가를 말한다. 그리고 지금은 민주적으로 성장한 국가들이 모두 그 뜻을 인정하고 있다.

그러나 이렇게 사랑의 평가를 내리는 예수께서도 게으름과 악에 대한 판단은 엄격하셨다. 소질을 묻어 두고 종으로서의 책임을 회피하며 주어진 의무를 다하지 않은 마지막 종에게는 준엄한 심판을 내리셨다. 그는 받았던 1달란트마저 빼앗겼고 종의 자격을 박탈당했는가 하면 하나님 나라에 동참하는 자리에서도 쫓겨나고야 말았다.

잘못된 사랑의 질서에 안주하여 정의의 질서를 소홀히 하거나 무책임하게 여기는 사람들이 있다. 그러나 예수는 그런 분이 아니셨다. 그래서 당시의 지도자들을 책망할 때는 가차 없이 질타하셨다. 그것은 그 지도자들이 미워서도 아니며, 지도자들이 예수를 적대시했기 때문도 아니다. 사회악은 용납할 수 없는 일이며, 그 악이 노력하며 사는 선한 백성에게 미칠 영향 때문이었다.

이런 점을 감안하면 우리는 인간의 책임과 의무를 다함으로써 하나님 나라의 축복을 받을 수 있는 한편, 선한 인간으로서의 의무를 소홀히 함으로써 역사의 준엄한 심판을 받을 수도 있음을 확실히 알아야 한다. 악을 행하면서 선의 대가를 기다린다든지 이웃에게 불행과 고통을 주면서 나만은 즐거움과 행복을 누릴 수 있으리라는 사고방식은 일체 용납될 수 없다. 그것은 하나님의 뜻이자 역사의 질서와 심판이다.

혹시 우리 가운데 '그것은 교회를 위한 봉사니까'라든지 '하나님을 위해서'라는 인간적인 생각 때문에 이웃과 사회에 불행과 고통과 실망을 안겨 주는 일이 있다면 그것 역시 책망받는 조건이 된다. 우리는 때때로 대학 입시를 눈앞에 둔 학생의 귀중한 시간을 교회일에 할애하도록 지나치게 요청해서 그들의 장래를 불행으로 이끄는 경우를 본다. 이것이 청년들을 지도하는 최선의 길인가를 묻지 않을 수 없다.

매우 드문 일이기는 하나, 교회 건축헌금을 내기 위해 자녀의 교육을 중지하거나 가족의 병원진료를 뒤로 미루거나 남의 집 가정부 일을 해서까지 돈을 버는 경우는 재고할 필요가 있다.

예수 당시의 이스라엘 지도자들도 하나님을 위한다는 명분으로 백성에게 고통을 주었으며 교회와 성전을 섬긴다는 명목으로 백성이 빈곤과 불행을 겪어야 했다. 크리스천이라면 이웃에게 도움을 줄지언정 이웃으로부터 비난을 받는 존재가 되어서는 안 된다.

김형석 교수의 예수를 믿는다는 것

가룟 유다를 앞장세운 제사장의 사병들이 겟세마네 동산에서 예수를 붙잡아 대제사장 공관 뜰로 끌고 갔다. 벌써부터 종교재판을 벌이기로 계획되어 있었기 때문에 만반의 준비가 갖추어져 있었다. 그런데 문제가 있었다. 전국에서 유월절을 지키기 위해 모인 군중 속에는 예수를 지지하는 사람들이 많았기 때문에 그 반동 세력이 기성 종교 세력인 제사장들을 공격해 올지도 모르는 일이었다. 조급한 일처리가 더 큰 피해를 가져올 우려가 있었다.

그들은 숙의 끝에 예수를 정치범으로 몰아 로마 법정에서 사형시키는 것이 좋겠다고 결론을 내렸다. 헤롯왕이 세례 요한을 죽인 후 그 뒷일이 복잡했음을 그들은 잘 알고 있었다. 합의를 본 제사장과 서기관들은 예수를 이끌고 빌라도의 법정으로 갔다. 그러지 않아도 그해 유월절을 무사히 넘길 수 있을지 걱정하고 있던 빌라도는 군중에 관한 감시를 게을리 하지 않고 있었다. 예루살렘 성전 울타리 서북쪽 끝에는 안토니오성이 있었고 그 성 꼭대기에서 로마의 군인들이 줄곧 성전 안을 살피고 있었다.

당시에는 유월절 명절 때마다 치안을 위해 그렇게 보초를 서는 것이 관습이었다. 대제사장의 공관에서 예수에 대한 종교재판이 벌어지고 있다는 사실도 빌라도는 잘 알고 있었다. 그런데 그 재판이 자기에게로 넘어온다는 소식을 듣고는 그리 달가워할 수만은 없었다.

이른 시간에 법정에 나가 보니 노여움과 흥분에 찬 군중이 법원 뜰을 가득 메우고 있었다. 그중에는 잘 아는 얼굴도 섞여 있었다. 자신의 짐작대로 그 배후를 누군가 조종하고 있다는 사실도 어렵지 않게 간파할 수 있었다.

처음부터 고소자들의 요청은 결정적이었다. 곧 사형에 처해달라는 것이다. 종교재판에서도 사형에 처할 수 있으나 권력자인 총독 빌라도에게 최종 결정을 넘겼다는 이야기였다. 이미 처단했더라면 오늘과 같은 소란은 없었으리라는 함성도 들려왔다. 그러지 않아도 빌라도는 이미 대제사장 가야바 측을 통해 사형만이 최선의 방도라는 전갈을 받았던 터였다.

그러나 죄인의 모습으로 빌라도 앞에 서 있는 예수는 듣던 바와는 다른 인물이었다. 바라바와 같은 악한의 모습도 없었고 흔히 독립운동에 앞장서는 사람처럼 선동을 일삼는 인물로 보이지도 않다. 오히려 빌라도는 예수의 조용하고 침착한 모습과 신념에 찬 표정에서 종교 지도자의 인상을 받았다.

빌라도는 듣기 거북한 고소자들의 말보다 예수에게 직접 이야기를 듣고 싶었다. 빌라도가 예수에게 물었다. "네 동족과 대제사장들이 너를 고소해 나에게 넘겼다. 그런데도 너는 왜 아무 말 없이 침묵만 지키느냐?" 그러나 예수께서는 입을 열지 않으셨다. 빌라도는 예수를 사형에 처할 만한 법적 근거를 발견하지 못했다. 유대인의 종교와 동족들의 시비에 말려들고 싶지도 않았다. 그는 군중을 향해 예수에게 채찍질을 한 뒤 석방하자고 설득했으나 실패했다. 그러면 죄를 인정하고 유월절마다 베푸는 특사령에 따라 석방하자고 제안했다. 그러나 군중은 차라리 포악무도한 바라바를 풀어 주라고 소리쳤다. 답답한 빌라도는 예수에게 "네가 유대인의 왕이냐?"고 물었다. 예수는 "네 말이 옳다"라고 대답하셨다.

빌라도는 한참 동안 예수를 내려다보면서 석방의 구실과 방도를 모색했다. 군중은 더욱 소리 지르기 시작했다. 그때 빌라도에게 의외의 외침이 들렸다. "당신이 로마 황제를 거역하면서 선동을 일으킨 이 예수를 처형하지 않는다면 우리는 로마 황제에게 이 재판을 상소할 수밖에 없소!"

그 말을 들은 빌라도는 당황했다. 지금의 기세를 보건대 예수를 거기까지 끌고 갈 가능성이 컸다. '저렇게 이스라엘의 전 지도자들이 예수를 증오하고 있다면 그것이 실현될 수도 있다.' 그렇게 된다면 빌라도의 정치 생명에도 큰 타격이 온다. 비록 거기까지 가지는 않더라도 저 많은 종교계 지도자들과 대립하면서까지 예수를 두둔할 필요는 없다고 생각되었다.

잠시 정치적 저울질을 해본 빌라도는 사태가 달갑지 않음을 느꼈지만 때는 이미 늦었다. 빌라도는 다시 한번 예수를 쳐다보았다. 예수는 어떻게 보아도 죄인은 아니었다. 그러나 단 한 사람도 예수를 지지하는 이가 없었다. 또 예수는 갈릴리의 미미한 목수일 뿐이었다. 제사장이나 바리새파의 지도자라면 몰라도 이 이름 없는 목수쯤은 희생되어도 괜찮겠다고 생각했다.

정치적 계산을 끝낸 빌라도는 예수에게 유죄 판결을 내린다고 선언했다. 빌라도는 공관으로 들어가고 백부장은 군사들을 이끌고 예수를 십자가에 못 박을 준비를 서둘렀다. 제사장들과 바리새파 사람들은 승리의 즐거움을 안고 제각기 갈 길을 재촉했다. 다음날은 유월절이기 때문에 모든 문제는 그날로 끝내야 함을 그들 모두가 잘 알고 있었다.

이렇게 역사적 재판이 끝났다. 지금도 빌라도의 법정이었던 곳으로 여겨지는 장소에 가보면 로마 군인들이 창끝으로 바위 위에 새겨 놓은 표시들이 있고 부근에는 바위를 뚫어 만들었던 것으로 추측되는 감방 자리가 보인다.

그런데 역사는 공정했다. 로마의 절대권을 등에 지고 있던 빌라도와 갈릴리의 가난한 목수 예수는 비교가 안 될 정도로 다른 위치에 있었다. 그러나 빌라도가 죽은 지 반세기가 지난 뒤 로마는 세계 기독교의 중심지로 변했다. 수많은 교회가 서 있는 성직자의 도시가 되었다. 승리자가 누구인지는 더 물을 필요가 없게 되었다.

이 재판은 역사적 사건이었고 중요한 역사적 교훈을 남겨 주었다. 교훈 몇 가지를 살펴보자.

왜 예수께서는 법정에서 침묵을 지키셨는가? 고소자들의 고함소리가 높았음에도 이상할 정도로 침묵을 지키는 예수에게 빌라도는 내가 그대를 사형에 처할 수도 있고 무죄로 석방할 수도 있는데 어째서 아무 말이 없느냐고 반문했다. 그러나 예수께서는 사실, 모든 것은 인간이 하는 것이 아니고 하나님의 뜻이 성취될 뿐이라는 신념에서 침묵을 지키신 것이다. 그런 상황에서 지혜로운 사람이라면

김형석 교수의 예수를 믿는다는 것

누구나 침묵을 지켰을 것이다.

그러나 그때 예수의 제자 중 한 사람이나 정의와 진리를 위해 증언하는 사람이 법정에서 재판을 받고 있었다면 예수는 침묵을 지키지 않으셨을지도 모른다. 적어도 그 피고에게 위로의 말을 남기셨을 것이 틀림없다. 예수는 빌라도에게 자신이 영원한 나라의 왕이라는 것만 밝히셨다. 그 사실은 다른 곳이 아닌 로마에서 입증되었다.

소크라테스는 예수보다 몇 백년 전에 법정에 선 일이 있다. 그는 당당히 자기가 죄인이 아님을 변론했다. 《아폴로기아 소크라테스(소크라테스의 변명)》라는 변론집이 남아 전해질 정도이다. 소크라테스와 달리 예수는 입을 열지 않으셨다.

소크라테스는 정의의 질서를 위해 평생을 보낸 사람이다. 그러므로 정의가 요청되는 사회에서는 변론이 필수적이다. 그러나 예수는 하나님의 사랑을 보여 주기 위해 오신 분이다. 사랑은 자신을 변호하지 않는다. 변명을 한다면 그것은 사랑의 결핍을 드러낼 뿐이다.

그런데 우리 교회는 어떤가. 끝까지 정의만 따지며 손해를 보려는 크리스천들은 찾아보기 어려운 실정이다. 그래서 교단의 분열과 교파의 대립이 2000년 동안 계속되어 왔다. 교회 안에서도 그렇다. 한 치의 양보도 없이 옳고 그른 것만 따진다면 사랑의 기독교가 유지되고 발전하겠는가. 그렇다고 해서 정의의 질서를 무시하거나 사회 공의를 가볍게 여기는 과오를 범해서는 안 된다. 문제는 정의 위에 사랑의 질서를 살릴 수 있는가이며 정의를 완성시킬 수 있는 사랑의 뜻을 실천할 수 있는가이다. 따라서 진정한 크리스천이 된다는 것은 쉽지 않은 일이다.

크리스천들이 겪어야 하는 재판은 빌라도의 법정으로 끝나지 않았다. 수많은 신자가 동일한 성격의 재판을 치러 왔다. 그리고 그리스도와 같이 순교의 대가를 치른 사건도 항상 계속되었다. 우리는 일제강점기 때 주변의 많은 신도가 일본 법정에 섰던 사실을 잘 알고 있다. 신사 참배를 강요당했을 때 희생당한 교회 지도자들이 빌라도의 법정과 똑같은 치욕과 희생을 치러야 했다.

예수께서도 그 사실을 아셨기 때문에 법정에 섰을 때 무슨 말을 할 것인지 걱정하지 말라고 위로해 주셨다. 성령께서 이끌어 주신다고 약속하셨다.

내가 청소년기에 다닌 교회의 김철훈 목사님도 그중 한 사람이었다. 일본 경찰은 그에게 신사 참배를 강요하다 못해 심한 고문으로 정신을 잃은 목사에게 창밖으로 두 어린 아들을 보여 주었다. 두 아들은 아버지를 부르며 울음을 터뜨렸고, 목사님도 자신이 전날 저녁 고문으로 죽어 영혼이 아이들을 보는 것이라고 착각했다. 그러나 꿈도 아니고 영의 세계도 아니었다. 형사들이 두 아들을 끌고 밖으로 나가 버렸다. 그러고는 당신이 고아로 자랐는데 당신의 사랑하는 두 아들도 당신처럼 고아로 만들기를 원하느냐고 설득했다.

같은 교회의 어느 장로는 고문에 못 이겨 신사 참배를 한 뒤 집에 돌아와 통곡했다. 교회의 뜻있는 사람들이 모두 눈물을 흘렸다. 우리는 이런 일이 다시는 없기를 바란다. 그러나 빌라도의 법정은 어떤 성격으로든 나타나게 마련이다. 그 시련을 이기는 사람이 승리자가 되는 것이 역사의 원칙이다.

공산주의자들은 38선 이북에 진주한 지 얼마 되지 않았을 때부터 서서히 민족주의자와 크리스천 지도자들의 사상을 억압하기 시작했다. 일부 사람은 대한민국으로 탈출했고, 상당히 많은 사람이 공산주의 통치자들의 회유와 억압을 면할 길이 없었다.

그때 내 초등학교 친구 하나가 스스로 죽음을 택했다. 그는 김일성의 외종조부인 강량욱 목사와 가까운 친척이기도 했다. 그러나 내 친구는 민족주의 노선을 양보할 수는 있어도 하나님께 바쳐진 영혼과 생명을 빼앗길 수는 없어 스스로 죽음의 길을 택했다. 가족들이 그의 시신을 찾아왔을 때 그의 옷자락 속에서 젓가락으로 만든 십자가를 발견했다. 그 교회의 목사는 그 젓가락으로 만든 십자가를 들고 눈물을 흘리면서 온 교우에게 설교한 적이 있다.

우리 주변에는 이러한 역사의 증언자들이 수없이 많다. 이름 없이 사라진 그들 모두가 그리스도와 같이 사랑의 진리를 실천한 분들이다. 그런 희생 제물들이 쌓여 거짓 속에 진실이 꽃을 피웠고, 악의 역사를 선한 방향으로 바꾸어 갔다. 암흑은 빛으로 변하기 시작했고 혼돈 속에서 질서를 유지하는 결실을 맺게 되었다.

이처럼 빌라도의 법정은 정치나 사회 모순에만 있는 것은 아니다. 우리의 심중에도 항상 재판은 벌어지고 있다. 돈, 명예, 권력이 우리를 유혹하고 있으며 악의 세력이 우리를 죽음으로까지 몰아가려고 한다. 그때에도 우리는 사랑으로 승리하지 않으면 안 된다.

제4부 예수와 그 주변 사람들

예수의 일생은 최선을 다해 이웃을 사랑하는 데 목적이 있었다. 마침내는 이웃과 인간을 위해 기꺼이 자신의 생명을 바치셨다.

예수 당시에도 지금처럼 많은 병자가 있었고, 그들은 예수의 사랑의 손길을 기다리고 있었다. 그 간절한 애원과 호소를 아는 예수는 진심으로 그들의 병과 고통을 돌봐주셨다.

그런데 예수께서 바라보시는 환자와 지금 우리가 바라보는 환자 사이에는 커다란 차이가 있다. 옛날 사람들은 병자를 육체적 병을 앓는 사람으로 생각했다. 그런 병자는 약을 먹거나 수술을 받으면 그 병에서 풀려날 수 있었다. 그런데 프로이트 이후부터 제2의 병이 공공연하게 인정되기 시작했다. 우리가 흔히 노이로제라고 부르는 병이다. 의사의 말을 빌리면 노이로제는 육체적 질환보다 신경계통의 병이며 신경보다 정신적 갈등에서 오는 병이라고 한다.

육체적으로 무리하거나 생리체계가 잘못되면 병을 앓아야 하듯이, 우리의 정신이 심한 스트레스나 갈등, 그리고 욕구 불만에 빠지면 노이로제 환자가 된다고 한다. 그 영향은 신체에까지 미쳐 심하면 인격과 성품이 파괴되어 폐인이 되기도 한다.

그런데 예수는 일찍부터 제3의 병을 알고 계셨다. 그것은 의사나 정신분석학자들이 문제 삼지 않는 병이었다. 그러니 적당한 병명도 있을 리 없다.

키르케고르는 그 병을 '절망'이라고 했다. 절망은 '죽음에 이르는 병’이다. 우리 육체는 병으로 죽으면 그것으로 끝이다. 그러나 정신은 죽을 수 없기 때문에 죽음에 이르기는 하나 죽을 수도 없는 병이라고 말한다. 정신적 절망은 계속해서 우리를 죽음으로 몰아가고는 있지만, 우리를 무덤으로 보내지는 못한다. 죽음은 어떤 면에서 안식일 수도 있지만, 절망은 안식을 거부한다.

지금 여기서 키르케고르의 철학적 이론을 소개하거나 해석할 이유도 여유도 없다. 그러나 상식적으로 제3의 병은 삶의 희망을 상실한 데서 오는 절망이다. 왜 살아야 하는지, 무엇이 삶의 목적인지 찾을 길이 없어 빠지게 되는 희망 상실증이다. 그 병에 심하게 걸린 사람은 자살이 의미가 없어진다. 죽음에 대한 공포조차 느끼지 않는다.

영국의 어떤 지성인이 추운 겨울에 자살을 하려고 문 밖으로 나갔다. 한참 걷다 보니 날씨가 너무 찼다. 그래서 다시 돌아와 목도리를 하고 다시 죽음의 길에 나섰다는 얘기를 들은 적이 있다. 그런 사람은 오랫동안 자신 안에 죽음을 간직하고 있었으며 죽음과 함께 살고 있었던 것이다.

심각한 문제는 삶의 의미와 희망을 상실한 환자들이 우리 주변에 많다는 사실이다. 그리고 그 병은 상당히 일찍 찾아온다. 미래에 대한 강한 회의에 빠져 삶에 대한 긍정적 의미를 잃어버린 채 사는 청소년들도 얼마든지 있다. 언젠가 나는 대천 해수욕장에 갔다가 우울한 밤을 보낸 일이 있다. 자정이 넘었는데도 고등학생들이 바닷가에서 신나게 노래를 부르고 깡통을 두드리며 춤을 추고 있었다. 가까이 가서 그 노래 가사를 들어보았더니 다음과 같은 내용이었다.

"인생이 무엇인가? 그 누가 알랴. 고생하고 애쓰다 죽으면 그뿐이다. 누가 우리 보고 살아야 한다고 가르치나? 결국은 죽음과 허무뿐인 인생인데."

소년들은 몇 시간 동안 그 노래를 반복해 부르면서 춤을 추었다. 하기야 그 소년들뿐이겠는가. 세상에서 가장 지혜로웠던 솔로몬도 "헛되고 헛되며 헛되고 헛되니 모든 것이 헛되도다 해 아래에서 수고하는 모든 수고가 사람에게 무엇이 유익한가…지혜가 많으면 번뇌도 많으니 지식을 더하는 자는 근심을 더하느니라"(전 1:2-3, 18)라고 노래했다.

육체가 완전히 건강한 사람이 없듯이, 정신도 완전히 건강한 사람은 없다. 정도의 차이는 있지만 모두가 그 병에 걸려 있는 것이 사실이다.

예수께서 의사였다는 말은 예수께서 우리 속에 있는 이 세 가지 병을 모두 발견하셨다는 뜻이다. 그리고 예수의 치료를 받은 사람들은 이 세 가지 병을 모두 해결할 수 있었다는 의미이다.

일반 의사들은 육체적 병에서 시작해 정신적 병으로 옮겨 가지만 인격의 문제는 취급하지 않는다. 또 할 수 없다고 생각한다. 의사 자신도 그 병에 걸려 있는 경우가 많기 때문이다. 그런데 예수는 제3의 병부터 먼저 지적하셨다. 그래서 "네 죄가 사함을 받았다"거나 "네 믿음이 너를 구원했다"고 말씀하셨다. 이런 말과 치료는 세상 의사들은 도저히 생각조차 할 수 없는 일이다.

또 예수는 제3의 병을 소중히 여기셨기 때문에 제1의 육체적 병을 치료한 결과는 될 수 있는 대로 나타내지 않으려고 하셨다. 병을 치료해 준 뒤에는 "누구에게도 내가 병을 고쳐 주었다는 말은 하지 말라"고 당부하셨다. 어떤 때는 여기를 떠나 집으로 돌아가면 네 병이 나아 있을 것이라고 하셨다. 될 수 있으면 육체적 질환의 치료는 숨겨 두려 하셨다. 그래야 정신적 질환과 인격적 병을 치료하는 복음과 말씀을 널리 증거할 수 있기 때문이다.

때때로 예수께서는 "내가 네 죄를 사했다"고 말씀함으로써 상대방의 병을 고쳐 주셨다. 왜 그랬을까. 종교적 입장에서 본다면 병은 죄의 결과라는 것이 당시의 통념이었다. 키르케고르도 그 점은 잘 알고 있었다. 그는 절망의 반대는 믿음이라고 했다. 절망은 죄와 더불어 있다고 생각했기 때문이다. 믿음이 있는 사람에게는 절망이 없고 믿는 바가 있는 사람은 회의와 허무에 빠지는 일이 없는 법이다.

그렇다면 예수의 "네 죄가 사함을 받았다"는 말씀은 '모든 죄악과 절망에서 벗어난다'는 뜻과 통한다. '하나님께서는 네 죄를 묻지 않으신다. 그리고 너는 모든 고통과 무거운 짐에서 벗어날 수 있기 때문에 육체의 병은 부수적인 것이다.' 이것이 예수의 치료방법이자 교훈이었다.

그래서 예수로부터 치료를 받은 사람들은 육체가 질병에서 벗어나고 정신이 안정됨은 물론 새로운 삶의 희망과 인생의 의미를 재

발견하게 됐다. 인격적 중생이자 참다운 삶을 시작할 수 있었다. 예수는 그런 의미에서 의사였던 셈이다.

기독교를 피상적으로 이해하고 인간의 입장에서 해석하는 사람들은 예수가 육체적 질병을 치료한 것에만 관심을 가졌다. 지금과 같이 의학이 발달한 시대였다면 예수께서도 "네 몸을 의사에게 가서 보이라"고 말씀하셨을지 모른다. 육체의 병은 큰 문제가 아니기 때문이다.

만일 기독교를 육체의 병만을 치료하는 세상적인 관념과 동일시한다면 우리는 과오를 범할 가능성이 크다. 신부나 목사는 의사도 아니고, 의사의 책임을 감당하기 위해 신앙적 지도자가 된 것은 더더욱 아니기 때문이다. 물론 육체적 질병의 고통을 가볍게 여기거나 도외시하자는 것은 아니다. 그것이 가장 궁극적인 목적은 아니라는 뜻이다.

파스칼은 자기 조카가 불치병에서 종교적 은총을 통해 치유되는 것을 체험하고, 하나님께서 당신의 위대한 능력을 입증하기 위해 은총을 내려주신 것이라고 감격해 하면서 자신의 삶의 태도를 바꾸었다.

예수께서는 언제나 믿음과 사랑과 하나님의 영광이 있는 곳에는 초자연적 능력이 있음을 믿고 그것을 입증하면서 사셨다.

그러나 우리는 육체적 질환의 치료보다 몇 배나 더 소중하고 값진 정신적 치유와 인격적 중생이 매일같이 믿음을 통해 일어나고 있는데도 그 사실을 외면하는 경우가 적지 않다. 의사로서의 예수를 잘 모르고 있다는 얘기이다.

　그러면 의사이신 예수를 대하는 우리의 태도는 어떠해야 하는가. 불행한 환자는 의사를 잘못 만난 사람이다. 그 의사는 환자의 속 깊이 도사리고 있는 병을 발견하지 못하기 때문에, 겉으로만 보고 "당신은 건강하다"고 말한다. 그러나 좋은 의사는 "나는 건강하다"고 말하는 환자의 마음속 깊이 뿌리박고 있는 병을 찾아내 준다. 초기의 암은 보통 의사가 잘 발견하지 못한다. 그러나 능력 있는 좋은 의사는 암세포를 찾아 그 병의 위험성을 발견하고 치료해 준다.

　예수가 바로 그런 의사이다. 그는 도덕과 양심에 비추어 나는 깨끗하며 죄가 없다고 자신하는 사람에게 믿음이 무엇인지 알려 주며 죄악이 어떤 것인가를 가르쳐 준다. 그래서 상대방이 "주여, 저는 죄인입니다"라고 고백하도록 이끌어 준다. 옛날 예수를 찾아갔던 환자들이 바로 그런 고백을 했던 사람들이다.

　종교적으로 말하면 예수의 치료를 받아 자신의 죄를 깨닫고 고백한 사람들은 하나님 앞에 설 수 있는 자격을 얻게 되는 것이다. 그것이 다름 아닌 믿음이다. 그런 사람은 의사인 예수를 통해 새로운 인생을 찾게 되며, 그 밖의 다른 모든 것은 뒤따라 해결된다. 인생의 가장 고귀한 것을 얻은 사람은 제2, 제3의 문제에는 큰 관심을 갖지 않는다.

　일제강점기에 애국지사들은 조국의 광복이 무엇보다도 귀했다. 그래서 조국의 광복을 본다면 "이제는 죽어도 한이 없다"고 말했다. 나 자신도 해방을 맞았을 때 "이제는 죽는대도 여한이 없겠다"고 나

　　　　　　　　　　　제4부　예수와 그 주변 사람들

도 모르게 중얼거린 경험이 있다.

바로 그리스도를 통해 진정한 삶의 의의를 깨달은 사람은 육체의 의미와 가치는 제2, 제3으로 돌릴 수 있어야 한다. 그때 예수께서는 당신의 사명과 하나님의 뜻을 위해 다른 모든 축복을 더해 주신다.

나는 젊었을 때, 일본의 종교 지도자 가가와 도요히코(賀川豊彦)의 글을 읽은 적이 있었다. 그는 결핵 환자였다. 의사는 건강이 회복될 가능성을 의심했다. 그때 그는 하나님께 기도를 드렸다. "내가 죽는 것은 아무것도 아닙니다. 그러나 죄악에 빠져 참된 삶을 모르는 사람들은 어떻게 하실 작정이십니까? 내 생명이 귀해서가 아니라 저들을 구하기 위해서입니다. 저들의 영혼을 사랑하시는 하나님께서 저에게 건강과 일을 허락해 주셔야겠습니다"라는 내용의 기도였다.

예수의 뜻을 깨달은 사람은 자신의 건강을 그리스도의 사명을 위해 바치는 선택과 결단을 내려야 한다. 그때 그리스도는 우리의 삶에 영원한 의미를 부여해 주신다.

이러한 핵심 문제를 접하게 되면 예수가 어떤 성격과 사명을 가진 의사였는지 깨닫게 된다. 우리 모두는 병든 사람이다. 육체의 병보다 더 심각한 정신적 질환에 걸려 있으며, 때로는 누구도 치료해 줄 수 없는 회의, 허무, 절망의 병에 빠져 허덕인다. 그들에게 예수는 이렇게 말씀하신다. "나는 병든 사람과 죄인을 위해서 왔다."

　　　　　　　　　　　　　김형석 교수의 예수를 믿는다는 것

기독교를 아는 사람들과 로마를 방문하는 신도들은 베드로가 어떤 사람이었기에 기독교의 중심인물이 되었으며, 많은 사람으로부터 숭앙의 대상이 되었는가 재삼 묻게 된다.

어느 날, 그날도 베드로는 가까운 친척 몇 사람과 게네사렛 호숫가에서 물고기를 잡고 있었다. 그러던 중 언덕 밑에서 한 무리가 호숫가를 향해 오는 것을 보았다. 사촌동생들이 "저 앞에서 걷고 계신 분이 틀림없이 예수님이실 거야"라고 말했다.

그 얘기를 들은 베드로는 과연 저 예수가 공허한 영혼을 채워 주며 이스라엘에 희망을 줄 수 있는 분일까 생각했다. 그러기에는 너무 초라해 보였다. 그는 존경할 만한 사람이 아니라고 생각하면서 그물을 정리하기 시작했다.

이윽고 예수는 무리와 함께 베드로가 있는 호숫가까지 다가오셨다. 그리고 베드로에게 배를 빌려달라고 부탁하셨다. 예수께서 뭍에서 약간 떨어져 있는 배에 앉아 말씀을 시작하자, 무리는 그 말씀에 귀를 기울였다.

베드로도 조용히 예수의 교훈에 마음의 문을 열었다. '세상 사람들이 모두 저분의 뜻대로 살 수만 있다면 걱정이 없겠지만…' 하고 생각하는 사이 예수의 말씀이 끝났다.

예수는 베드로에게 "저 깊은 곳에 가서 그물을 던져라"고 말씀하셨다. 정신이 돌아온 베드로는 당황했다. 속으로는 '저분의 말씀은 훌륭했지만 그래도 물고기를 잡는 데는 내가 더 전문가인데…' 하면서도 "선생님 우리들이 밤이 새도록 수고하였으되 잡은 것이 없지마는 말씀에 의지하여 내가 그물을 내리리이다"(눅 5:5)라고 말하고 그물을 던졌다.

그런데 뜻밖의 일이 일어났다. 너무 많은 물고기가 그물에 걸려든 것이다. 베드로는 예수의 무릎 아래 엎드렸다. 그러고는 "주님, 저는 죄인이옵니다"라고 고백했다. 그것은 베드로가 자기도 모르게 '거룩한 분' 앞에서 터뜨린 첫 신앙고백이었다.

예수께서는 베드로에게 "앞으로는 네가 물고기 대신에 사람을 낚는 어부가 될 것이니 나를 따르라"고 분부하셨다. 베드로는 가족과 소유하고 있는 모든 것을 버리고 예수의 제자가 되기로 결심했다.

그로부터 3년의 세월이 흐른 후의 일이다.

예수와 제자들은 고향이자 조국인 갈릴리를 떠나 북쪽 이방 땅을 여행하고 있었다. 제자들은 깨닫지 못했으나 예수는 곧 다가올 죽음을 준비하셔야 했기 때문이다.

예수는 드디어 제자들에게 "그러면 너희는 나를 누구라고 생각하느냐?"라고 물으셨다. 그 목소리는 차분했으나 매우 심각한 질문임을 직감할 수 있었다. 예수의 태도와 표정이 그것을 잘 나타내 주고 있었다.

그때였다. 제자들 가운데 가장 예수의 관심을 받던 제일 나이 많은 제자 베드로가 "주는 그리스도시요, 살아계신 하나님의 아들이

십니다"라고 신념에 찬 대답을 했다. 물론 뜻밖의 대답은 아니었다. 그러나 엄숙함과 긴장을 동반한 대답이었다. 그 말을 들은 예수께서는 "네가 그렇게 대답한 것은 하나님께서 주신 뜻이다. 그러므로 내가 하늘나라의 열쇠를 너에게 맡기겠고, 네 반석 위에 교회를 세우겠다"고 축복의 약속을 하셨다(마 16:17-19 참조). 그러고는 때가 올 때까지는 누구에게도 그 얘기를 하지 말라고 당부하셨다.

이때부터 베드로는 명실 공히 예수의 수제자가 되었다. 베드로의 어깨는 무거웠으나 한없는 희망과 자신감을 마음에 심었다. 스승과 생사를 함께할 각오는 미리부터 서 있었기 때문이다.

다시 2-3주의 시간이 흘렀다.

예수 일행은 유월절을 위해 예루살렘에 머물고 있었다. 예수는 유월절과 더불어 당신의 생애가 끝날 것을 알고 계셨기 때문에, 사랑하는 제자들과의 마지막 만찬을 고대하셨다.

그 뜻은 마가의 다락방에서 채워지게 되었다. 가룟 유다를 내보낸 후 예수께서는 제자들과 이 세상에서 처음이자 마지막이 될 즐거운 식사시간을 가지셨다.

만찬이 끝났을 때는 이미 자정이 넘었다. 예수께서는 그날도 겟세마네 동산으로 가면서 제자들에게 이제 몇 시간이 지나면 너희들 모두는 나를 버리고 도망가 흩어질 것이라고 말씀하셨다. 제자들은 놀랐다. 그러나 그런 일은 있을 수 없다고 생각했다. 스승을 지극히 사랑하기 때문이었다.

그중에서도 그 얘기를 들은 베드로는 제자들을 대신해서 떳떳이 장담했다. "모두 주를 버릴지라도 나는 결코 버리지 않겠나이다."

그 얘기를 들은 예수께서는 "오늘 밤 닭 울기 전에 네가 세 번 나를 부인하리라"고 말씀하셨다. 베드로는 원망스러웠다. 선생이 그렇게도 자기 마음을 몰라줄까 싶었다.

그러나 몇 시간 뒤, 예수는 잡혀가시고 제자들은 모두 뿔뿔이 흩어져 달아나 버렸다. 베드로도 예외는 아니었다. 날이 새기 전 예수는 대제사장 가야바의 법정에서 재판을 받고 계셨다. 그 즈음 스승을 버리고 도망쳤던 베드로는 가까스로 제정신을 되찾고, 법정 문 밖에서 상황을 살피고 있었다. 그때 예수의 다른 제자가 겁에 질려 있는 베드로를 이끌고 법정 안으로 들어갔다.

베드로는 사람들 틈에 몸을 숨기고 재판의 결과를 걱정스럽게 바라보고 있었다. 그때 대제사장 집에서 일하는 어린 여종이 베드로를 알아차렸다. 예수의 제자이면서 왜 여기 숨어들어 왔느냐는 힐책이었다. 베드로는 아니라고 대답했다. 앞문에서 다른 여종이 사람들에게 "이 사람은 나사렛 예수와 함께 있었다"고 이야기할 때도 또 부인했다. 그후 곁에 섰던 사람들이 "너도 진실로 그 도당이라 네 말소리가 너를 표명한다"고 하자 베드로는 저주하며 맹세하기를 "나는 그 사람을 알지 못하노라"(마 26:74)라고 말하면서 밖으로 나와 버렸다.

그 순간 어디선가 새벽 닭이 우는 소리가 들렸다. 베드로는 깜짝 놀라 얼굴을 들어 예수를 바라보았다. 재판을 받고 있던 예수께서는 얼굴을 돌려 베드로를 멀리서 쳐다보셨다. 또 닭 우는 소리가 들

김형석 교수의 예수를 믿는다는 것

려왔다. 베드로는 두 손으로 얼굴을 감싸고 법정 밖으로 뛰쳐나왔다. 그러고는 한없이 통곡했다. 아무리 울어도 울음이 그치지 않았다. 베드로는 무능하고 비참한 자신을 깨닫고 울고 또 울었다.

이러한 베드로가 어떻게 그리스도의 수제자가 되었는가? 인간 베드로는 우리 모두와 큰 차이가 없는 인생을 살았다. 오히려 현대 인들보다 교양이나 지식에 뒤진 사람이었고, 직업과 문벌에서도 높이 평가받을 만한 점이 하나도 없었다. 그 당시에도 베드로보다 앞서는 사람은 얼마든지 있었다.

만일 그가 예수를 만나지 못했고, 그리스도의 제자가 될 수 없었다면 어떤 결과가 되었을까. 상상할 수도 없는 일이다.

그러나 우리는 베드로를 통해 다음의 몇 가지 사실은 인정할 수 있을 것 같다. 베드로는 소박하고 거짓이 없는 인물이었다. 그 인품 속에 언제나 종교적 신앙과 민족의 구원을 갈망하는 뜻이 자리잡고 있었다. 직업은 어부에 지나지 않았고 집안 형제들과 가난한 살림을 꾸리며 살고 있었으나 그들 모두의 마음은 착하고 진실했으며, 영혼과 민족의 구원을 갈망하는 뜻은 누구에게도 뒤지지 않았다.

만일 베드로가 출세해서 존경을 받고 있었거나, 자신의 명예와 지위에 만족하면서 살았다면 그리스도를 만나 제자가 되는 기회는 영원히 없었을 것이다. 아무것도 가지지 못한 가난한 어부이지만 하나님의 은총과 자비를 기다리는 마음만은 정성스러웠다. 언제 어디서나 그리스도를 받아들일 준비가 되어 있었다. 비록 세상적인 면을 지니고 있다 하더라도 종교적으로는 겸손하고 주님을 사모하는 심정을 지닌 사람은 베드로와 같은 축복을 받을 수 있다.

이러한 베드로에게 위대한 선택의 순간이 찾아왔다. 그것은 최초로 스승 예수를 하나님의 아들 그리스도로 고백했을 때이다. 이 고백은 지적이며 정신적인 것이다. 그러나 베드로는 예수가 구세주이며 하나님의 아들임을 깨닫고 확신하게 된 것이다. 만일 베드로가 끝까지 인간 예수와 위대한 스승으로서의 예수만을 알고 믿었다면 오늘날의 베드로는 될 수 없음은 물론 기독교의 생명과 전통은 베드로를 통해 이어질 수 없었을 것이다.

오늘도 많은 신학자와 적지 않은 교계 지도자들이 인간 예수를 존경하면서도 하나님의 아들 그리스도에 대한 신앙은 갖지 못하는 경우가 있다. 우리가 그들을 탓할 수는 없다. 나 자신이 같은 상황에 처할 수도 있기 때문이다.

그러나 그런 입장과 신앙을 가지고서는 구원의 역사는 성취되지 못한다. 만일 베드로가 그 믿음을 지닐 수 없거나 포기했다면 그는 고뇌와 슬픔을 안고 사는 어부로 돌아가고 말았을 것이다.

사실 그리스도에 대한 존경심과 신앙을 가졌던 베드로도 자신을 믿을 수 없을 정도로 나약한 인간이었다. 그래서 어린 여종 앞에서 스승을 부정하는 뼈아픈 과오를 범했던 것이다.

처음에 베드로는 자신을 믿었다. 자신은 무슨 일이든 할 수 있다고 자부했다. 그러나 베드로는 자신의 무능과 한계를 깨달았다. 인간이 얼마나 부족한 존재인지, 자신의 결심과 결단이 얼마나 허무하게 무너질 수 있는지 직접 체험했다. 결국 베드로는 자기 자신을 부정하며, 인간의 결심과 능력을 스스로 단념하지 않을 수 없었다.

이렇게 절망과 실의에 빠져 있던 베드로를 그리스도께서는 다시 부르셨다. 이 부름은 인간 예수의 부름이 아닌 그리스도 성령의 역할이었다. 그리스도는 베드로에게 하나님께로부터 오는 영의 힘을 주셨던 것이다. 그것은 그리스도께서 이미 약속하셨던 것이며, 그 약속에 따라 주어진 성령의 힘은 베드로로 하여금 인류와 역사를 상대로 일하게 해주셨다.

초대 교회에서 베드로의 역할과 능력이 얼마나 위대했는지는 사실 더 물을 필요도 없다. 그것은 어부였던 베드로, 여종 앞에서 스승을 부인했던 베드로로서는 상상조차 할 수 없는 경이로운 업적이었다. 마치 다섯 살짜리 어린애가 태산을 옮기는 것 같은 역사의 변화를 가져온 것이다.

우리는 그것을 성령에 의한 은총의 선택이라고 부른다. 하나님께서 당신의 나라와 역사를 위해 선택하시고 그 선택을 받은 종에게 하나님 나라 건설의 사명을 맡기신 것이다. 신앙에는 오늘도 이런 단계들이 필요하다.

예수에게는 열두 제자가 있었고, 거기에는 대조적인 두 인물이 있었다. 한 사람은 예수의 수제자인 베드로이고 다른 한 사람은 가룟 유다이다.

우리는 유다에 대해서는 자세히 알지 못한다. 다른 열한 제자는 정착하고 살았던 고향이 있었고, 정해진 직업이 있었다. 그리고 적지 않은 연고자들이 있었다.

그러나 가룟 유다는 고향이나 신분을 알 수 없는 인물이었다. 짐작컨대 돈을 벌거나 출세를 위해 여러 지방을 떠돌아다닌 유랑객 중 한 사람이었던 것 같다. 그러나 그는 비교적 유식했으며, 다른 제자들에 비해 사회 현실과 물정을 잘 알고 있었던 것 같다.

성경은 베드로와 가룟 유다를 항상 대조하고 있다. 여러 점으로 미루어보아 예수가 자리를 비웠을 때는 가룟 유다가 세상의 지식과 역사적 사건의 교훈을 제자들에게 알려 주었을 것으로 짐작된다. 또 순박하고 지식이 부족했던 다른 제자들은 유다를 통해 유대민족의 역사, 로마의 식민정책, 독립운동가의 이야기들을 전해 들었을 것이다.

사리에 밝고 경제적 식견이 앞섰던 그는 제자 집단의 살림살이를 맡고 있었으며, 예수와 제자들의 장래를 정치·사회적인 면과 연결 짓고 있었을 것이다. 쉽게 말하면 가룟 유다는 돈과 정치와 출세의 목적을 가지고 여러 지도자의 뒤를 따라다니다가 예수의 제자 중한 사람으로 끼어들었을 것으로 짐작된다.

성경은 그가 돈을 사랑하고 탐내는 사람이었으며 재정적 부정을 숨겨 왔다는 사실을 알려 주고 있다. 어느 날 한 여인이 값비싼 기름을 예수의 발에 부은 일이 있다. 그때 한 제자가 300데나리온이나 되는 값비싼 기름을 낭비하기보다는 그것을 팔아 가난한 사람을 구제하는 것이 더 좋았을 것이라고 불평했다. 그것은 가롯 유다나 그의 사주를 받은 제자의 발언이었음에 틀림없다.

가롯 유다가 정치적 야망을 가진 인물이었다는 사실은 성경의 여러 곳에서 엿볼 수 있다. 다른 열한 제자들은 순박하고 단순한 소시민들이었기 때문에 정치, 권력, 출세에 대해서는 관심이 없는 사람들이었다. 그런데 그들이 세월이 흐를수록 정치적 출세와 사회적 지위를 생각하게 되었다는 것은 유다로부터 영향을 받았을 것으로 짐작할 수 있다.

어쨌든 2-3년의 세월이 흐르는 동안 스승 예수가 뜻하는 하나님 나라와 가롯 유다가 꿈꾸는 세상 나라와의 사이에 커다란 괴리가 있음이 드러나기 시작했다. 예수는 제자들을 위해 가롯 유다를 경계하셨고, 가롯 유다는 예수의 의도와 계획에 대해 깊은 회의를 품게 되었다. '도대체 우리 스승 예수가 원하는 바가 무엇인가.' 이스라엘의 독립을 원하는 것 같지도 않고 로마에 항거하는 민족 봉기를 하려는 것 같지도 않았기 때문이다.

언젠가 가롯 유다는 예수 덕분에 5000명이 배불리 저녁 식사를 끝냈을 때, 몇 사람들과 뜻을 모아 예수를 왕으로 추대하고 본격적인 정치혁명을 일으키려고 계획하기도 했다. 이처럼 유다는 기회가 있을 때마다 예수를 선두로 민족운동을 전개하고자 했다.

그러나 예수는 유다와 다른 제자들의 생각과는 완전히 다른 방향을 택하곤 했다. 예수의 하늘나라는 땅 위의 정치활동과는 전혀 관계가 없는 것 같았다.

세월이 갈수록 유다는 회의와 실의에 빠지기 시작했다. 예수로부터 얻으려고 했던 기대가 모두 수포로 돌아갈 것이라는 불안과 공포를 느끼게 된 것이다. 이제 가룟 유다는 좀 더 적극적이고 구체적인 사건을 만들어야겠다고 결심하기에 이른다. 그리고 그 시기로 일 년에 한 번밖에 없는 유월절을 택한다. 예수께서도 공생애를 시작한 이래 세 번째 맞이하는 유월절이 중요한 시기라는 점을 거듭 말씀하셨다.

가룟 유다는 과거 어느 때보다 더 적극적으로 제자들에게 정치혁명을 강조하며 선동하기 시작했다. 만일 예수가 독립운동에서 성공한다면 예수는 왕이 되고 베드로는 수상이 되는가 하면 요한과 야고보는 그다음 가는 재상의 자리를 차지하게 될 것이라며 기대감을 불어넣었다. 그리고 반드시 그해 유월절을 로마로부터 독립을 쟁취하는 계기로 삼아야 한다고 제자들을 설득했다.

드디어 유월절이 다가왔다. 예수께서 예루살렘에 입성하시자 많은 백성이 호산나를 부르면서 환영했다. 그것은 마치 무기를 갖지 않은 왕의 행차 같았다. 가룟 유다는 유월절을 앞둔 일주일 동안에 자신의 정치적 야망을 채워야 한다고 다짐했다.

그런데 예수의 행보는 어떠했는가. 거의 한 달 전부터 당신의 죽음이 임박했다는 말씀을 해왔고, 이제는 아무런 저항도 없이 스스로 목숨을 내던지려는 의도를 밝히고 있지 않은가. 예수께서 예루살렘에 입성하신 날은 일요일이었다. 그날로부터 사흘 동안 가룟 유다는 예수의 심중과 동태를 면밀히 살폈다. 그리고 비로소 예수께서 원하시는 하늘나라는 저항이나 힘에 의한 혁명이 아닌, 사랑의 희생임을 알게 되었다.

실의와 절망에 빠진 가룟 유다는 며칠 동안 고민한 끝에 최후의 수단을 찾기에 이른다. 만일 내가 예수를 죽음의 길로 몰아넣고 그에게 죽음이라는 종말이 찾아오면 예수는 어떻게 할 것인가? 자신을 구원해 달라고 호소할 것이고, 모든 제자가 그 뒤를 따르는 동시에 수천수만의 군중이 예수를 지키기 위해 무력시위와 폭동에 가담할 것이라는 결론을 내린 것이다.

이같이 생각한 가룟 유다는 수요일 낮 예수와 다른 제자들이 머물고 있는 베다니 마을을 떠나 예루살렘성 안으로 잠입했다. 그는 예수를 증오하고 죽음으로 몰아넣기를 원하는 당시의 세력가들을 알고 있었다. 그래서 종교의 총책임자인 대제사장에게 면담을 요청했고 그 뜻이 이뤄졌다. 그때 대제사장은 "우리가 어떤 사례를 하면 네가 예수를 우리에게 넘겨줄 수 있는가?" 물었다. 사실 유다는 사례나 보수에는 큰 뜻이 없었다. 문제는 예수를 사형에 처하는 사태까지 몰고 가면 되는 것이었다. 그래서 유다는 은 30을 요구했다. 그 당시의 은 30은 결코 많은 돈이 아니었다. 예수의 몸에 부은 향유의 10분의 1밖에 안 되는 돈으로 스승을 판다는 것은 상상하기 어려운 일이다. 그러나 유다는 약속을 지키겠다는 뜻에서 은 30을 받고 돌아왔다.

다음 날은 목요일이었다. 예수께서는 마가의 다락방에서 사랑하는 제자들과 최후의 만찬을 나누기 전, 음모를 품고 있는 가룟 유다를 밖으로 내보내셨다. 다른 제자들은 그 뜻을 몰랐으나 예수께서는 유다에게 "네가 할 일을 속히 하라"(요 13:27)고 말씀하셨다.

유월절 전 날 금요일 새벽에 예수는 유다가 이끄는 무리에게 체포되시고, 두세 차례의 재판을 받은 뒤 십자가의 처형을 받게 되셨다.

이 모든 일이 유다가 의도했던 대로 진행되었으나 그 결과는 그의 생각과는 완전히 다른 방향으로 흘러가 버리고 말았다. 유다는 비로소 자신의 실패를 자각했고, 스승을 팔아넘긴 죄책감에 빠지기 시작했다. 그는 깊은 고민 끝에 은 30을 대제사장에게 돌려주고 자기는 스스로 목을 매어 자살하고 말았다.

예수의 십자가 처형과 관련된 모든 일이 열두 제자 중 하나인 가룟 유다에 의해 벌어졌기 때문에 우리는 역사에서 영원히 죄를 씻을 수 없는 인물로 가룟 유다를 기억하게 되는 것이다.

가룟 유다를 그런 인물로 만든 원인은 무엇인가. 우리 모두가 제2, 제3의 유다가 될 수도 있지 않을까. 유다는 누구보다 유능했고 풍부한 사회지식을 갖추고 있었다. 그런가 하면 뛰어난 수단과 방법을 만들 수 있는 인물이었다. 다시 말하면 진실함이나 성실성은 찾아볼 수

김형석 교수의 예수를 믿는다는 것

없고 수단과 방편으로 인생을 살아가는 대표적 인물이었다. 그것은 스승 예수나 동료 베드로와는 완전히 반대되는 성격과 생활방식의 소유자였음을 말해 주고 있다.

또 가롯 유다는 돈을 사랑했고 경제적 부정을 어느 정도 당연한 것으로 생각하는 생활태도를 가지고 있었다. 그 결과 올바른 길을 어둡게 만들었고, 선하고 아름다운 인간관계를 병들게 했다. 그런가 하면 경제적 관심과 유혹이 마침내 유다의 파국을 초래하는 원인이 되기도 했다.

그러나 가롯 유다가 저지른 가장 큰 잘못은 마음의 문을 열 줄 모르는 자기중심의 일생을 살았다는 사실이다. 자기에게 필요하면 다른 사람과 제자들을 얼마든지 이용했고, 자기는 상대방에게 아무것도 주지 않는 폐쇄적인 이기심의 소유자로 일생을 보낸 것이다.

만일 가롯 유다가 자기의 과오를 깨달았을 때, 십자가 위에 있는 스승을 찾아가 자신의 잘못과 죄를 고백했다면 어떻게 되었을까. 물론 예수는 그를 사랑의 품으로 받아들이고 용납했을 것이다. 그러나 그는 용서받는 길을 택하지 않았다. 자신이 한 일의 책임은 스스로 져야 한다는 생각으로 종교적 신앙과 은총의 사실 앞에서 굳게 문을 닫았던 것이다. 그것이 유다로 하여금 새로운 출발 가능성을 빼앗아버린 것이다.

끝으로 가롯 유다를 통해 누구나 저지를 수 있는 더 두려운 범죄가 무엇인지 생각해 봐야 할 것이다. 그것은 하나님의 거룩한 섭리와 은총의 질서를 자신의 세속적인 욕망을 채우기 위해 이용하는 용서받을 수 없는 범죄이다.

일찍이 예수는 거룩한 것을 돼지에게 던지지 말라고 가르치셨다. 또 다른 모든 죄는 용서받을 수 있으나 하나님의 거룩한 뜻과 성령의 역할을 이용하거나 악마의 것으로 대용하는 죄는 용서받을 수 없다고 가르치셨다. 그러나 가룟 유다는 자신도 모르는 사이 이러한 범죄의 주인공이 되었던 것이다.

우리는 신앙과 종교의 거룩한 가치에 대해 과연 어떤 생각을 가지고 있는지, 또 그것을 위해 무슨 일을 하고 있는지 스스로에게 물어야 한다. 지금 당장 편리하고 도움이 된다고 해서 모든 수단과 방법을 가리지 않거나 인간과 인격을 목적으로 삼아야 할 교회생활에서 많은 사람을 수단으로 삼는 과오를 범하지 않는지 자문해 봐야 한다.

사회생활과 경제문제는 밀접한 관계를 갖는다. 그렇다고 해서 교회가 재산을 축적하는 과오를 범해서야 되겠는가. 우리는 자신을 위해 마음의 문을 닫은 채 그리스도나 믿음의 소식을 밖으로 흘려버리고 진리를 추구하는 일에 소홀하지는 않는지도 물어야 할 것이다. 그리고 어떠한 경우에도 종교적 가치를 세속적인 것을 위해 이용하는 과오를 범하지 않도록 노력해야 할 것이다. 우리의 이름을 가룟 유다와 같은 위치에 머물게 할 수는 없기 때문이다.

제5부 ─────────────────────────────

참된
신앙을 위하여

나는 해방 직후 중고등학교에서 교편을 잡은 적이 있었다. 그때 동료 선생들로부터 성경에 관한 질문을 자주 받았다. 그런데 놀라운 것은 대학을 나오고 오랫동안 교육계에서 근무한 선생들이 아주 상식적인 성경 내용조차 모르고 있다는 점이었다.

기독교계 교과서에는 아브라함, 모세, 다윗, 솔로몬의 이야기가 나온다. 이삭에게는 두 아들이 있었는데 동생 야곱이 형 에서의 장자권을 빼앗았다는 내용이 소개되어 있다. 그러나 그런 내용을 모르는 선생들은 야곱과 에서가 어떤 관계인지 나에게 묻곤 했다. 물론 성경에 관한 지식을 다 갖출 수는 없다. 그러나 지성인이라면 한 번쯤은 읽었어야 하는 내용들이다.

성경은 인류 역사가 시작된 이래 2천 년 동안 세계적으로 가장 많이 읽힌 책이며, 인류의 대부분이 그 책에서 정신적 양식과 인생의 교훈을 얻었다. 그런 책을 소홀히 여길 수는 없을 것이다. 다른 책을 수십 권 읽기에 앞서 성경을 읽는다는 것은 신앙뿐만 아니라, 교양과 지식을 쌓는 데도 가장 좋은 방법이다.

물론 성경은 상당한 분량의 책이다. 구약 39권, 신약 27권, 총 66권으로 되어 있다. 구약은 역사의 시초부터 시작해 그리스도의 탄생 이전까지를 다루며, 이스라엘 민족과 그 지도자들 중심으로 내용이 엮여 있다. 이에 비해 신약은 그리스도의 탄생부터 사도들의 업적과 장차 일어날 역사적 예언까지의 내용이 실려 있다.

종교적 경전으로서의 성경은 역시 신약이 결론적 의미를 가지며, 그중에서도 핵심을 이루는 것은 4복음서이다. 4복음서에는 그리스도의 생활과 교훈이 기록되어 있어, 마치 공자의 《논어》나 석가의 기록을 방불케 한다. 기독교는 그리스도를 중심으로 삼는 종교이므로 4복음은 그 중심이 되지 않을 수 없다.

4복음서 뒤에는 그리스도의 제자들의 행적과 사상을 소개하는 사도행전이 있고, 그다음에는 사도들이 각 교회에게 보내는 서간문 형식의 기독교 사상과 교훈으로 묶여 있다.

신약을 읽고 나면 왜 예수 그리스도가 기독교 역사의 중심이 되는가를 알고 싶어진다. 그래서 구약에도 관심이 생겨 읽게 된다. 물론 역사적 순서를 밟아 구약을 읽은 뒤 신약을 읽는 것도 좋지만, 신앙을 쌓기 위해서는 신약을 읽고 난 다음 구약을 읽는 것이 더 좋을지도 모른다. 그다음에 신약의 4복음서를 다시 한번 읽는다면 가장 바람직한 성경 읽기 순서가 될 것이다.

구약도 처음 부분은 역사적인 내용으로 되어 있다. 하나님의 창조로부터 시작하여 아브라함까지의 초창기 역사 기록과 아브라함부터 모세와 모세를 통해 주어진 율법까지의 내용이 적지 않은 부분을 차지한다. 그다음 왕국 건설 이후의 역사와 왕국이 멸망에 이르기까지의 역사를 살피게 된다. 그러나 구약의 목적은 이스라엘의 역사에 있는 것이 아니다. 오히려 하나님과 이스라엘과 세계의 관계를 구원자의 입장에서 다루고 있다.

역사서가 끝나면 이스라엘의 대표적 인물인 다윗과 욥 등이 남긴

시가서, 즉 문학서가 등장한다. 그러나 그 내용은 모두 하나님과 인간의 관계로 이루어져 있다. 필자는 이스라엘의 문인들이지만 내용과 주제는 인류 전체의 것이라고 쓰여 있다.

문학서 뒤로 여러 선지자의 역사적 예언서들이 끝부분을 차지한다. 그것 모두가 하나님과 사회와 역사의 문제들이다.

구약의 무대는 이스라엘이고, 내용은 하나님이 인간에게 주시는 사회와 역사 전반에 걸친 교훈과 심판이다. 그리고 역사의 완성을 위해 이 땅에 메시아가 오실 것을 예언하는 내용으로 마무리된다.

이렇게 본다면 성경은 인간의 완성과 구원을 위해 십자가에 달리신 그리스도가 누구인가를 알려 준다. 그리스도를 역사적으로 알기 위해 성경의 구약을 살피고 신약으로 돌아오게 된다.

어떤 사람들은 성경을 전체적으로 이해하지 못해 기독교를 바로 깨닫지 못하는 결과를 초래한다. 예를 들면 성경의 중심 내용은 제쳐놓고 대단치 않은 부분을 강조하는 경우이다. 그 정도가 심해지면 어떤 구절에 밑줄을 쳐놓은 뒤 마치 그것이 성경의 전체이며 기본 내용인 것처럼 강조한다. 성경을 근본적으로 이해하고 있다면 그런 말단적 내용에 얽매일 필요가 없음을 곧 깨닫게 된다.

과거 전도관 문제가 사회적으로 물의를 일으킨 적이 있었다. 당시 부통령으로 출마했던 모씨가 여기에 가담했다느니, 어느 대학의 책임자가 협조하고 있다느니, 모 교수가 회원이라느니 하는 사실이 대중과 기성 교인들의 관심을 불러 모았다. 그들이 가담할 정도라면 신뢰할 만하다고 생각하는 사람들이 적지 않았다.

김형석 교수의 예수를 믿는다는 것

그러나 크리스천이라면 언제나 건전한 판단을 내릴 수 있어야 한다. 그들의 사회적 지위가 높다고 하더라도 성경을 전체적으로 깊이 이해하지 못하면 기독교를 잘못 받아들일 가능성은 얼마든지 있다.

'여호와의 증인'을 믿는 사람들은 피는 생명이라는 이유로 수혈을 금지한다. 신문에 보도되듯이 적지 않은 사람들이 신앙적 요청 때문에 수혈을 거부하고 생명을 잃은 경우가 있다. 그런 교파에 속한 사람들은 성경을 전체적으로 깊이 이해하기보다는 자신의 교파와 교리를 강조하기 위해 성서의 일부나 특별한 부분만 강조한다. 그것이 잘못은 아니지 않느냐고 반문할 수도 있다. 그러나 종교나 기독교의 이름을 내걸었다고 할지라도 인간의 삶과 생명을 바르게 이끌지 못하고 피해를 입힌다면 그것은 용서받을 수 없는 과오를 범하는 일이다. 아무리 사회적 지위가 높고, 많은 사람의 관심을 모으고 있는 사람일지라도 성경을 전체적으로 깨닫지 않고 근원적으로 이해하지 못한다면 똑같은 과오에 빠질 수 있다.

그러므로 기독교를 바르고 건전하게 이해하기 위해서라도 성경을 한두 번쯤은 통독할 필요가 있다. 신학을 모르거나 교리에 밝지 못한 것은 부끄러운 일이 아니다. 그러나 크리스천이 성경을 모른다는 것은 있을 수 없는 일이며 심지어 매우 위험한 결과를 가져올 수도 있다. 잘못된 기독교로부터 바른 신앙을 지키는 길이 여기에서 시작되기 때문이다.

그러면 우리가 성경을 읽는 목적은 무엇인가? 그 답은 성경 자체가 거듭 가르쳐 주고 있다. 신약의 많은 부분을 기록한 사도 바울은 "성경은 능히 너로 하여금 그리스도 예수 안에 있는 믿음으로 말미암아 구원에 이르는 지혜가 있게 하느니라 모든 성경은 하나님의 감동으로 된 것으로 교훈과 책망과 바르게 함과 의로 교육하기에 유익하니 이는 하나님의 사람으로 온전하게 하며 모든 선한 일을 행할 능력을 갖추게 하려 함이라"(딤후 3:15-17)라고 말했다.

여기서 먼저 '의로 교육한다'는 말이 무슨 뜻인지 알아보자. 바울 당시의 성경은 구약이었다. 구약은 율법과 계명을 지키므로 의를 얻는 것이 그 중심 과제로 되어 있다. 그러나 그 뜻을 신구약을 관통하는 내용으로 받아들이면 어떻게 되는가? 성경은 도덕과 윤리로 우리의 생활을 바르게 이끌어 주는 지침이 된다는 뜻이다.

우리는 성경을 읽음으로써 인간과 인생의 뜻을 바르게 깨달으며, 삶의 의미와 가치를 깊이 이해할 수 있는 가르침을 얻는다. 넓은 의미로는 선과 악을 가릴 수 있으며, 좁은 의미로는 인간의 문제를 해결할 지혜를 얻을 수 있다는 점에서 성경의 가치가 있다. 말하자면 도덕과 윤리의 기본적이고 궁극적인 교훈을 성경을 통해 얻을 수 있다는 뜻이다.

그러나 성경의 목적이 거기서 그친다면 종교적 경전의 목적을 다한다고 볼 수 없다. 바울은 더 중요한 내용을 제시해 주었다. 우리를 구원으로 이끄는 지혜를 준다는 것이다. 지식도 필요하고 도덕도 소중하다. 그러나 기독교가 구원의 종교가 못 된다면 우리는 성경의 참된 가치를 받아들일 수 없다. 기독교와 더불어 성경의 최후

목적은 구원에 있기 때문이다.

그러면 '구원에 이르는 지혜'란 무엇을 말하는가.

그것의 첫 번째 의미는 기독교는 세상의 모든 종교와 달리 인간과 세계를 초월하는 하나님을 우리의 아버지로 가르쳐 주며 깨닫게 해준다는 것이다. 우리는 불교에서 법을 배우고 유교에서 선한 인간관계를 알게 된다. 그리고 기독교는 인간과 세계의 모든 문제를 하나님과의 관계에서 해결하며, 초월자이신 신의 품으로 우리를 이끌어 준다. 기독교만이 하나님과 나의 관계를 약속해 주기 때문에 우리는 성경을 통해 온갖 윤리나 철학을 넘어 인간의 구원을 깨닫게 된다.

기독교가 구원의 종교이며 성경이 그 뜻을 알려 준다는 말의 두 번째 의미는, 그리스도가 인간과 신 사이에서 우리의 죄를 대속하며 신앙적으로 거듭날 수 있는 길과 가능성을 열어 준다는 것이다. 우리는 죄악의 노예이기 때문에 하나님께 갈 능력과 가능성을 잃기 쉽다. 유한한 인간이 무한으로 바뀔 수도 없으며, 시간 속에 사는 인간이 영원한 실재로 변한다는 것도 있을 수 없다. 그러나 신성과 인간성을 함께 지니고 오신 그리스도를 통해 우리는 속죄와 거룩함을 입으며 하나님을 향한 길을 갈 수 있는 축복을 받게 된다. 그것이 다름 아닌 구원의 길이며 가능성인 것이다.

성경이 가르쳐 주는 구원의 지혜와 약속을 통해 우리는 지금도 하나님의 뜻과 능력이 성령을 통해 역사 속에 머물며, 우리의 믿음에 의해 하나님과의 동시성과 공존성을 갖는다는 사실을 깨닫는다.

인간은 모두 유한한 시간과 역사 속에서 삶을 영위하고 있다. 그러나 성경을 통해 구원의 지혜를 깨닫는 사람은 유한한 시간 속에 영원히 머물며 역사의 완성에 동참하게 된다.

성경은 구원의 지혜를 가르쳐 주는 교훈임에는 틀림없다.

구약과 신약의 관계 이해하기

40여 년 전 우리나라의 개신교와 가톨릭교가 협력해서 성경전서를 번역한 적이 있다. 바로 공동번역 성경이다. 과거에는 신교가 중심이 되어 구약과 신약을 번역했다. 신교는 신앙생활의 유일한 규범과 방향이 성경에 있다고 믿은 데 비해, 구교는 성경과 교회의 전승(傳承)을 모두 소중히 여겨 왔기 때문이다.

또 이 공동번역 성경에는 외경(外經)까지 따로 추가해 읽는 이들의 편리를 도모했다. 외경은 옛날부터 유대교 및 기독교 전통과 관련은 깊으나 성경 속에 넣기에는 문제점이 있다고 생각되어 따로 읽혔던 성서들이다.

물론 기독교 초창기에도 성경은 오늘날과 같이 종합된 것은 아니었다. 바울 서신도 따로 전해지다가 세월이 흐르는 동안 성경으로 묶이게 된 것이다.

성경에서 구약과 신약의 관계는 초대 교회 때부터 관심의 대상

김형석 교수의 예수를 믿는다는 것

이었다. 구약은 유대인들이 지녀온 민족 종교의 경전이었기 때문에 그것만으로는 기독교의 경전이 될 수 없다는 생각에 누구나 동의했다. 또 구약은 그 자체가 미래의 완성과 구원을 위한 예비적 성격을 띠고 있다. 장차 메시아라고 불리는 그리스도가 올 것이며, 그리스도의 오심을 위해 구약 전체가 준비하는 책임을 지고 있음을 계속 암시한다. 그러므로 구약만으로는 완성된 종교 경전이라고 생각할 수 없다.

코란경을 읽는 사람들은 내용이 상당히 구약적이며 신약적 성장과 발전에 미치지 못하고 있음을 느끼게 된다. 눈은 눈으로 갚고 이는 이로 갚으라는 좁은 의미의 정의관은 기독교 정신 이전의 구약 신앙과 통한다. 그렇게 본다면 신약의 출현은 구약의 완성인 동시에 기독교를 민족 신앙에서 인류의 종교로 완성시킨 역사의 계기인 셈이다.

그렇다고 해서 구약이 없는 신약만의 기독교도 완전하다고는 할 수 없다. 신은 옛날에는 구약의 옷을 입고 나타나지만, 현대로 접어들면서 구약의 과정을 넘어서야 했다. 그리스도의 나타남은 바로 이런 혁신과 완성의 결과를 낳았다. 동일한 하나님의 구원의 역사가 옛날에는 이스라엘 민족을 중심으로 이루어졌고, 그리스도 이후에는 하나님과 인류 전체의 관계로 확장된 것이다.

그래서 초대 교회의 지도자들은 구약은 신약에 이르러 완성되었고, 신약은 구약의 열매라는 표현을 썼다.

이런 점을 감안하면, 오늘의 기독교가 신약을 현대로 끌어들이는 일은 바람직하나 교회를 구약으로 환원하는 일은 삼가야 한다. 그럼에도 불구하고 구약의 성격은 율법, 계명 등 비교적 구체적이고 눈에 띄는 것들이기 때문에 이해하고 가르치기 쉬우나 신약은 넓고 깊으며 틀에 얽매이지 않는 인격과 진리를 풍부히 포함하고 있어 받아들이기 어려운 경우가 있다. 말하자면 구약의 사고방식을 가진 목회자나 교인들은 신약을 받아들이기 힘들다. 그러므로 우리도 모르는 사이에 교회와 신앙을 구약으로 되돌리는 예가 적지 않다.

신학자들은 바울을 최고의 신학자로 여긴다. 바울은 최초로 성경의 이론 체계를 갖춘 사람이다. 그러나 바울을 읽고 연구하다가 예수의 교훈으로 돌아오면 그리스도의 말씀이 태산같이 높고 바다같이 넓은 것에 놀라게 된다. 그렇지만 신학자들은 기독교를 이론의 그릇에 담고 싶어 하기 때문에 예수보다 바울을 택한다. 바로 신약보다 구약을 택하는 경향과 비슷하다. 인간의 부족함이 초래하는 불행한 현상이다.

예수는 구약의 전통에서 인간의 해방과 구원을 찾기 위해 일생을 바치셨다. 그러나 바울은 유대인의 전통을 지켜 온 사람이기 때문에 그리스도의 교훈을 다시 한번 구약의 전통과 연결 지으려고 노력했다.

이제 구약과 신약의 관계에서 몇 가지 문제를 다뤄 보자.

구약을 이루고 있는 것은 율법과 계명이다. 하나님이 모세에게 내려 주신 계명과 율법을 제외하면 구약은 그 중심을 상실한다. 그러나 신약 특히 그리스도의 교훈에서는 계명이나 율법적 요소를 거의 찾을 수 없다. 계명과 율법을 버리는 것은 아니지만 그것을 완성하지 않으면 안 된다는 것이 예수의 뜻이었다. 계명과 율법은 형식적인 조건을 필요로 하며, 계명과 율법 때문에 고귀한 인간성이 억제당한다. 중요한 것은 그릇이 아니고 그 그릇에 담길 내용이다. 그런데 그릇을 강조하다 보면 내용이 그릇화하는 폐단이 생긴다. 신약의 교훈은 그 그릇을 약화시키고 생명의 내용을 강화시키는 성격을 갖고 있다.

또 다른 문제가 뒤따른다. 유대인에게는 계명과 율법이 최상의 것이었으나 다른 민족은 그런 계명이나 율법 없이 살아 왔다. 그들이 어떻게 구약의 계명을 자신의 것으로 삼을 수 있겠는가. 다른 민족은 그들 나름대로의 도덕과 윤리를 가지고 살아 왔다. 우리가 유교 전통을 따라 살아온 것과 마찬가지이다.

이때 여러 민족이 생활의 바탕으로 삼아 온 도덕과 윤리가 어떻게 그리스도의 교훈과 진리로 완전해지며 승화될 수 있는가가 문제이다. 유대인들에게는 계명의 완성과 질적 승화가, 인도인들에게는 힌두교로부터의 승화가 필요했다. 마찬가지로 우리에게는 유교로부터의 도약과 완성이 요청되지 않을 수 없었다. 그 뜻을 가능케 해주는 것이 신약이며 그리스도의 교훈이다.

물론 우리는 구약의 율법과 계명을 유대인의 것으로 국한시키지는 않는다. 신약을 믿는 사람은 구약을 자연스럽게 이해하고 받아들일 수 있어도 기독교를 모르는 사람에게 구약부터 이해하라고 요청하는 것은 무리일 수 있다. 현대 교회가 구약으로 돌아가려는 방향을 택하는 데 의구심을 품는 이유가 여기에 있다.

구체적인 예를 들어 보자.

아직도 적지 않은 교회가 교인들에게 십일조를 요청하며 강조한다. 구약 시대에는 레위 족속들이 종교 세금을 받아 살아 왔다. 종교 국가였기 때문에 종교세가 세금을 대신했고, 레위 족속에 속하는 사람들은 그 종교세를 신을 위해 바치는 것으로 여겨 왔다. 십일조가 잘 걷히지 않을 때는 신앙적 관심과 연결시키면서 성의 있는 헌금을 요청했다. 종교개혁 직전에는 교회 지도자들이 신앙심을 이용해 면죄부를 팔았다.

이런 상황을 개혁할 필요가 있었고 인류 전체가 어떤 신앙적 경제관을 지녀야 하는가를 감안할 때, 신약에서는 십일조를 강조하지 않는 것이 당연했다. 옛 전통을 버릴 필요는 없으나 그것에 붙잡혀서도 안 된다. 이것은 전통의 정신은 이어받아도 그 노예가 될 필요는 없다는 뜻과 통한다.

그러나 교회를 운영하다 보면 어느 정도의 재정이 필요하며, 그 때문에 십일조를 강조하는 교회 지도자들이 나오게 된다. 그러나 생각을 정리해 보면 그것은 구약으로 회귀하는 길이 될 수도 있다. 지금 우리는 가난한 사람을 구제하고, 모든 국민이 경제적 궁핍에 빠지지 않도록 협조하는 일이 더 중요하다는 사실을 의심하지 않는다. 교회의 책임은 교회 재정을 위한 십일조보다 이웃이 가난에서 해방될 수 있도록 돕는 데 있다. 그 사명이 더 귀하다.

여기서 더 중요한 문제가 있다. 바로 교리와 진리의 문제이다. 율

김형석 교수의 예수를 믿는다는 것

법과 계명이 그대로 발전하면 교회는 그것을 교리로 받아들이게 된다. 그래서 교세가 강한 교파들은 저마다의 교리를 가지고 있다. 우리나라에서도 장로교 같은 교파는 상당히 강하게 교리를 앞세우고 있다. 교회 입장에서 보면 교리는 중요하다. 어떤 때에는 필수적이기도 하다.

그러나 같은 기독교에서 다른 교파나 교회와 상충되는 교리를 고집한다면 그것은 기독교 자체의 모순을 드러내는 일이다. 몇 십 년의 세월이 지나면 자연히 해소될 수 있는, 또 해소되어야 할 교리를 절대적인 듯 강조하는 일은 유감스럽다. 장로교가 강조해 온 예정론도 그 하나이다. 예정론을 믿고 안 믿고는 선택이다. 또 예정론을 어떻게 해석하는가는 신학자에 따라 달라질 수 있다. 그런데 예정론을 믿지 않으면 안 된다는 견해 역시 편견에 속한다.

이것이 문제가 되는 이유는 모든 인간이 바라는 것은 교리가 아닌 진리라는 사실을 교회가 쉽게 망각하기 때문이다. 예수의 뜻은 모든 사람에게 진리와 자유를 보장해 주는 데 있었다. 그런데 교회가 교리와 전통적 인습 때문에 인간의 자유를 구속한다면 그것은 예수의 뜻과 어긋나는 결과를 가져온다.

옛날에 예절을 강조하는 양반들에게 백성들이 당신들은 예절을 믿고 살지만, 우리는 하늘의 뜻을 믿고 산다고 비꼰 일이 있었다. 마찬가지로 어떤 종교나 교회가 교리를 지나치게 강조하면 세상 사람들은 교회를 외면하게 된다. 그들에게 필요한 것은 진리이지 교리가 아니기 때문이다. 그리스도가 구약에서 신약으로의 길을 연

것이 바로 그런 뜻에서였다.

신을 바라보는 관점도 구약과 신약 사이에 적지 않은 거리가 있다. 구약의 하나님은 엄하고 정의를 지키는 신이다. 불의는 용납될 수 없고, 계명과 율법을 어겼을 때는 추호도 용서가 없는 성격으로 나타난다.

이에 비해 신약의 하나님은 정의의 질서를 말하면서도 사랑으로 감싸는 자애로운 아버지 같은 신이다. 누가복음에 나오는 탕자의 비유를 보면 알 수 있다. 둘째 아들이 아버지에게 유산을 미리 받아서는 다른 지방으로 가서 모두 낭비한 뒤 빈손으로 돌아왔다. 세상 사람들 보기에도 용서하기 어려울 만큼 죄된 일에 낭비했다. 그러나 아버지는 과거를 묻지 않았다. 뉘우치고 돌아온 아들을 조건 없이 사랑으로 용납해 줬다. 가정을 살리고 완성시키는 길은 큰 아들처럼 정의를 따지는 것이 아니라 사랑의 포용이다.

물론 신약의 신관이 정의를 약화시키거나 거부하는 것은 아니다. 오히려 사랑에 의한 정의의 완성이다. 그리스인이 정의를 주장했고 이슬람교도가 정의의 질서를 절대시하듯이, 구약도 정의를 존중해 왔다. 그러나 신약은 이 모든 정신과 신앙을 포함하면서 완성시킨다는 점에서 새로운 신관과 신앙을 일깨워 준다. 그 결과가 다름 아닌 신약의 하나님으로 나타나는 것이다.

그러므로 구약에서는 하나님이 100이 되고 인간은 0의 존재이지만, 신약에서는 하나님도 100이고 인간도 그 사랑에 의해 100의 존재가 되는 구원의 가능성이 전개된다. 어떤 면에서는 구약이 신 중심의 종교였다면, 신약은 인간을 위한 신앙으로 발전했다고 볼 수도 있다. 신의 사랑은 인간을 0으로 돌리는 구원이 아니라, 인간을 100으로 완성시켜 자녀로 삼는 데 그 목적이 있다.

기독교에서만 성령을 말하는 이유

다른 종교에도 영(靈)과 영적 존재라는 개념은 있다. 원시 종교인 애니미즘은 자연물 속에 영적 존재가 작용한다고 믿는다. 구약의 첫 부분은 상고 시대였기 때문에 천사의 명칭과 개념 및 역할이 나타나고 있다. 그러나 구약 후반부에 오면 천사의 실재성보다 상징적 의미가 더 크게 나타난다. 물론 신약 시대가 지나면서 천사의 개념은 자취를 감춘다.

그 후 후대로 올수록 자주 나타나는 명칭이 있다. '성령'이라는 개념이다. 초대 교회 때부터 기독교의 신은 삼위일체의 신으로 불렸다. 성부로서의 하나님, 성자로서의 그리스도, 그리고 성령이 그것이다. 어떤 이들은 구약은 하나님의 시대, 신약은 그리스도의 시대, 그리고 그리스도께서 떠나신 후부터 지금까지는 성령의 시대라고 한다.

물론 성령의 역할에 해당하는 작용과 활동은 옛날부터 있었다. 그것을 고대 사회에서는 천사로 생각했을 것이며, 어느 때는 꿈속 계시로 간주하기도 했다. 넓은 의미에서 본다면 하나님과 인간의 관계를 연결 짓는 기능과 책임을 담당하는 주체를 성령으로 불렀던 것이다. 무신론의 세계에는 성령 개념이 없다. 범신론(汎神論)이나 이신론(理神論)의 역사 속에도 성령은 나타나지 않는다. 하나님과 인간과의 구체적인 관계가 성립되지 않기 때문이다. 그러면 왜 기독교만이 성령을 말하는지 짐작할 수 있다. 기독교는 확실히 성령의 역할을 믿는 종교이다.

남은 문제는 성령의 실체는 무엇이며 어떤 역할을 하는가이다. 기독교가 성령을 중요시하는 것은 그리스도의 약속에 기인한다. 예수께서는 임종이 가까워 오자 여러 차례 제자들에게 세상을 떠나게 되었음을 예언하셨다. 제자들은 근심과 허탈감에 빠져 절망하지 않을 수 없었다. 그때 예수께서는 내가 떠나더라도 대신 너희와 머물 보혜사 성령이 오실 것이라고 약속하신다. 절망에 빠진 제자들은 그리스도의 약속대로 그 성령을 간구하고 기다렸다.

사실 성령은 이미 그들 개인 속에 존재하고 작용하고 있었다. 그러나 제자들은 구체적인 성령의 역사를 보고 싶었다. 그 확증을 얻고 싶었던 것이다. 그 염원이 이루어져 오순절 사건이 되었다. 눈으로 보고 귀로 확인할 수 있었을 뿐 아니라 많은 사람이 똑같이 놀라운 사실에 접하게 된다. 그 뒤부터는 성령의 역사가 마치 요원의 불길처럼 초대교회를 통해 세계와 인류의 신앙으로 번지게 된 것이다.

이렇게 보면 기독교는 성령과 함께한 종교라고 확실하게 말할 수 있다. 그때부터 지금까지 교회의 참다운 역사는 성령과 함께한 역사였기 때문이다.

　그러나 바람직하지 못한 전통도 생기게 되었다. 신앙의 가장 중요한 역할은 조용한 인격의 변화와 새로운 사명의 실천이다. 우리 가치관과 인생관이 변화하고 신앙적 차원의 생활이 있어야 한다. 그것은 우리가 진리를 깨닫고 참 자유의 생활을 영위하며 진리를 따르는 삶이다.

　그런데 인간은 연약하다. 특히 교육 수준이 높지 못하고 인격적 체험이 없는 사람들은 신앙의 대상과 사실을 눈에 보이는 것, 감각적인 사건으로 받아들이기 원한다. 예수 당시의 종교 지도자들이 기적을 원한 것도 바로 그런 심정에서였다. 오순절에 일어난 마가의 다락방 사건이 바로 성령의 과정을 통해 나타났기 때문에 지금도 적지 않은 교인들이 다시 그런 성령적 활동을 원하고 있다.

　물론 우리는 그것을 반대하지는 않는다. 그러나 한 가지 면에만 집중하면 더 소중한 것을 놓치게 되고 그것을 행사화하려는 과오를 저지르게 된다. 지금도 미국에서는 오순절 성령강림교가 성행하고 있다. 특히 성령의 강림만을 강조하여 신앙의 정도를 벗어난 열광적 행사에 치중하기도 한다. 초대 교회 같은 출발을 위해서는 기적이나 사람들을 자극하는 분위기가 필요했을 것이다.

　그렇다고 해서 현대 사회에서 위와 같은 환경이 이루어져야 한다고 주장하는 것은 지나치게 인간적인 생각이다. 기독교는 이 모든 사실은 물론이고 더 고차원적이고 중요한 내용을 포함한다.

　특히 호기심과 신비주의가 합치게 되면 정상적이지 않은 변화를 강조하거나 조용한 인격의 변화를 경시하는 형식적 행사에 치우칠 수도 있다. 그것은 우리 모두가 삼가야 한다. 어떤 교단에 가면 방언과 입신(入神)을 중요하게 여겨 금식하는 중에 환상을 본다든지 신체적 피로와 감정의 극한 상황에서 일어나는 건전치 못한 일시적 현상을 종교의 본질이나 기독교 신앙의 중요 과제인 듯 취급하는 경우를 볼 수 있다.

한때 안식교도들이 재림을 강조한 나머지 곡식을 거둬들이기 전에 예수가 오신다고 해서 그 해 경작을 포기한 일도 있고, 어떤 광신도들은 산에 올라가서 옷도 제대로 입지 않고 승천을 기다린 일도 있었다. 높은 곳에 있어야 조금이라도 빨리 예수를 만날 수 있고 무거운 옷은 승천하는 데 지장을 줄 것이라는 생각에서 나온 행동이었다. 물론 오래전 일이고 극소수 사람들의 잘못이었으니 재론할 필요는 없다.

그러나 성령의 역사를 호기심과 신비의 대상으로 이끌어 가면 지금도 그와 똑같은 과오를 범할 가능성이 없지 않다. 서울에서도 성령을 사진으로 찍었다고 선전한 적이 있다. 성령은 이슬같이 내린다거나 불같이 나타난다거나 신체의 한 부분을 뜨겁게 만든다는 표현을 했었다.

그러나 우리가 알아야 하는 것은 그것이 성령의 활동은 아니며 인간의 욕구를 종교적 신비성과 연관 지어도 안 된다는 사실이다. 이것은 지적 수준이 낮은 사회에서 볼 수 있는 현상으로 이런 선전과 활동에 많은 사람이 동조하는 것은 걱정스러운 일이다. 그것은

김형석 교수의 예수를 믿는다는 것

어린이가 예수의 사진 밑에서 기도를 드려야 더 좋은 기도이고 기도 응답을 받는다는 소박한 생각과 다를 바가 없다.

그리고 이런 현상을 미끼로 신도를 모은 뒤 헌금을 강요하며 경제적 치부를 꾀하는 지도자나 교회는 대개가 잘못된 결과를 가져오기 쉽다. 교회를 빙자해 인간의 목적을 성취하려는 경우가 많기 때문이다. 그래서 교계의 뜻있는 지도자들은 성령의 역사를 조심스럽게 다룬다.

그렇다고 성령의 역할이 우리의 육체나 감정적 작용과 관계가 없다고 말하는 것은 아니다. 하나님의 뜻은 언제나 인간의 조건이나 상황과 공존하기 때문에 옛날 사람들에게는 그들이 원하는 내용과 성격으로 나타났던 것이다. 그러나 인간의 지혜가 높아지고 예지적 판단이 성장한 현대 사회에서도 1천 년 전과 똑같은 방식으로 성령이 작용하는 것은 아니다.

우리가 걱정하는 것은 하나님의 뜻과 성령의 활동을 인간적 기대나 물리적 현상으로 제한하려는 아집에 빠지는 것이다. 우리는 구약 시대로 돌아갈 수 없고 현대 사회에서 공인될 수 없는 사실을 신앙의 명목으로 요청해서도 안 된다. 신앙은 옛날에도 구원의 약속이었듯이 현대에도 구원의 신념이어야 한다. 물론 여기서 신앙과 성령의 본질적인 변화를 지적하는 것은 아니다.

그러면 성령의 역할은 무엇인가. 하나님의 뜻과 능력이 우리의 마음과 인격과 생활을 이끌어 거듭나게 하며 우리와 함께 머무시는 것이다. 그리스도가 나와 함께 머물며 일하시는 것이며, 우리의 삶 자체가 하나님과 공존하는 것이다.

바울이 언제나 내 속에 그리스도가 머물러 일하고 계신다고 표현한 것이 그것이다. 처음에는 바울 자신이 모든 일을 자기 뜻대로 했지만 나중에는 그리스도께서 성령을 통하여 하나님의 일을 하도록 이끄셨다는 뜻이다. 성령의 역사란 우리의 자유를 하나님의 사랑의 제단에 바쳐 참 자유와 감사를 누리면서 사는 것이며, 그리스도와 함께 하나님의 뜻을 성취하면서 살아가는 삶 자체이다.

기독교가 다른 종교와 다른 점은 신앙생활이 인간 대 인간으로 끝나지 않는다는 데 있다. 기독교 신앙은 그리스도가 제자들과 함께 머물며 일하셨던 것같이 지금도 그리스도를 통해 인간과 하나님의 관계가 계속되고 있다는 믿음이다. 그 믿음을 실천하도록 이끄는 책임이 곧 성령의 역사이다.

성령은 모두에게 다음과 같은 공통성을 갖고 나타난다.

첫째, 성령은 위로의 영적 작용을 갖는다. 인생은 나그네와 같다고 말한다. 높은 뜻과 이념을 갖고 사는 사람일수록 고독 속에 살게 된다. 그런 사람에게 성령은 높은 위로의 뜻을 안겨 준다.

나는 어려서부터 간디를 존경해 왔다. 간디가 생전에 마지막 생일을 맞았을 때, 그는 자신이 외친 간절한 호소가 공허하게 들린다고 고백했다. 나는 그 뉴스를 전해 듣고 몹시 외롭고 쓸쓸했다. 눈시울이 뜨거워졌다. 뜻있고 값지게 살려는 모든 사람의 말로가 그래서야 되겠는가.

그러나 슈바이처 박사는 달랐던 것 같다. 멀리 있는 친구에게 자신의 사망 소식이 전해지더라도 섭섭하게 생각하지 말라고 편지를 했다. 불행한 사람들을 도울 수 있도록 이끌어 주신 하나님께 감사하는 마음으로 차 있었기 때문에 위로와 기쁨을 함께 나누고 싶었던 것이다. 어떤 역경과 시련 속에서도 위로와 감사의 마음을 가질 수 있다면 얼마나 다행한 일인가. 성령은 위로의 사자로 찾아와 주신다.

둘째, 성령은 우리가 원할 때 하나님의 뜻을 알려 주신다. 크리스천에게는 기도의 시간이 가장 소중하다. 우리는 기도를 통해 하나님의 뜻을 깨닫기 원하며 우리의 갈 길과 삶의 의미를 묻는다. 성령은 무엇이 하나님의 뜻이며 우리의 선택과 노력의 방향이 어떠해야 하는지 알려 주신다. 이것이 신앙 체험이다. 신앙 체험 자체를 거부하고 사는 사람은 아버지의 사랑을 체험하지 못한 고아와 같아서 이러한 사실을 문제 삼지 않는다. 그러나 부모와 함께 사는 자녀들에게는 매우 평범하면서도 자연스러운 일이다. 그래서 크리스천은 항상 하나님의 뜻을 묻고 그대로 살기를 원한다.

셋째, 성령의 가장 중요한 역할은 우리에게 은총의 선택을 베풀며 하나님 나라를 건설하는 데 동참시키는 것이다. 바울의 회심은 큰 역사적 사건의 출발이다. 그는 1세기 후반에 로마로 가 세계 역사를 바꾸어 놓았다. 그런데 크리스천을 박해하던 바울이 다메섹으로 갈 때 그를 찾아가 그의 인생을 바꿔 놓은 것도, 그를 로마로 보내 세계 선교의 기폭점으로 삼은 것도 바울 자신의 선택이나 결정은 아니었다.

성령은 그를 은총으로 선택했고 하나님 나라 건설의 역군으로 삼았다. 지금도 수많은 사람이 작은 바울들이 되어 선택받음에 감사하며 하나님 나라 건설에 이바지하고 있다.

오늘날 안식일이 갖는 의미

십계명 중 네 번째 계명은 안식일에 관한 것이다. 안식일에는 아무도 일을 해서는 안 된다는 엄명이다.

어느 안식일에 예수님의 제자들이 길을 가다가 시장기를 느끼고 밀 이삭을 잘라 손으로 비벼 먹었다. 그것을 본 형식적 경건주의자 바리새인들이 예수께 왜 안식일에 금지된 일을 하느냐고 힐난했다. 길 가던 나그네가 밀 이삭을 뜯어 먹는 일은 율법에 허용되어 있어도 안식일에 먹을 것을 만드는 일은 금지되어 있던 때였다.

예수께서는 다윗왕도 금지된 제단의 떡을 일행과 더불어 먹은 적이 있었고, 제사장은 성전 안에서 규례적인 일을 하지 않느냐고 반문하셨다. 그것은 구약을 왜 바로 이해하지 못하느냐는 반문인 동시에 안식일의 참뜻을 제대로 알려 주시려는 교훈을 담은 대화였다.

예수는 "내가 너희에게 이르노니 성전보다 더 큰 이가 여기 있느니라 나는 자비를 원하고 제사를 원하지 아니하노라 하신 뜻을 너희가 알았더라면 무죄한 자를 정죄하지 아니하였으리라 인자는 안

김형석 교수의 예수를 믿는다는 것

식일의 주인이니라"(마 12:6-8)고 말씀하셨다. 그리고 바리새인들이 안식일에 병 고치는 것에 대해서도 문제 삼자 "너희 중에 어떤 사람이 양 한 마리가 있어 안식일에 구덩이에 빠졌으면 끌어내지 않겠느냐 사람이 양보다 얼마나 더 귀하냐 그러므로 안식일에 선을 행하는 것이 옳으니라"(마 12:11-12)고 대답하셨다.

지금 우리는 이 교훈을 아무 저항감도 느끼지 않고 받아들인다. 그러나 그 당시에 예수가 이렇게 혁명적인 답변을 했다는 것은 놀라운 일이 아닐 수 없다. 결국 바리새인들은 그런 신앙적 차이 때문에 예수를 사형으로 몰고 갔다.

지금도 성수(聖守) 안식일이라고 해서 안식일을 고수하는 안식교가 있고, 안식을 계명 그대로 받아들여 그날은 일체의 노동을 죄악시하는 교파도 일부 있다. 안식교에서는 현재의 토요일이 진정한 안식일이라고 주장한다. 유대교인 역시 그 뜻을 이어받아 같은 날을 주일로 지키고 있다.

그러나 대부분의 기독교인은 예수 당시에도 안식일이 지금의 토요일이었던 것은 인정하나 그것이 천지 창조의 제7일이라는 사실은 받아들이지 않고 있다. 누구도 입증할 수 없는 사실이며 또 강조할 근거가 없는 주장이기 때문이다.

또 일부 교조주의자들이 안식일에는 어떤 일을 해서도 안 된다는 점을 지나치게 강조하거나 또 그것을 교리 및 교권 논쟁으로까지 확대시키는 것은 바람직하지 못하다. 어떤 면에서 예수의 신약적인 의미를 고의로 무시하고 계명으로 되돌아가려는 잘못된 복고주의

일 수도 있다.

그렇다고 해서 안식일을 의식적으로 반대하거나 주일에도 다른 날처럼 일해야 한다고 말하는 것은 아니다. 지극히 작은 구약의 교훈을 기독교 전체의 진리로 끌어들이는 일도 옳지 않고 부분적인 교리 때문에 보다 중요한 기독교의 진리를 혼미하게 만드는 일도 지혜로운 처사가 못된다.

그러면 오늘날 안식일은 어떤 의미인가.

첫째, 일주일의 하루 혹은 7분의 1에 해당하는 시간에는 종교적 의의를 찾으며 세상 일에서 벗어나 안식을 누리는 날, 그리고 가능하다면 그 하루는 주의 날이기를 바라는 신앙생활을 의미한다. 매일 바쁘게 경제활동에 전념하다가 하루만은 성스러운 가치를 추구하고 하나님의 뜻을 사모하면서 안식을 취하는 것은 인생을 가장 귀하고 값지게 사는 자세가 아닐 수 없다.

손님이 많이 찾는 일요일에 문을 열 수밖에 없었던 외국의 한 백화점에서는 일요일에 근무를 하고 대신 월요일을 예배 드리는 휴일로 삼은 적이 있다. 물론 온 인류가 다 같이 주일을 지킬 수 있다면 더할 나위 없이 좋겠지만 월요일에 예배를 드린다고 해서 죄가 될 리도 없고 누구에게 비난을 받을 필요도 없다. 신부나 목사의 경우 안식일에 더 많은 일을 해야 하지만 책망 받지 않는 것과 마찬가지이다.

사실 예수께서는 혁명적인 교훈을 주셨다. 십계명에는 안식일은 하나님의 날이라고 했다. 그러므로 안식일을 범하면 무서운 죄악이 되는 것이다. 하지만 예수께서는 안식일은 인간을 위해 있다고 가르치셨다. 완전히 주객이 전도된 것이다. 그러니 바리새파 사람들의 눈에는 예수의 행동과 말이 신성 모독죄에 해당하는 것으로 보였던 것이다.

그러나 따져 보면 예수의 교훈은 지극히 당연하다. 사랑의 하나님께서 안식일을 당신을 위해 두었을 리가 없다. 또 그럴 필요도 없다. 인간을 축복하기 위한 날이라면 그것은 응당 인간을 위한 날이어야 한다. 안식일은 감사하게도 인간을 위해 주어진 날이다. 다른 날들은 인간에게 필요한 것을 얻기 위해 일하는 날이지만 안식일은 인간이 하나님의 사랑과 은혜를 누리는 뜻에서 하나님의 날인 것이다.

그러므로 우리는 자신과 이웃이 안식일 때문에 구속받거나 피해를 입는 일이 없도록 조심해야 한다. 나도 어렸을 때는 주일에 공부하는 것이 죄인가 아닌가를 걱정했던 적이 있다. 나의 자녀들에게는 그런 구속과 부담을 주고 싶지 않았다. 지금은 그런 구속을 주는 교회가 있다면 뜻있는 사람들이 용납하지 않을 것이다. 주일에 목사는 열심히 일하면서 학생이 공부하는 것은 잘못이라고 한다면 납득할 수 있겠는가.

예수께서 안식일에 환자를 고쳤다고 해서 비난을 받은 것 역시 잘못된 일이다. 만일 세상 의사들이 주일이라는 이유로 환자들을 돌보지 않는다면 세상이 어떻게 되겠는가. 어느 목사가 주일에 자기 자녀를 치료해 준 의사에게 범죄했다고 말할 수 있겠는가. 따라

211

서 안식일로 인해 우리 이웃이 손해를 입거나 불행을 겪는 일이 있어서는 안 된다.

지나친 율법주의자 또는 계명주의자가 되면 그런 과오를 범하게 된다. 자신은 수혈을 거부해도 자녀나 교인들에게까지 수혈을 거부하게 하는 부모나 종교 지도자들은 인도주의적 입장에서 규탄을 받아 마땅하다. 비록 종교의 뜻이라고 해도 타인의 생명을 소홀히 여기거나 버림받게 할 수는 없는 법이다. 우리가 구약의 계명과 율법의 절대화를 삼가는 이유가 여기에 있다.

안식일이 인간을 위해 있다는 것은 무슨 뜻인가. 안식일의 문제는 인도주의적 해석으로 해결하라는 의미이다. 안식일은 인간의 행복과 존엄성을 증진하는 측면에서 평가되어야 한다. 그것을 종교 교리나 신앙의 구속으로 삼는 것은 바람직하지 않다. 일반적으로 구약 시대의 사람들은 인간이 하나님을 위해 존재하는 것으로 여겼다. 그러나 신약 시대의 예수는 인간은 자기완성과 구원을 위해 하나님의 사랑을 받아야 하는 존재로 새롭게 해석을 내렸다.

오래전에 두 청년의 대화를 들은 적이 있다.

한 청년이 이렇게 물었다.

"인간이 존재하는 목적은 무엇인가?"

그러자 다른 한 청년이 이렇게 대답했다.

"나는 하나님께 영광을 돌리기 위해 존재한다고 믿는다."

"그런 논리가 어디 있어? 인간의 목적이 인간에게 있으면 있고 인간에게 없으면 없는 것이지 어떻게 인간이 존재하는 목적이 하나님에게 있을 수 있지?"

"기독교의 인생관은 그렇게 되어 있어."

"그것은 너희 교인들의 논리이지 교회 밖에 있는 사람에게 어떻게 그 모순을 강요할 수 있지?"

대충 위와 같은 내용의 대화였다.

위의 대화에서 크리스천인 듯한 청년이 잘못 이해하고 있는 부분이 있다. 신약의 교훈에 따르면, 인간은 자기 존재의 목적을 자신에게 두고 있다. 그러나 한계를 가진 인간은 허무와 절망을 느낄 수밖에 없는 존재이다. 인간은 결국 허무나 무의미로 인생을 그치고 만다.

그런데 그 인간의 목적을 초인간적인 하나님에게서 얻을 때 인간은 완성과 구원을 약속받는다. 그런 이유로 인간은 자신의 뜻과 목적을 하나님께 두는 것이다. 아무리 정교한 시계라도 존재의 목적이 시계에 있는 것은 아니다. 시계의 진정한 존재 목적은 시계가 아닌 인간에게 있다. 구약은 자칫 하면 인간을 0으로 돌리는 신앙이었다. 그러나 신약은 하나님의 사랑으로 인간을 100으로 완성시키는 종교이다.

그런 맥락에서 안식일의 의미를 찾아야 한다. 예수께서 결론 내리신 '인자가 안식일의 주인'이라는 말씀도 그런 의미와 일맥상통한다. 앞으로의 안식일은 하나님의 날에서 그리스도의 날로 될 것임을 암시했다. 그것은 토요일에서 일요일로 변한다는 얘기가 아니다. 예수는 당신의 날을 당신을 위해 만들 정도로 자기중심적인 분

213

이 아니다.

세상 사람들은 자기 기념관을 짓기 좋아한다. 그러나 예수께서는 자신을 위한 기념관은 생각조차 하신 적이 없었다. 우리는 자신의 명성이 남겨지기를 원한다. 그러나 예수께서는 하나님의 뜻이 남겨지기를 원하셨다.

그러면 '인자가 안식일의 주인'이라는 말은 무슨 뜻인가. 외식적이고 형식적인 제사의 날을 내용이 충실한 인간의 날로 바꾸되, 그 내용은 예수께서 보여 주신 대로 채우라는 뜻이다. 그 내용은 '내가 너희를 사랑한 것같이 너희도 서로 사랑하라'는 것과 같다.

안식일이 아니다. 구약의 전통을 지킴에 있어 예수께서 모범을 보이신 대로 우리도 생활에서 신앙적 의의를 건설해 가라는 뜻이다. 다만, 예수께서는 안식일을 어떻게 지키라는 말씀은 남기지 않으셨다. 그러므로 예수께서 안식일의 주인이 되도록 살려고 해도 어떻게 해야 할지 아무도 아는 바가 없다. 그러나 만일 예수께서 안식일을 이러저러하게 지키라고 말씀해 주셨다면 예수님 자신이 구약으로 되돌아가는 결과를 낳는다. 자가당착을 면치 못하게 된다.

따라서 '인자가 안식일의 주인'이란 말은 무슨 뜻인가. 형식적인 신앙, 계명적인 규범의 노예가 되지 말고 그것에 구속됨 없이 살라는 뜻이다. 지혜로운 신앙생활은 우리 자신을 형식이나 율법의 노예로 삼지 않는 것이다. 그것이 목적이므로 안식일은 사람을 위해 필요하다고 말씀하신 것이다. 우리 몸을 위해 옷을 만들어 입는 것은 필요하지만 지혜로운 사람이라면 그 옷에 지나친 관심과 노력을 허비하지 않는 것과 같은 이치이다.

신앙에는 가치 판단이 따른다. 버릴 것은 버릴 줄 알고, 뒤로 미룰 것은 미룰 줄 아는 일이다. 지혜로운 서기관은 창고 속에서 쓸 것과 못 쓸 것을 가려낼 줄 알아야 한다는 것이 예수의 요청이었다. 그러므로 예수께서는 구약에서 강조한 안식일을 더 이상 중요한 문제로 삼지 않기를 바라셨던 것이다.

그러나 안식일을 우리 생활에서 신앙적 은총의 날로 쓸 수 있다면 그 역시 축복이자 감사한 일이 될 것이다. 예수께서는 우물에 빠진 양을 안식일이라고 해서 건져 내지 않겠느냐고 반문하셨다. 모든 날이 하나님의 날이 되면 가장 좋겠지만, 일주일의 하루쯤은 하나님께 영광을 돌리며 주의 뜻에 따라 이웃을 섬기는 날로 삼을 수 있다면 그것 또한 큰 축복의 날이 아닐까.

자유를 누리려면 진리를 깨달으라

일본에서 학교를 다니던 1942년 크리스마스 아침이었다.

이부자리도 개지 않은 채 성경을 읽는 데 골몰해 있었다. 그러다가 "너희가 내 말을 마음에 새기고 산다면 너희는 참으로 나의 제자이다. 그러면 너희는 진리를 알게 될 것이며 진리가 너희를 자유롭게 할 것이다"(요 8:31-32, 공동번역)라는 대목에 이르렀다. 나는 그 말을 몇 번 되풀이하여 읽다가 낮은 책상에 성경을 편 채로 엎어 놓고 다시 자리에 누웠다. 그 말씀을 회상하며 정리하기 위해서였다.

잠시 후 내 방을 노크하는 소리가 들렸다. 이층에 있던 S군임에 틀림없었다. 아직도 누워 있느냐면서 앉을자리도 변변치 않은 좁은 방에 들어오더니 낮은 책상에 걸터앉았다. 친구는 아무 생각 없이 내가 읽던 성경을 집어 들고 읽기 시작했다.

"진리? 진리가 너희를 자유롭게 한다?"라고 중얼거리더니, "이렇게 자신에 넘치는 말을 누가 할 수 있지?"라고 반문했다. 나는 "그리스도니까 그렇지!"라고 말하면서 몸을 일으켰다.

우리는 함께 아침을 먹고 산책에 나섰다. 내 친구는 말이 별로 없었다. 오후가 되어서 집으로 돌아온 S군은 "김형, 나도 교회에 나가야겠어요. 만일 예수께서 나에게도 진리와 자유를 약속해 주실 수 있다면 그에게로 가야 하지 않겠어요?"라고 말했다.

그 일이 계기가 되어 S군은 평생 동안 크리스천으로 살고 있다. 어떤 면에서는 한순간의 일이었다. 그러나 생각해 보면 오랫동안 진리와 자유를 찾고 있었던 그였기에 그날 아침의 사건이 일생을 바꿔 놓는 계기가 되었던 것이다.

성경에도 "나중 된 자로서 먼저 되고 먼저 된 자로서 나중 되리라"(마 20:16)라는 말이 있다. 그 말에 근거가 없지는 않다. 오랫동안 문제의식을 느끼고 진실한 신앙을 갖고 있던 사람은 그만큼 빨리 그리고 깊은 신앙으로 들어가게 되어 있다.

성경의 나다나엘 같은 사람은 여러 해 동안 무화과나무 밑에서 남몰래 구원과 민족의 장래를 위해 기도를 드렸다. 그러다가 예수께서 그를 가리켜 "네가 무화과나무 아래에 있을 때에 보았노라"고 말씀하셨을 때 나다나엘은 "랍비여 당신은 하나님의 아들이시요 당신은 이스라엘의 임금이로소이다"(요 1:49)라고 대답하고 주저함 없이 예수의 제자가 되었다. 예수께서 자신의 신앙적 의문을 순식간에 해결해 주셨기 때문이다.

이제 진리와 자유의 문제로 돌아가자.

진리란 무엇인가. 종교를 바탕으로 한 진리는 수학이나 논리학 또는 자연과학이 추구하는 진리는 아니다. 그것은 과학적 연구를 통해 밝혀지면 된다.

종교나 윤리, 역사적 진리는 우리 삶과 인격적 체험에 관한 것이다. 인간의 본질을 알고 그 삶에서 긍정적인 의미를 찾을 수 있을 때 우리는 진리의 뜻과 본질을 깨닫게 된다.

물론 여기에 전제 조건은 있다. 인간의 이성을 토대로 한 과학에서 얻은 것이어야 한다. 쉽게 말하면 사실을 사실대로 보아 진실을 알고 그 진실에 입각해서 가치 판단을 내린다는 원칙이다. 자연 사물이나 논리에는 가치 판단이 필요 없다. 그러나 우리가 문제 삼는 인간적 진리에는 반드시 가치 판단이 뒤따르기 마련이다.

이 문제가 중요한 이유는, 진리는 우선 진실을 바탕 삼아야 하기 때문이다. 진실은 이성의 목표이며 모든 판단과 삶의 기반이다. 그러므로 우리는 일상생활에서 사실이 아닌 것을 사실로 착각하거나 진실이 아닌 것을 진실로 믿는 과오는 범하지 말아야 한다.

그러나 유감스럽게도 종교를 믿는 사람은 종교의 요구와 신앙의 의의를 지나치게 강조한 나머지 비과학적이고 반이성적인 사실을 승인하며 믿기를 좋아한다.

오래전 일이다. 어린 아들과 함께 부석사를 다녀온 일이 있었다. 부석이란 돌이 떠 있다는 뜻이다. 그때 안내하는 사람이 "이 돌이 이처럼 크지만 사실은 하늘에 떠 있는 것입니다. 가는 실오라기를 넘겨 보면 실이 끊어지지 않고 저쪽으로 빠져나옵니다"라고 말했다. 안내자가 돌아간 뒤 아들은 진짜 그렇게 될 수 있느냐고 물었다. 나는 아들에게 어떻게 생각하느냐고 반문했더니 그럴 것 같기도 하다고 대답했다. 나는 아들에게 단호히 그것은 거짓말이다, 종교생활에서 진실이 아닌 것은 받아들이지 말아야 한다고 말해 주었다.

1979년에는 우리나라에서 생산한 쌀이 남아서 정부가 그것의 처리를 놓고 고심하던 적이 있었다. 그런데 몇 달 안 가서 일본서 쌀을 사들였다. 정부 책임자들이 잘못된 통계를 믿었던 결과이다. 여의도 신앙집회에 몇 명이 모였는가 물으면 통계가 제각각이다. 주관적인 판단을 내림으로써 진실이 흐려졌기 때문이다. 주최 측은 언제나 부풀려 발표하기를 바란다. 그러나 모인 숫자의 많고 적음을 크게 문제 삼는 일 자체가 신앙적이지 못한 경우가 매우 많다.

그러나 더 큰 문제는 진실을 왜곡하는 데 있다. 후진 사회에 가면 진실을 은폐하거나 사실을 조작해 가면서 국민을 허위로 이끄는 경우가 허다하다. 그 일을 가장 잘하는 집단이 공산주의 지배자들이다. 정치적 목적을 위해 국민을 기만하는 사회는 여전히 많다. 또 기존의 가치만을 정당화하기 위해 진실을 왜곡되게 해석하는 사례는 지금도 비일비재하다.

크리스천이 된다는 것은 이런 허위와 조작된 사실, 거짓이 도사리고 있는 현실에서 언제나 진실을 가려 내며 진실 위에서 사리를 알고 가치판단을 내릴 수 있는 신앙인이 된다는 것을 의미한다. 이것은 신앙과 더불어 인간 삶 일반에 관한 문제이다.

예수께서 말씀으로 가르치고 행동으로 보여 주신 진리는 무엇인가. 어째서 그것이 우리를 자유케 하는가. 예수의 교훈은 양심을 일깨우면서도 양심이 선악을 판단할 수 없는 한계에 도달했을 때는 언제나 진실한 입장에서 무엇이 선이며 무엇이 악인가를 확실하게 가르쳐 준다. 그래서 당시의 폐습이나 지도자들의 과오를 명백하게 지적하곤 했다. 성경을 읽는 사람은 예수의 교훈을 통해 허위와 진실을 깨닫게 될 뿐만 아니라 누구도 생각지 못한 선악의 판단을 내릴 자신감을 얻는다.

우리는 사실과 진실에 입각한 가치 판단이 필요하다. 그런데 진실을 안 후에도 선악 판단을 내리는 일은 쉽지 않다. 그래서 윤리학자나 도덕학자들 사이에도 선악의 개념이 엇갈리며 선택의 자유를 누리지 못하는 사람들이 많다.

나는 1960년대 초반에 일본에 갔다가 의외의 사실을 알게 되었다. 일본 중부지방에 그리 크지는 않으나 오랜 전통을 가진 기독교 계통의 여자대학이 있다. 그 대학을 방문했을 때 우리를 안내해 주던 나이 지긋한 학장이 이런 이야기를 했다.

"우리 대학은 작은 규모의 학교이기 때문에 별로 보여 드릴 곳이 없습니다. 그런데 지하실의 작은 방은 우리 몇몇 교수들에게는 잊을 수 없는 추억의 장소입니다. 지금은 창고로 쓰고 있어 보여 드릴 것이 없습니다. 그러나 이곳은 태평양전쟁이 계속되는 동안 우리 일곱 명의 교수가 매일 아침 일찍 등교해서 안으로 문을 잠그고 일본이 빨리 패하게 해달라고 기도를 드리곤 한 곳입니다."

나는 그 이야기를 듣고 연만(年晚)한 학장의 얼굴을 다시 처다보았다. 당시 일본의 대표 국립대학의 어떤 윤리학 교수는 학생들에게 우상으로 여겨지고 있었다. 그의 《윤리학》 상·중·하권은 출간 하루 만에 다 팔릴 정도로 인기가 있었다. 그 저서 중간 부분은 전쟁 중에 쓰였기 때문에 거의 맹목적인 애국심을 강조하는 내용으로 채워져 있었다.

태평양전쟁이 끝난 뒤 그 교수는 자신의 책을 읽는 것이 몹시 부끄러워졌다. 국수주의 저서가 얼마나 편협하고 비민주와 파쇼의 성격을 띠고 있는지 알았기 때문이다. 가능하다면 태워 버리고 싶은 심정이었다고 고백할 정도였다. 그러나 이는 그 윤리학 교수 한 사람의 문제가 아니었다. 대부분의 국립대학 교수들이 같은 생각을 하고 있었다.

여기서 일본의 패배를 위해 기도를 드렸다는 게 무슨 뜻인가. 일본이 저질러 놓은 전쟁 때문에 수많은 젊은이가 희생당하고, 한국을 비롯한 아시아의 여러 나라, 더 나아가 전 세계가 비참과 비극에

김형석 교수의 예수를 믿는다는 것

말려들었다. 그 비극을 하루속히 중단시키는 길은 악을 자행하고 있는 일본 군부와 정부의 종말이었던 것이다.

우리는 이런 사람들을 통해 진정한 의미의 선악 판단이 어떤 것인가를 배우게 된다. 아인슈타인이 미국으로 망명한 뒤 이렇게 고백했다. "오랜 전통을 자랑하는 독일의 대학들도 결국은 히틀러의 탄압 정책에 머리를 숙였는데, 이름 없는 독일의 크리스천들은 굳건히 자유와 진리를 위해 항쟁하고 있었다."

바로 예수에게서 발견하는 진리가 그런 것이다. 어떤 역경이나 시련 속에서도 선과 악의 가치 판단을 명백히 내릴 수 있는 것이 진리이며 그에 따르는 것이 자유이다.

참 자유는 모든 과거로부터의 해방이며, 장래에 대한 가능성이다. 이때 과거란 무엇인가. 예수는 그것을 종교적으로 정확히 지적하셨다. 과거는 우리를 쇠사슬로 얽어매는 죄악에 다름 아니다. 그러므로 인격의 진정한 자유는 과거와 더불어 있는 모든 죄와 악으로부터의 해방이 선행되지 않으면 불가능하다.

따져 보면 한계를 가진 인간이 다가오는 장래의 엄청난 역사적·사회적 운명 앞에 어느 정도의 가능성을 누릴 수 있겠는가. 그것이 불가능하기 때문에 사람들은 운명론자가 되고 허무주의자가 되며 스스로의 존재를 무의미한 것으로 긍정했던 것이다.

그러나 예수는 모든 과거의 죄악으로부터 우리를 해방시켜 주실 뿐만 아니라 우리가 하나님의 사랑과 성령의 이끄심으로 역사에 도전하고 모든 장래를 희망으로 이끌 수 있는 가능성을 약속해 주신다. 우리가 굳건한 믿음에 설 수 있다면 믿음은 희망과 가능성을 개척해 준다고 가르치신다.

만일 우리의 뜻과 신념이 여기에까지 이를 수 있다면 누구도 누릴 수 없는 참 자유를 누리게 된다. 진실을 깨닫는 것이 이성적 자유를 의미한다면, 선악을 가리는 것은 도덕적 가치를 동반하는 자유를 의미한다. 그리고 죄로부터의 해방과 장래 운명에 대한 가능성은 인격의 자유와 종교의 자유를 뜻한다.

이것은 하나의 이론이 아니다. 이론은 철학자들의 지혜의 산물이다. 이것은 하나의 윤리를 요청한다. 도덕은 이상주의를 택하고 이상주의는 선을 요청한다. 그러나 믿음은 생활이다. 생활은 실천을 동반한 인격의 현실적 결과이다. 그래서 그리스도께서는 "너희가 내 말에 거하면 참으로 내 제자가 되고 진리를 알지니 진리가 너희를 자유롭게 하리라"(요 8:31-32)고 말씀하셨다. 즉 그리스도의 말씀에 따라 행하는 사람이 체험적 진리를 깨닫게 되고 그 진리가 참 자유를 준다는 뜻이다.

지금도 자유를 누리려는 사람은 진리를 찾게 되고 주체적인 진리를 깨달은 사람은 그리스도께로 간다.

김형석 교수의 예수를 믿는다는 것

인간은 누구나 복 받기를 원한다. 대부분 "복 많이 받으세요"라며 새해 인사를 한다. 그것보다 더 좋은 기대감과 행복을 주는 인사말은 없는 것 같다.

그래서 인간이 만든 종교의 대부분은 기복(祈福) 종교이다. 우리가 흔히 샤머니즘이라고 부르는 종교 행사는 기복 신앙을 대신한다. 만일 종교가 우리의 복과 행운을 빼앗아 간다면 인류는 종교를 가지지 않았을 것이다.

그러나 여기에 문제가 있다. 만일 종교가 수고나 노력 없이 복 받는 것을 목적으로 존재한다면, 그 신앙은 불필요한 미신이 될 것이며 종교는 건전한 사회를 건설하는 데 손해를 가져올 것이다.

그래서 뜻있는 젊은이들과 지성인들은 이러한 기복 종교를 멀리하며 실제로 반대하고 있다. 자신과 사회를 위해 좋지 않은 결과를 가져온다고 믿기 때문이다.

한 청년의 고백을 지금도 기억하고 있다.

"제 부모는 일찍부터 불교를 믿어 왔습니다. 제가 철들면서 비판적으로 바라보니 부모님의 신앙은 종교에 물질을 제공함으로써 더 많은 복을 받겠다는 기복 신앙에 불과했습니다. 그래서 저는 결국 불교를 떠나게 되었습니다. 그 뒤 친구의 권유에 따라 교회에 나가게 되었습니다. 기독교는 불교와는 다른 종교일 것으로 생각했습니다. 그러나 거기서 발견한 것도 마찬가지였습니다. 청장년층은 살아서 복을 받겠다는 믿음이었고, 노년층은 죽어서 천당에 가는 복을 받겠다는 것이었습니다. 마침내 저는 교회도 등지게 되었습니다. 제가 종교를 통해 얻고 싶었던 것은 인생의 의미와 사명이었습니다. 죽음 이후보다는 삶을 어떻게 값있게 살며, 죽음보다 귀한 인생의 뜻과 목적이 무엇인가를 깨닫고 싶습니다. 그런데 노력 없는 복을 받기 위해 교회에 간다면 그것은 너무 큰 과오가 아니고 무엇입니까."

한마디로 잘못된 종교는 대부분 기복 종교가 되는 것이다. 그리고 우리는 기복 종교를 바람직한 것으로 생각하지 않는다.

그러면 기독교는 어떤 종교인가. 기독교 역시 기복적 요소를 꽤 지니고 있다. 사실 복을 마다할 사람은 아무도 없다. 그러나 기독교 신앙의 진정한 모습은 기복과 축복을 비교해 봄으로써 확인할 수 있다.

예수의 교훈 중 가장 유명한 것은 산상수훈이다. 마태복음 5-7장에 나오는 귀중한 가르침이다. 예수께서는 그 첫 머리에 여덟 가지 복에 관한 교훈을 말씀하셨다. 말하자면 예수께서도 복 받는 교훈으로 당신의 말씀을 시작하신 것이다.

"마음이 가난한 사람은 복이 있다. 하늘나라가 그들의 것이다. 슬퍼하는 사람은 복이 있다. 하나님이 그들을 위로하실 것이다. 온유한 사람은 복이 있다. 그들이 땅을 차지할 것이다. 의에 주리고 목마른 사람은 복이 있다. 그들이 배부를 것이다. 자비한 사람은 복이

김형석 교수의 예수를 믿는다는 것

있다. 하나님이 그들을 자비롭게 대하실 것이다. 마음이 깨끗한 사
람은 복이 있다. 그들이 하나님을 볼 것이다. 평화를 이루는 사람
은 복이 있다. 하나님이 그들을 자기의 자녀라고 부르실 것이다. 의
를 위하여 박해를 받은 사람은 복이 있다. 하늘나라가 그들의 것이
다." 마 5:3-10, 새번역

어떠한가. 기독교도 세상 사람들이 말하는 기복 종교 중 하나인
가. 자신도 모르는 사이에 기독교를 기복 종교로 만드는 사람들도
있다. 상당한 교양을 갖춘 사람들도 복 받기 위해 교회에 나간다
고 말한다. 또 자녀들에게 교회에 나가야 복을 받는다는 말을 자주
한다.

그러나 기독교는 기복 종교이기보다는 오히려 축복의 종교라고
보는 것이 좋을 것 같다. 같은 복이라도 복 받기를 기대하는 것이
아니라 복이 주어지는 종교라고 할까. 하나님의 축복을 받아 누리
는 신앙이라는 뜻이다.

그 점을 예수의 가르침에서 살펴보기로 하자.

예수의 교훈 속에는 우리가 흔히 생각하는 행운으로서의 복의 개
념이 없다. 대부분의 기복 종교는 행운을 전제로 한다. 심지어 노력
과 수고가 없는 복을 바라며, 때로는 적은 노력으로 큰 복을 받기
원한다.

동양 사람들은 예로부터 복은 행운의 결과로 주어진다는 생각을
많이 해왔다. 풍수설도 한몫을 담당했으며, 우리가 어릴 적부터 들

어온 동화의 내용도 그렇다. 흥부는 제비 다리를 싸매주고 그 대가로 금은보화가 나오는 박을 얻었다. 지극히 작은 노력의 대가로 엄청나게 큰 복을 기대하는 이야기이다. 우리가 원하는 신앙도 이와 비슷한 경우가 많다.

그런데 예수의 가르침에는 그런 행운적 요소가 없다. 노력 없는 축복이나 게으름에 뒤따르는 복 같은 것은 일체 용납하지 않는다. 해야 할 일을 다 하고, 주어진 의무를 감당한 사람에게 하나님께서 복 주신다는 것이 예수의 교훈이다. 예수께서는 노력하는 사람은 더 많은 것을 얻고, 게으른 사람은 있는 것까지도 빼앗긴다고 말씀하셨다. 일하지 않는 게으름과 의무를 회피하는 태도는 복은 말할 것도 없고 징계와 벌을 받는다고 가르치셨다. 하물며 정당한 노력 없이 행복을 기다린다면 그것은 기독교가 아니며 크게 잘못된 신앙이다. 기독교를 행운을 가르치는 종교로 착각해서는 안 된다.

기독교가 말하는 복은 어떤 것인가.

예수의 교훈은 어디까지나 조건이 따르는 복이다. 그 조건은 윤리적·도덕적 책임과 의무이다. 따라서 예수의 교훈 속에는 첫째, 개인생활이나 사회생활을 하면서 하나님의 질서 아래서 윤리적·도덕적 책임을 다하는 사람은 종교적 신앙의 복까지도 받게 된다는 뜻이 담겨 있다.

마음을 깨끗하게 한다든가 평화를 위해 노력한다는 것은 어디까지나 인간으로서의 도리이며 사회생활의 도덕적 의무이다. 그 일을 위해 기도하며 믿고 노력하는 사람은 하나님을 발견하는 복과 하나님의 자녀가 되는 복을 받게 된다는 것이 예수의 교훈이다.

여기에는 두 가지 의무가 따른다. 도덕적 책임을 감당하는 일과 기도와 믿음을 게을리하지 않으려고 노력하는 일이다. 그렇게 되면 놀라운 복에 이르게 된다고 말씀하신다. 그러므로 이러한 교훈은 지극히 온당하며 도덕과 신앙 면에서 볼 때 자연스러우면서도 건전한 복의 길이다.

둘째, 예수의 교훈 속에는 삶을 경건하게 믿음으로 이끌어 가는 몇몇 사람의 노력과 수고가 사회 역사적인 복으로 보답된다는 뜻이 담겨 있다. 그것은 희생이 따르는 노력과 경건한 믿음의 기도를 한 크리스천들에게만 국한되는 것이 아니라 그 사회와 이웃은 물론 때로는 민족과 국가에까지 복을 내리게 된다는 말씀이다. 그것도 지극히 당연한 역사적·사회적 사실이다.

우리나라에 YMCA가 발족된 것은 소수 지도자들의 정성어린 노력과 수고가 있었기에 가능했다. 그 영향은 오랫동안 우리 사회를 복되게 이끌어 주는 결실로 나타났다.

몇 안 되는 선교사들이 처음 우리나라에 온 것은 별로 큰 일이 아니었다. 그러나 그들의 봉사와 헌신이 나라 전체를 바꾸어 놓는 큰 변화를 일으켰다. 누구도 상상할 수 없는 역사적 변화를 가져온 것이다.

또 예수의 교훈은 종교적 신앙은 작은 것에서 시작하지만 나중에는 커다란 변화를 가져온다는 것과, 인간의 작은 책임은 우리 소관이지만 막대한 복은 하나님께서 주신다는 뜻도 포함하고 있다. 그래서 기독교는 기복 종교가 아닌 축복의 신앙인 것이다.

옛날 이스라엘의 종교지도자들이 자신과 하나님 앞에서 충성을 다하는 소수의 하나님의 백성을 정치지도자나 사회지도자보다 소중히 여긴 것도 이 때문이다. 악과 불의를 저지르는 지도층이나 대중에 비하면 하나님 앞에서 민족의 운명을 책임지는 신앙인들이 누구보다도 귀중한 존재였기 때문이다. 지금도 크리스천들에게 그런 긍지와 책임이 있어야 하며, 그 책임이 곧 진리와 정의의 의무인 것이다.

셋째, 예수께서 약속하신 복은 값진 고난에 동참하는 사람이 기쁨과 영광을 누린다는 교훈이다.

인간은 누구나 행복을 위해서는 고통을 멀리하며, 복은 곧 즐거움과 통한다고 믿는다. 복은 언제나 작은 고통과 큰 즐거움이라는 공리성을 동반한다. 그러나 예수의 교훈 속에는 인생의 값진 고통과 무거운 짐을 기꺼이 선택하고 그렇게 살기로 결단을 내릴 수 있어야 진정한 행복과 영광에 참여할 수 있다는 깊은 뜻이 담겨 있다.

괴롭다는 이유로 진실을 회피하거나 다른 사람이 지지 않는 고난의 짐을 굳이 내가 질 필요는 없다고 생각하는 사람은 인생을 평범하게 살아갈 뿐이다. 그들은 값진 역사적 사건이나 사회적 결실은 남기지 못한다. 하물며 이웃과 사회를 위한 영광과 복을 기려야 하는 사람들이 개인의 안일과 무사함만을 꿈꾼다면 그는 하나님께서 주시는 복을 받을 길이 없다.

모든 종교가 그러하듯이 기독교도 고난의 뜻을 가르치며 그것을 해결할 수 있어야 한다. 종교는 인간 문제의 해결을 위한 신앙을 약속하고 있기 때문이다. 모든 고통과 고난의 짐은 남에게 돌리면서 자신은 즐거움과 행복을 추구하는 크리스천이 된다면 그가 어떻게 참다운 종교인이 될 수 있겠는가.

구약의 지도자들이 남다른 고뇌의 역사를 살았고, 그리스도께서도 몸소 고난의 의미를 십자가를 통해 보여 주셨다. 이제 우리도 이웃과 동료들을 위해 고통과 고뇌에 동참하는 것이 당연하다.

그럴 때 예수께서는 하나님의 참되고 영원한 복이 우리에게 올 것이라고 축복의 약속을 베푸셨다. 한없이 감사한 일이 아닐 수 없다.

끝으로 예수께서는 현재의 희생적 노력과 자기 부정의 과감한 실천이 하나님 나라의 무궁한 영광의 축복으로 변할 것이라고 약속하셨다. 인간은 모두가 현재라는 시간 속에 살고 있다. 모든 선택과 노력이 시간의 제약 속에서 이루어진다. 그러나 우리가 현재라는 시간 안에서 하나님의 뜻과 부르심에 동참하게 되면 하나님은 우리의 생명과 인격을 영원한 것으로 포섭하시는 복을 내리신다.

이것은 시간 속에 영원을 소유하는 일이며, 사라질 삶의 내용을 영원한 것으로 남게 해주신다는 가르침이다. 옛날부터 사람들은 그것을 하나님의 자녀가 되는 일로 비유했고, 하나님 나라의 영광으로 표현해 왔다. 그 축복의 약속을 예수께서 우리에게 베푸신 것이다.

젊은 시절 본 찰리 채플린의 풍자 영화 〈모던 타임스〉의 한 장면이 생각난다.

한 사람이 취직하기 위해 온갖 노력을 다한다. 직장이 없으면 자신과 가족이 살아갈 수 없기 때문이다. 그는 드디어 직장을 얻는다. 아침에 공장에 나가서 밤새도록 일한 수천 명의 노동자가 공장을 빠져나오면 그 자리를 이어서 대신할 수천 명의 노동자가 또 공장으로 들어간다. 주인공이 맡은 책임은 자동으로 돌아가는 컨베이어벨트 앞에 서서 나사못을 조이는 일이다. 그는 몇 시간 동안 같은 일을 반복하다 지쳐 버리고 만다.

그렇다고 가족을 떠올리거나 인생의 문제를 걱정하며 딴생각을 할 수는 없다. 기계가 자기 앞을 지나가 버리면 큰일난다. 그래서 혼자 중얼거린다. "아무 생각도 하면 안 된다. 너는 이 일을 위해 세상에 태어났으니까 이 일만 잘하면 된다. 딴생각을 하다가 직장에서 쫓겨나면 온 가족이 살아갈 길이 막힌다."

똑같은 일에 너무 열중하다 보니 그것이 인생의 전부가 되어 버리고 만다. 전차를 타고 가는데 맞은편에 앉은 여자의 코가 기계로 보인다. 거기에 나사못을 조이는 시늉을 한다. 식탁에 앉아서는 숟가락을 엎어 놓고 나사못 조이는 연습을 한다. 가족이 물으면 "나는 이 일을 위해 세상에 태어났으니까 이 일만 열심히 하면 우리 가족이 즐겁게 살 수 있어…"라고 대답한다.

영화를 보는 사람들은 주인공의 그런 우스꽝스러운 모습에 깊은 슬픔을 느낀다.

인류는 자연과학을 발달시켰다. 그 결과로 기계의 발달과 기술의 향상을 얻었다. 메커니즘이 주는 혜택을 온 인류가 크게 누리고 있다. 컴퓨터의 탄생은 인간의 모든 편의를 돌봐주기에 이르렀다. 고마운 일이다.

그러나 어느새 우리는 기계와 기술의 노예가 되었고, 마침내는 인간이 기계의 부속품처럼 전락했다. 우리 생활이 기계를 위한 것으로 바뀌고 만 것이다. 인간을 위해 만들어 놓은 기계가 도리어 인간을 수단과 방편으로 삼아 기계와 기술을 위한 인간으로 전도되고 말았다.

서구 사회는 산업혁명 이후부터 그 징조가 나타났고, 우리나라도 산업화가 이루어지던 1970년대부터 그런 경향이 나타나기 시작했다. 그로 인해 인간 소외 및 인간 상실의 위기를 맞게 된 것이다.

비슷한 현상은 경제 분야에서도 나타나고 있다. 인구 증가와 공업 사회의 발달은 많은 실업자와 가난한 계층을 만들어 냈다. 소수의 자본주와 다수의 근로 계층의 대두가 경제 불균형의 모순과 갈등을 낳았다.

인간이 경제의 빈곤으로 생존의 위협을 받게 되면 인간 구실을 다하지 못한다. 교육을 받을 수 없고 보건 혜택에서 소외된다. 빈곤이 확대되고 사회 구성원의 절대 다수가 가난에 쪼들리면 자연히 인간은 본연의 상태에서 소외당할 수밖에 없다. 인간의 경제적 소외를 해결하기 위해 앞장선 사람 중 하나가 마르크스였다. 그는 빈곤에서 인간을 해방시키는 방법으로 사회주의 및 공산주의를 선포했다.

그러나 그 결과는 더 큰 불행한 사태로 이어졌다. 공산주의를 실현하기 위해서는 정권 장악이 필요했고, 정권 장악과 유지는 더 많은 사람의 자유와 권리를 박탈해 버렸다. 공산주의 국가의 전 국민이 경제정책의 노예가 되어 노동자 정신이라는 미명 아래 농사와 공장 일에 강압적으로 참여하지 않을 수 없는 결과를 낳았던 것이다. 정치와 사상의 자유를 빼앗겼음은 물론 경제 해방이 아니라 경제 예속이 배가되기에 이르렀다. 오히려 그 결과는 자본주의 사회나 복지를 강조하는 경제체제보다 더 심한 인간 소외의 현상으로 나타나고 있다.

정치권력에서 오는 인간 소외의 결과는 공산 세계가 그 절정에 달하고 있는 실정이다. 에리히 프롬의 말대로 마르크스주의를 망친 것은 공산주의라는 평을 면치 못하게 되었다. 빵을 나누어 먹기 위해 인간의 존엄성과 권위를 박탈하는 현실을 감수해야 할 정도로 인간 소외 현상은 심각해지고 있다.

이러한 문제는 공산세계에 그치지 않는다. 경제가 삶의 목적이 되고, 생산과 소비에서 얻는 즐거움이 인생의 목표가 되는 한, 자본주의 세계도 인간 소외의 병폐에서 벗어날 길이 없다. 경제적으로 앞선 나라에 가보라. 인간의 능력과 정신은 온통 어떻게 생산하고 얼마나 많이 소비하며 그러는 동안에 얼마나 즐겁게 생을 누리는가

하는 인생관으로 가득 차 있다. 공산주의 세계보다 앞서 있는 것은 사실이지만 그 방향과 목적에는 큰 차이가 없다. 경제가 인생의 목적이 되는 한 인간의 소외 현상은 불가피하다. 인간이 주체와 목적이 되는 것이 아니라 경제와 물질이 목적이 되는 사회에서는 언제나 인간 소외의 현실은 벗어날 수 없다. 큰 불행 중 하나이다.

이러한 불행은 현대 사회를 좌우하고 있는 이데올로기 면에서도 나타나고 있다. 인간의 정신 자유는 보장되어야 하며, 우리는 누구나 자신의 사상과 신념을 갖고 살아야 한다.

그러나 근대 사회로 접어들면서 많은 국가에서 국가와 정권의 필요에 의해 저마다 어떤 이데올로기를 만들어 내기 시작했다. 그것은 국민에게 한 가지 사상을 강요했으며, 국가의 목적을 위해 인권과 자유를 억제하거나 박탈하는 행위를 서슴지 않았다.

과거 일본은 천황을 우상으로 받들고 군벌과 재벌이 앞장서서 모든 사상과 국민정신을 통제했다. 히틀러의 독일은 민족지상주의를 택해 그 악을 전 세계에 뻗쳤다. 또 공산주의 사회가 모든 국민을 이데올로기의 노예로 삼았다. 중국 공산당은 마오쩌둥을 중심으로 소위 문화대혁명을 일으켰다. 우리는 10억 인구의 사상과 정신을 한 방향으로 통제하며 한 가지 사상을 절대화시킨다는 사실 자체가 얼마나 큰 과오이며 비극인가를 확인했다.

이러한 비극은 극히 소수의 몇몇 국가를 제외하고는 세계 어디에나 존재한다. 공산국가만이 아니다. 정치나 경제 이데올로기가 인간의 자유와 자율적인 선택을 억제하는 일은 얼마든지 있다. 안타

제5부 참된 신앙을 위하여

까운 비극이 아닐 수 없다.

그런 사회가 존재하고 동일한 역사가 계속되는 한 인간의 이데올로기에 의한 자기 소외는 앞으로도 지속될 가능성이 크다. 사상과 언론과 신앙의 자유까지 구속하는 인간 소외 현상인 것이다.

똑같은 일이 아직도 세계 곳곳에서 통제 사회의 정치권력으로 인해 끊임없이 자행되고 있다. 인간은 정치적 동물이다. 집단생활과 사회생활은 정치를 필요로 했고, 정치는 그 실현을 위해 권력을 동반하지 않을 수 없었다. 정치는 인간의 목적도 아니며 권력은 그 자체가 정의나 자유 위에 군림할 수 없다.

그럼에도 불구하고 어떤 정치이념과 정책을 택하는가가 사회생활의 방향을 결정하기에 이르렀고, 정권이 일부 집단의 목적이 되면서부터 절대 다수의 후진 국가들은 정권 쟁탈의 무대로 변하고 그런 정권의 유지는 수많은 국민을 불행의 소용돌이 속으로 몰아넣고 있다.

국민은 정치의 도구로, 정책은 정권 유지의 방편으로 이용당하고, 국민의 생활은 억압과 통제를 벗어날 길이 없게 된다. 특히 정치를 배경으로 삼는 행정력이 강화되면 국민은 직업이나 직책 관념을 갖는 것이 아니라 권력과 행정의 예속성을 벗어나지 못한다. 공무원이 일을 하는 것이 아니라 심부름을 하는 데 그치며, 권리가 없는 의무만이 부여된 환경에서 일하는 기계 역할을 벗어나지 못한다.

그런 현상이 초래하는 결과도 결국은 인간 소외로 나타난다. 사람들은 자율성과 권리를 갖지 못하고, 무슨 일을 하든지 상부의 지시와 명령에 복종하며, 획일적인 사고와 행동에 제약이 있을 수밖에 없다.

이것이 집단적 성격을 강화하고 개인의 자유와 창조성을 병들게 만든다. 그 결과 인간성은 물론 자아와 개성을 포기하도록 강요당하는 역사로 내달리게 된다.

이런 점들을 생각해 본다면 현대인의 비극은 여러 곳에서 나타나지만, 특히 인간 소외와 자아 상실이라는 비극은 어디에나 도사리고 있다고 할 수 있다. 만일 이상과 같은 현실을 치유하지 않고 내버려둔다면 그 결과는 어떻게 되겠는가. 절대 다수의 사람들은 자신도 모르는 사이에 잘못된 역사의 전철을 되풀이하게 될 것이다.

그러면 기독교는 이런 문제에 대해 어떤 견해와 해결책을 갖고 있는가. 또 그 해결은 가능한 것인가.

기독교는 처음부터 인간 주체와 인간 목적의 정신을 최고의 목표로 삼고 출발했다. 그리스도는 우리의 생명에 대해 "온 천하를 주고도 바꿀 수 없는 하나님의 귀중한 존재"라고 선포하셨다. 인간 목적관이란 추상적인 관념도 아니며, 사회 중심의 개념도 아니다. 중요한 것은 나와 너의 생명이며 한 사람 한 사람의 인격이다. 그 생명과 인격은 언제나 목적은 될 수 있어도 수단이 될 수는 없다는 것이 기독교의 인간 목적관이다.

기독교는 언제 어디서나 경제·정치 메커니즘을 부정하지 않는다. 그러나 그 모든 것이 수단은 될 수 있어도 목적이 될 수는 없다고 가르친다. 이데올로기의 문제도 그렇다. 개인의 양심과 이성의 판단을 짓밟거나 거부하는 주의나 사상은 용납될 수 없다. 어떤 이데올로기도 그것이 인간 목적일 수 있을 때에만 존재 의미를 갖는다. 만일 주의나 사상이 필요하다면 기독교가 용납할 수 있는 것은 휴머니즘에 동조하는 것뿐이다.

기독교는 사랑의 종교이다. 사랑이란 무엇인가. 사랑의 대상은 언제나 인간에게 있다. 다른 모든 것은 인간애를 위한 수단과 방편에 불과하다. 그러므로 진정한 인간 목적의식은 인간애로 승화되지 않을 수 없다. 그리스도는 "내가 너희를 사랑한 것같이 너희도 서로 사랑하라"(요 13:34)고 가르치셨다. 그것은 하나님의 뜻을 따라 네 이웃을 사랑하라는 뜻이다.

만일 우리가 그 정신을 실천할 수 있다면 개인적으로는 자아 상실의 모순에 빠질 리가 없으며, 사회적으로는 인간 소외의 역사적 과오를 넘어설 수가 있다. 내가 진정으로 누군가를 사랑하거나 상대방을 위해 사랑을 베풀 수 있는 동안은 자아 상실이 없다. 인간은 사랑을 통해 자기를 발견하며, 자아의 완성을 이룩하도록 되어 있기 때문이다.

누구도 사랑해 본 적이 없는, 폐쇄적인 이기주의의 노예가 된 사람은 자아를 보존한 선례가 없다. 그리고 사회가 진실로 모든 개체로서의 개인을 위하며 모든 개인이 자기가 소속되어 있는 전체 사회를 진심으로 아끼고 사랑하는 뜻으로 협조하고 봉사한다면 우리는 인간 소외 현상을 많이 줄일 수 있을 것이다. 기독교의 정신이 바로 여기에 있다.

우리의 의식구조와 가치관은 시대에 따라 적지 않은 변천과 발전을 거친다. 19세기에서 20세기로 넘어오면서 많은 것이 달라졌다. 절대주의 사고방식과 가치관이 자취를 감추고 상대주의 의식구조로 발전한 것이 하나의 실례이다. 어떤 철학자는 마르크스주의와 기독교를 제외하고는 모든 가치관이 절대주의에서 상대주의로 변했다고 말했다. 그러한 마르크스주의 자체도 적지 않은 상대성을 띠며 변화를 거듭했다.

또 하나의 변화는 관념적이며 이상주의적인 가치관이 대부분 현실적이고 구체성을 띤 가치관으로 변하고 있다는 사실이다. 그래서 한때는 공자의 교훈이라면 무조건 따라야 한다던 기성세대의 목소리는 사라지고, 공자에게도 잘못은 있으며, 그 시대에는 필요했으나 지금은 수정될 점이 많다는 식으로 바뀌고 있다. 부모의 이상주의나 기성세대의 관념론은 이미 젊은 세대의 정신적 지표는 아니다.

이러한 가치관의 변화 중 가장 뚜렷한 것은 모든 권위의식이 사라지고 있다는 사실이다. 그것은 바꾸어 말하면, 영원한 것도 절대적인 정신적 가치도 없기 때문에 어떤 성격의 권위도 받아들일 필요가 없어졌으며, 어떤 이데올로기에도 권위는 인정될 수 없다는 뜻이다. 인간관계가 상하관계에서 평등관계로 바뀌었으며 모든 것은 상대적 의미와 가치를 갖는 것으로 여겨지고 있다.

아직도 공산주의 사회에서는 19세기적 사고방식을 고수하여 '영웅'이라는 호칭을 즐겨 쓰며, 이데올로기적 권위를 강요하고 있으나 이는 사회의 후진성을 그대로 드러낼 뿐이다. 지금 우리는 권위가 없는 사회를 원하고 있으며, 선한 질서의 확립을 위해 노력하는 시대에 살고 있다.

그런데 왜 기독교만이 계속 절대주의와 권위를 요청하고 있는가. 기독교의 절대주의는 공산주의의 절대성과는 다르다. 공산주의는 모든 사람의 생활, 즉 경제와 정치는 물론 사상까지도 절대성을 강요한다. 그러나 그 어떤 사상과 생활의 틀도 인간을 묶어 놓을 수 없다. 반면 기독교의 절대주의는 그리스도와 하나님이 인간을 구원하시기 때문에 인간인 우리는 그것을 택할 수도 있고 버릴 자유도 있다. 그러므로 공산주의의 절대성과는 논의 자체가 다르다.

권위 문제로 돌아가자. 기독교는 확실히 지금도 어떤 권위를 요청하고 있다. 예수께서 산상수훈을 가르치실 때 제자들은 다른 지도자들의 교훈과 달리 예수의 교훈에는 권위가 있다고 고백했다. 그 뜻은 지금도 계승되고 있다. 우리는 신에 대한 권위와 그리스도에 관한 권위를 여전히 인정하고 있다. 아담과 하와가 선악과를 따먹은 사건은 바로 이러한 권위에 대한 도전과 배격이었기 때문에 문제가 되었다. 예수께서는 다른 모든 죄는 용서받을 수 있으나 성령을 거역하는 죄는 용서받을 수 없다고 말씀하셨다. 그것은 하나의 권위를 인정하는 교훈이다.

그러면 무엇이 그 권위를 가능케 하는가.

김형석 교수의 예수를 믿는다는 것

예수의 제자들은 서기관이나 제사장들을 통해 율법·계명·제도·전통의 교훈을 들어 왔다. 그들은 당시 사람들에게 권위를 강요하기도 했다. 그런데 제자들은 그런 율법이나 전통에 대해서는 권위적인 교훈이라고 느끼지 않았다. 오히려 아무 권위도 요청하지 않는 예수의 조용하고 담담한 교훈에 권위를 느꼈다.

왜냐하면 예수의 가르침은 듣는 사람의 양심과 일치했기 때문이다. 개인에게 양심은 거의 절대적 권위를 가진다. 예수께서는 계명이나 율법을 강요하는 것이 아니라 마음에 지니고 있던 문제를 양심과 일치하는 교훈으로 해결해 주셨다.

지금도 적지 않은 교회의 지도자들이 교리와 교회 전통을 강조한 나머지 양심에 어긋나는 위선이나 양심의 소리와는 다른 가르침을 교인들에게 호소하는 경우가 있다. 현대인들은 그런 교훈과 가르침에 대해서는 권위를 인정하지 않는다. 대화나 설교는 언제나 양심과 일치하는 내용이어야 한다.

양심과의 일치는 이성의 판단을 무시하지 않는다. 양심에 어긋나는 일은 비록 그것이 신앙적 요청이라도 지킬 수 없는 것처럼, 현대 지성인들의 입장에서 반이성 혹은 비이성적인 교훈은 결코 진리로 받아들일 수 없다. 그것은 권위는커녕 진리의 기준에서 어긋나기 때문이다.

그렇다면 예수의 말씀은 어떤 면에서 이성적이고도 권위 있는 교훈이 될 수 있을까? 예수의 가르침은 모두 사리에 어긋나지 않으며 누가 언제 들어도 타당성을 갖는다. 게다가 이성으로 해결할 수 없는 문제들을 이성을 초월한 경건하고 고귀한 인격적 교훈으로 바꾸고, 그 해결책을 제시해 주었다.

모름지기 현대 교회의 지도자들도 지성인들의 문제를 해결할 만큼 권위 있는 가르침을 제시해 주어야 한다. 정치인들이 정치의 방향을 고민하다가 목사의 설교를 듣고 고민을 해결하고, 예술가들이 예술의 의미와 목적으로 방황하다가 신학자의 교훈에서 그 뜻을 얻으며, 젊은이들이 인생의 문제를 안고 고민하다가 교회를 통해 해결책을 얻을 수 있도록 교회가 책임 있게 노력할 때 세상 사람들은 교회의 가르침과 목사의 설교에 권위가 있다고 인정하게 된다.

왜 예수의 가르침에는 권위가 있었는가. 첫째, 예수의 모든 교훈은 언제나 인간의 완성을 그 목적으로 삼고 있기 때문이다. 돈 버는 방법을 가르쳤다면 필요하다고 느꼈을지언정 권위가 있다고 인정하지는 않았을 것이다. 출세 법을 설명했다면 고마워할 사람은 있었을지라도 권위와는 상관없는 가르침이 되었을 것이다.

명예도 마찬가지이다. 그 말을 따르는 사람은 있었을지언정 예수에게 권위는 느끼지 못했을 것이다. 또 예수의 교훈이 공자와 같이 도덕적·윤리적 교훈에 그쳤다면 공감과 감탄을 자아내지는 않았을 것이다. 적어도 현대 사회에서 권위를 느낀다는 것은 철학이나 도덕의 문제는 아니기 때문이다.

예수의 모든 교훈은 처음부터 끝까지 인간을 위한 것이었기에 인간의 존엄성과 권위를 함께 느꼈던 것이다. 사실 우리가 예술가보다 공자를 존경하고 학자보다 석가를 숭앙하며 어떤 도덕학자보다 그리스도를 섬기는 이유가 여기에 있다. 우리 생활에서 언제나 목적이 되는 것은 인간이며, 인간과 인격은 결코 수단이 될 수 없다.

그런데 당시의 율법학자들은 고귀한 인간을 계명·제도·전통, 심지어는 자신의 필요에 따라 만든 교리의 수단으로 삼았기 때문에 사람들은 그 권위를 인정할 수 없었던 것이다. 그러나 예수의 생활과 교훈은 달랐다. 예수께서는 언제나 한 사람 한 사람의 생명과 인격을 천하보다 귀히 여기셨고, 제자들의 생명과 인간성을 모든 것보다 우위에 두셨다. 생명과 인격의 존엄성이 그리스도의 권위가 되었던 것이다.

현대 교회의 지도자들과 교인들이 반성해야 할 중요한 문제가 아닐 수 없다. 하나님과 그리스도의 권위를 실추시키는 장본인은 우리 자신인 경우가 많기 때문이다.

둘째, 예수께서 사랑을 실천하셨기 때문이다. 사랑과 권위의 뜻은 이해하기 어려울지 모른다. 그러나 우리의 일상생활에서 찾아보면 쉽게 이해할 수 있다. 나에게 내 어머니는 거의 절대적 존재이다. 살아 계시는 동안 하루도 빼놓지 않고 나를 사랑했고 위해 주셨다. 내 어머니는 남보다 훌륭하지 못할 수 있다. 나보다 지식도 적고 세상 사람들에게 알려진 바도 없다. 그러나 어머니는 나를 사랑해 주셨기 때문에 존경과 사랑을 받으셨다. 사랑이 곧 권위의 원천인 것이다.

그렇다고 해서 모든 어머니가 다 그런 것은 아니다. 자녀들을 버리고 자신의 즐거움과 행복만을 추구한 어머니라면 그 자녀들은 어머니를 제대로 모실 수 없을 것이다. 낳아 주었어도 사랑의 책임을 거부했기 때문이다.

예수의 교훈이 권위 있게 들렸다는 것은 예수의 교훈과 말씀은 사랑과 자애심으로 가득 차 있었고, 듣는 사람들 하나하나를 진심으로 위해 주었다는 뜻이다. 사랑을 베푸는 사람에게 권위가 있다.

예수의 교훈에는 남다른 두 가지 확신이 있었다. 하나는 모든 인간의 교훈을 하나님의 뜻과 연결해 주었다는 것이고, 다른 하나는 모든 도덕적 말씀이 구원의 가능성과 연결되어 있다는 것이다. 변화와 발전이 거듭되는 역사에서 권위를 느끼는 순간은 그 안에서 영원한 것을 발견했을 때이다. 예수의 교훈 속에는 언제나 영원한 실재로서의 하나님과 그 뜻이 제시되어 있다. 그것을 느끼는 사람은 예수에게서 숨길 수 없는 권위를 확인했을 것이다.

뿐만 아니라 하나님의 뜻과 구원의 소식에는 언제나 거룩함이 전제되어 있다. 죄 많은 인간이 그 앞에서 두려워 떨게 될 정도의 거룩함을 느낀다면 거기에는 분명 권위가 있는 것이다. 다시 말해 구원의 약속을 받은 우리가 느끼는 것은 거룩하신 분에 대한 권위이다.

이렇게 본다면 당시 그리스도의 교훈을 접한 사람들이 그것을 권위 있는 분의 말씀으로 받아들인 것은 지극히 당연한 일이다. 만일 우리에 대한 하나님의 자비와 그리스도의 사랑을 깊이 느끼고, 구원의 소식과 가능성을 확약받는다면 우리도 그것이 권위 있는 분의 약속이라고 생각하지 않을 수 없을 것이다.

문제는 그것을 깨닫고 받아들일 수 있을 정도로 우리의 마음과 영혼이 겸손하고 성실한 갈망의 자세를 갖추고 있는가이다. 마음 밭을 갖추지 못한 사람은 좋은 씨가 떨어져도 열매를 맺을 수 없기 때문이다.

제6부 ─────────────────────────────

은총의
질서 속에서

나는 청소년기를 평양에서 보냈다. 그 당시에는 평양을 한국의 예루살렘이라고 불렀다. 기독교 세력이 가장 컸던 곳이었고, 장로교를 대표하는 평양신학교가 초창기부터 자리잡고 있었다. 그 덕분에 어렸을 때 전국의 교계 지도자들을 얼마든지 대할 수 있었다. 물론 그분들의 설교를 듣는 일이었다. 그중 한 분이 서울에서 목회를 하다 1973년 세상을 떠난 채필근 목사님이다.

그에게서 다음과 같은 이야기를 들은 것이 떠오른다.

그가 옛날 일본 도쿄대학에서 수학하고 있을 때, 일본 학계에 널리 알려진 우이 하쿠쥬(宇井伯壽)라는 불교학자의 집을 방문한 일이 있었다. 집 안에 들어서니 응접실에 신약의 산상수훈이 적힌 액자가 걸려 있었다. 채 목사는 그에게 불교학자이면서 기독교 경전의 문구를 걸어놓은 이유를 물었다. 그는 "어느 종교의 경전이라고 꺼리기에 앞서 그 뜻을 곰곰이 생각해 본다면 이 문구가 얼마나 고귀한 교훈입니까"라고 반문했다. 인간이 다 같이 지켜야 할 가장 귀중한 교훈이었기 때문에 비록 불교학자이지만 예수의 말씀을 걸었다는 얘기였다.

있을 수 있는 일이다. 만일 자신이 불교 신자라든가 기독교 신자라는 선입관을 떠나, 인간답게 살 수 있는 값진 교훈이 무엇인가 묻는다면 산상수훈이 가장 으뜸가는 것으로 꼽힐 만하다.

유감스럽게도 크리스천들 중에서도 산상수훈의 뜻을 깨닫지 못하는 사람이 많다. 대개 크리스천들은 예수의 기적이나 행사에 관심을 쏟은 나머지 그리스도의 교훈을 뒤로 돌리는 경우가 많다. 그것은 어린아이들이 동전은 소중히 여기면서 지폐의 가치는 모르는 것처럼 어리석은 일이다. 그래서 예수께서도 병자를 고치는 일 때문에 말씀 전파에 방해받는 것을 언제나 걱정하시곤 했다.

이렇게 생각하면 초창기의 산상수훈이 얼마나 소중한지는 재론할 필요가 없다. 단, 눈여겨볼 점이 있다. 산상수훈의 대부분이 올바르고 바람직한 대인관계, 즉 인간관계에 대한 교훈이라는 사실이다. 그래서 하나님을 위한 믿음을 지나치게 강조했던 구약 시대의 사람들로서는 이해하기 어려울 정도로 하나님과의 관계보다 인간관계를 비중 있게 취급했다. 그러나 따져 보면 그로 인해 신약적 신앙이 인류의 종교로 확대되고 기독교가 인류의 진리로 탈바꿈하게 된 것이다.

구약에는 지성소라는 곳이 나온다. 하나님의 뜻을 어겨 죄를 지었다면 아무리 택함을 받은 제사장이라도 그곳에서 용서 없이 죽임을 당했다. 그만큼 무서운 신앙적 성역(聖域)이었다. 그런데 신약으로 접어들면서 그 지성소가 자취를 감춘다. 다른 곳은 없어져도 지성소만은 남아야 할 텐데 말이다. 신약에는 새로운 지성소가 나타나는데 바로 우리의 양심과 인격이다. 그래서 예수께서는 "누구든지 나를 믿는 이 작은 자 중 하나를 실족하게 하면 차라리 연자맷돌이 그 목에 달려서 깊은 바다에 빠뜨려지는 것이 나으니라"(마 18:6)라고 말씀하셨다.

사실 냉철히 판단해 보면, 인간이 하나님을 위하거나 사랑한다는 것은 불가능한 일이다. 피조된 미미한 존재로서의 인간이 어떻게 전능자이며 부족함 없는 하나님을 위하고 사랑할 수 있겠는가. 구약 시대의 사람들은 나름대로의 신앙을 그런 식으로 가질 수밖에 없었고, 그것으로 자기 위안과 종교적 특권층의 권익을 보호했던 것이다.

　그런데 예수께서 오셔서 그 모든 위선적인 요소와 참 신앙과 삶에 어긋나는 점들을 크게 수정하셨고 또 올바른 믿음으로 바꾸어 놓으셨다. 인간이 하나님을 위하거나 사랑한다는 것은 우리가 하나님의 뜻을 따라 진정으로 이웃을 사랑하며 그들에게 봉사하는 것이라는 가치관의 전환이었다.

　물은 높은 곳으로 거슬러 올라갈 수 없다. 낮은 곳으로 흘러 내려가면서 모든 생명체에게 생명을 보급해 준다. 낮은 곳으로 흘러간 물이 햇빛을 받아 수증기가 되고 하늘로 올라갔다가 비가 되어 다시 땅으로 내리는 것이 물의 순환 원리이다.

　예수께서도 네 이웃을 네 몸같이 사랑하게 되면 세상 사람들이 너희의 행실을 보고 하나님께 영광을 돌리게 된다고 가르치셨다. 세상 떠나기 전날 밤에도 제자들에게 이렇게 거듭 강조하셨다. "새 계명을 너희에게 주노니 서로 사랑하라 내가 너희를 사랑한 것같이 너희도 서로 사랑하라 너희가 서로 사랑하면 이로써 모든 사람이 너희가 내 제자인 줄 알리라"(요 13:34-35).

　만일 이웃에게는 고통을 주면서 하나님을 사랑한다고 말하는 이가 있다면 그것은 큰 착각이다. 사업주가 자기 수입의 십일조를 헌금하는 일보다 직원들의 월급을 주는 일이 더 중요하다는 사실을 모른다면 신약적 신앙에는 도달할 수 없다.

잠시 생각을 바꾸어 보자. 철학자 칸트는 우리의 인격과 인간됨은 언제 어디서나 목적이 되어야지 수단이 될 수는 없다고 경건하게 주장했다. 야스퍼스도 돈과 경제, 정치와 권력, 과학과 기술은 다른 무엇을 위한 보조적 가치여서 결코 목적이 되면 안 된다고 말했다. 오히려 학문과 진리, 예술과 미, 도덕과 선 등은 목적적 가치가 될 수 있다. 그러나 이 모든 것을 수단으로 삼을 수 있는 최후의 목적적 가치는 오직 인격적 가치뿐이라고 주장한다. 세계 휴머니스트 협회에서도 인간의 올바른 성장을 저해하며 인격을 수단으로 삼는 종교는 배척해야 한다고 강조하고 있다.

만일 우리 가운데 칸트나 야스퍼스는 물론 현대 휴머니즘이 잘못되었다고 생각하는 이가 있다면 뜻있는 지성인들의 비난을 면치 못할 것이다. 반대로 교회가 그들을 배척한다면 현대의 지성 사회는 교회를 멀리하게 될 것이다. 칸트와 야스퍼스가 존경받는 기독교 철학자임을 명심해야 한다.

예수께서는 일찍부터 인간과 역사의 궁극적인 목표와 이념을 알고 계셨기 때문에 구약적 신앙의 잘못된 점을 고쳐 신약적 종교로 바꾸었고 그것은 참다운 인간애의 믿음임을 간파하셨다.

구약 시대의 사람들은 하나님은 100이 되고 인간은 0이 되는 신앙을 생각했다. 그러나 예수께서는 사랑에 의해 하나님도 100이 되고 인간도 100이 되는 신앙을 약속해 주셨다. "하늘에 계신 너희 아버지의 온전하심과 같이 너희도 온전하라"(마 5:48)라는 말씀이 바로 그것이다. 모든 아버지는 자신보다 자녀가 훌륭하게 되길 원한다. 자녀를 사랑하기 때문이다. 하나님은 인간의 완전함과 구원을 위해 사랑을 베푸신다.

우리가 무엇보다도 소중히 여겨야 할 인간의 본분이 있다. 그것은 선하고 아름다운 인간관계를 우리 일상생활과 사회에서 기르는 일이다. 그 일을 소홀히 여기거나 뒷전으로 돌려놓은 채 교회 행사나 일상생활을 반복한다면 우리는 세상 사람들로부터 따돌림당할 우려가 높다. 믿음을 자랑하기 이전에 인간다운 자세를 지키라는 지적을 당할 것이기 때문이다.

두 가지 사건이 기억에 떠오른다.

일요일 오후, 교회에서 집으로 돌아가려고 버스를 탔다. 어느 40대 남자가 뒷좌석 한가운데 앉아 열심히 성경을 읽고 있었다. 옆에 서 있던 노인이 40대 남자가 자리를 조금만 좁혀 앉기를 기대하는 표정으로 서 있었다. 그러면 같이 앉을 수 있었던 것이다. 한참 기다리던 노인은 결국 "미안합니다. 함께 앉으실까요?" 하면서 양해를 구했다. 매우 당연한 요청이었다. 그런데 그 남자의 표정은 마치 '열심히 성경을 읽고 있는데, 왜 방해하는가' 하는 듯했다.

작은 예이지만 성경을 읽는 것보다 옆에 서 있는 사람에게 자리를 나누어 주는 일이 먼저여야 한다. 그것이 그리스도의 정신이다.

한국전쟁 때의 일이다. 당시 장로교가 여러 파로 갈라져 싸움이

김형석 교수의 예수를 믿는다는 것

대단했다. 예배당 한쪽에서 기도를 하면 반대편에서는 찬송을 부르는 것은 예사였다. 심지어 전등을 끄고 양쪽 신도들이 폭력을 휘두르는 싸움을 되풀이하기도 했다. 할 수 없이 경찰이 개입하지 않을 수 없었다. 물론 일부 소수의 교회에 국한된 데다 이미 수십 년 전의 일이다. 제주도에서 이런 일이 벌어졌을 때 법적 처리를 책임진 한 경찰관이 "싸우는 천당보다 한잔 마시고 즐기는 지옥이 낫겠다"고 말한 적도 있었다.

그들은 무엇이 중요한지 몰랐다. 아마 우리가 휴머니스트의 뜻을 빌려 종교가 인간을 위해 있는 것이지 인간이 종교를 위해 있는 것이 아니라는 말을 하면 아직도 의아하게 생각할 사람이 있을 것이다. 그래서 그리스도는 한 사람의 생명(과 인격)은 온 천하를 주고도 바꿀 수 없다고 가르치셨다. 그 말씀을 칸트와 야스퍼스는 인간 목적적 인생관과 철학으로 바꾸었던 것이다. 예수께서 죄인을 구원하시기 위해 왔으니 우리 신앙의 근본은 인간에 대한 봉사에 있어야 할 것이 아닌가.

이런 점을 염두에 둔다면 산상수훈의 대부분이 인간 및 인간관계를 위한 가르침이었다는 사실에 이의를 제기할 사람이 없을 것이다. 다른 종교를 믿는 사람일지라도 이에 반대할 수는 없을 것이다. 우리가 구약 신앙과 이슬람교도들의 정의를 빙자한 복수 신앙을 걱정하는 이유도 여기에 있다.

산상수훈은 이러한 인륜성과 도덕적 책임을 가르치면서도 그것을 포함한 더 깊고 높은 과제를 제시하고 있다. 그것이 신앙의 초윤리성이다. 윤리와 도덕을 포함하면서도 그것을 초월한 신념과 신앙이 필요하다. 그 뿌리가 하나님의 사랑이며 그 열매는 하나님께 영광을 돌리는 일이다.

인간은 모두 본능과 이기심의 노예가 되어 있기 때문에 아무리 이웃을 내 몸과 같이 사랑하고 싶어도 뜻대로 이루어지지 않는다. 또 그 사랑의 실천과 이념이 도덕적인 요청에 그치고 만다면 우리는 생을 엄습해 오는 허무와 무의미함을 극복할 길이 없어진다. 그래서 한때 세계적으로 존경받던 철학자 베르그송은 기독교를 하나님의 뜻대로 그리스도를 본받아 이웃을 사랑하는 사명을 실천하는 종교라고 정의했다. 이웃을 참으로 사랑할 수 있는 근거와 능력을 하나님으로부터 얻으며, 우리를 사랑해 주신 예수의 삶을 모범으로 삼아 이웃을 사랑하는 믿음이 곧 크리스천의 신앙이다.

그리스도와 같이 영원한 봉사와 자기희생에 참여할 수 있는 사람은 윤리적 완성과 종교적 구원을 동시에 이룰 수 있는 참다운 크리스천이다.

누가 우리의 이웃인가

구약을 믿는 이스라엘 사람들은 모든 관심과 충성의 대상이 하나님이었다. 그래서 많은 사람이 하나님이 내려준 율법이나 계명 중

김형석 교수의 예수를 믿는다는 것

에서 으뜸가는 것이 무엇인지 자주 질문했다. 그때마다 예수께서는 모든 정성을 바쳐 하나님을 사랑하고 그와 마찬가지로 이웃을 네 몸과 같이 사랑하라고 대답하셨다.

그 대답을 듣는 이스라엘 사람들은 의아함을 느끼곤 했다. 그들은 "도대체 우리 이웃이 누구인가?" 하고 물었다. 하나님을 사랑하면 되는데 왜 꼭 이웃을 위하라는 교훈을 추가하는지 이해하지 못했기 때문이다. 그들에게 중요한 것은 이웃보다 하나님이라는 생각이 지배적이었던 것이다.

그러나 예수에게 중요한 것은 하나님보다 이웃이었다. 그래서 세상 떠나시기 전에 여러 번 '이웃을 네 몸과 같이 사랑하라 그것이 하나님께 영광을 돌리는 일'이라는 유언 같은 말씀을 남기셨다.

그들이 우리 이웃이 누구냐고 물었을 때, 예수께서는 우리가 잘 아는 유명한 이야기를 비유로 들려주셨다.

"어떤 사람이 예루살렘에서 여리고로 내려가다가 강도를 만나매 강도들이 그 옷을 벗기고 때려 거의 죽은 것을 버리고 갔더라 마침 한 제사장이 그 길로 내려가다가 그를 보고 피하여 지나가고 또 이와 같이 한 레위인도 그곳에 이르러 그를 보고 피하여 지나가되 어떤 사마리아 사람은 여행하는 중 거기 이르러 그를 보고 불쌍히 여겨 가까이 가서 기름과 포도주를 그 상처에 붓고 싸매고 자기 짐승에 태워 주막으로 데리고 가서 돌보아 주니라 그 이튿날 그가 주막 주인에게 데나리온 둘을 내어 주며 이르되 이 사람을 돌보아 주

라 비용이 더 들면 내가 돌아올 때에 갚으리라 하였으니" 눅 10:30-
35

이렇게 말씀하시고 예수께서는 "네 생각에는 이 세 사람 중에 누
가 강도 만난 자의 이웃이 되겠느냐"라고 물으셨다.

이 이야기는 '착한 사마리아인의 비유'라는 이름으로 세간에 널
리 알려져 있다.

강도를 만나 빈사 상태에 빠진 사람을 보고도 그대로 지나가 버
린 제사장은 누구이겠는가. 지금 우리 환경에서 본다면 신부나 목
사 같은 종교 지도자에 해당하는 사람이다. 또 레위 사람이란 이스
라엘 12지파의 하나로 하나님의 사제가 될 수 있는 자격이 있었고
성전에서 봉사하며, 하나님께 백성의 죄를 대속하는 업무를 수행했
다. 이들은 이스라엘 사람들이 바치는 종교세로 생활했다. 그런데
그 역시 죽어가는 사람을 돌보지 않고 피해 지나갔다.

사마리아 사람은 어떤 인물인가. 그 당시 이스라엘 사람들은 사
마리아 지방 사람들과는 상종하지 않았다. 종교적으로 버림받은 지
방의 족속들이며 하나님을 믿을 자격조차 없다고 정죄해 버린 천민
들이었다. 그래서 구약인들은 사마리아 지방을 통과하지도 않았고
그들과는 일체의 관계를 끊고 살았다. 요즘으로 치면 교회에 나올
자격조차도 없으며 신앙적 위치에서 본다면 이미 버림받은 처지의
사람이었다. 그런데 그 사마리아 사람이 강도 만난 사람을 죽음에
서 구해준 것이다.

김형석 교수의 예수를 믿는다는 것

왜 예수는 이런 대조적인 비교를 비유로 말씀하셨을까?

예수의 생애와 교훈을 전체적으로 이해한다면 이런 혁명적인 이야기는 당연한 것이었다. 바로 그 인간애의 정신 덕분에 오늘날에도 기독교가 현대인들에게 의미를 갖는 것이다. 기독교의 존재 근거가 인간애의 정신에 있기 때문이다.

우리는 성직자가 되어 설교하고 신학을 연구하여 가르치는 일이 무엇보다도 중요하다고 생각한다. 큰 예배당을 짓고 많은 수가 모여 예배를 드리며 십일조를 거두어 물질적으로 부한 교회가 되면 좋은 것이라고 자족해 왔다. 계절에 따라 큰 행사를 벌이고 기독교의 위세를 과시하면 그것이 하나님께 영광이 되는 일이라고 안이하게 믿어 왔다.

그러나 예수의 뜻은 그런 것에 있지 않다. 예수의 이 비유는 사회악 때문에 비참하고 고뇌에 찬 생애를 보내는 사람들, 역사의 죄악 때문에 희생 제물이 된 많은 이웃이 있는데도 그들을 돕거나 위로하는 일은 외면한 채 교회주의에 빠져 큰 행사만 벌이는 것이 무슨 의미가 있는지 돌아보라고 요구한다. 하나님은 그런 인간적인 행사를 즐거워할 분이 아니시다. 성스러운 구원의 의무를 회피하면서 종교로 출세하고 명예를 얻는 일이 하나님께 무슨 영광이 되겠는가. 그런 일은 하지 않아도 좋으니 버림받은 이웃을 챙기는 것이 급선무임을 강조한 교훈이다.

'착한 사마리아인'의 이야기가 담고 있는 뜻은 무엇일까?

첫째, 기독교는 인간애의 종교라는 사실이다. 물론 구약 시대 사람들도 인간애를 부정한 것은 아니다. 그러나 그들은 하나님이 첫 번째이고 종교 지도자가 두 번째이며 일반인은 세 번째라고 생각했다. 하나님을 위해서는 인간을 희생시킬 수도 있으며, 종교 행사나 계명은 율법보다 우위에 있다고 믿었다. 지금으로 말하면, 하나님이 먼저이고 교회가 그다음이며 인간은 그 뒤의 순서를 차지한다고 생각했다. 예수는 그 순서를 바꾸어 놓으셨다. 인간이 먼저이고 종교는 인간을 위해 존재한다는 뜻이다.

어떤 사람들은 종교와 기독교가 주제로 삼는 것은 인간의 영혼이라고 생각한다. 육체는 영혼을 담는 그릇이기 때문에 가치가 없으며 우리는 그 영혼만 중요시하면 된다고 착각한다. 그러나 그 논리는 인간의 육체만 중시하는 것만큼이나 잘못이다.

인간이란 무엇인가. 육체와 영혼을 아울러 가진 생명체이자 인격체이다. 하나님은 그런 인간을 사랑하신다. 생명과 인격을 소홀히 하거나 소중히 여길 수 없으면서 이웃을 사랑하는 일은 불가능하며 참다운 신앙도 이루어질 수 없다.

그럼에도 불구하고 교회사를 살펴보면 교리와 교회를 이웃의 생명과 인격보다 더 소중히 여긴 사례를 수없이 많이 발견할 수 있다. 장로교의 창설자인 장 칼뱅도 정통 기독교 신학을 거부하고 이단 사상에 치우친 친구 신학자의 화형을 동조했을 정도이다. 다만 그는 인간적인 방법으로 참수할 것을 요청했다. 칼뱅과 같은 위대한 신학자도 그렇게 기초적인 과오를 범했을 정도라면 좁은 의미의 교회주의나 교리주의의 노예가 되었을 때의 비극은 얼마나 더 심했겠는가.

그래서 수많은 종교전쟁이 일어났고, 그 결과는 하나님의 뜻에 어긋났을 뿐 아니라 인도주의적 입장에서도 용납될 수 없는 과오와 비극을 낳았다. 우리는 그런 전철을 밟지 말아야 한다.

둘째, 인간애를 실천하는 데는 정해진 순서가 없다는 사실이다. 예수께서 즐겨 사용한 개념은 이웃이다. 이웃이란 우리 가까이 살고 있는 사람이다. 추상적인 존재가 아니라 옆집에 사는 김 서방과 박 아무개가 여기에 속한다. 그렇다고 해서 교회에 나오는 사람이 먼저이고 믿지 않는 사람은 그다음이라는 말은 아니다. 기독교인은 우선권이 있고 다른 종교를 믿는 사람은 먼 이웃이 될 수도 있다는 뜻이 아니다. 이웃을 친소 관계에 따라 나누라는 뜻이 아니라 가까운 사람에서부터 먼 사람에 이르기까지 사랑을 베풀면서 살라는 뜻이다.

아마 강도 만난 사람이 제사장이었다면 지나가던 제사장은 그를 버리고 가지 않았을 것이다. 또 그가 레위 족속이었다면 레위인도 그를 도와주었을지 모른다. 그런데 사마리아인은 상대가 누구인지 묻지 않았다. 불행과 고통을 겪는 버림받은 사람이었기에 무조건 도운 것이다.

우리도 마찬가지이다. 사랑이 필요한 순서는 내가 결정하는 것이 아니라 상대방이 얼마나 사랑을 필요로 하는가에 달려 있다. 그가 국적이 다를 수도 있고, 이데올로기의 차이가 있을 수도 있다. 때로는 나와 적대 관계에 있을 수도 있다. 그러나 상대방이 누구보다도 나의 도움과 사랑을 필요로 한다면 나는 그를 우선 도울 수 있어야 한다.

모든 의사는 처음 의사가 될 때 히포크라테스 선서를 한다. 그것은 어떤 압력과 역경에 처하더라도 환자의 생명을 최우선으로 돌봐준다는 서약이다. 적십자 운동도 전쟁 때 아군과 적군의 구별 없이 환자가 발생하면 치료하도록 되어 있다. 그런데 크리스천들이 이웃을 사랑한다면서 순서와 절차를 앞세운다면 휴머니즘의 뜻을 사모하는 의사보다 나은 것이 무엇이겠는가. 의사가 중한 환자를 먼저 치료하듯이 우리도 사랑을 시급히 요하는 사람을 먼저 도와야 할 것이다.

그렇게 생각한다면 경제적 빈곤에 허덕이는 사람들, 인간의 존엄한 권리를 박탈당한 사람들, 잘못된 역사악과 사회악의 제물이 된 사람들을 외면하는 크리스천이나 교회가 되어서는 안 된다. 개인은 개인대로 사랑을 베풀고, 사회는 사회대로 사랑을 베풀 수 있도록 선한 의무를 다해야 한다.

예수의 이야기는 또 하나의 뜻을 포함하고 있다. 사마리아 사람은 강도 만난 사람을 현장에서 여관까지 나귀에 태워 데리고 갔고, 모든 비용을 부담하면서 치료를 부탁했다. 그러고는 만일 비용이 모자라면 돌아올 때 갚을 테니 그 사람이 완쾌될 때까지 돌봐달라고 당부했다.

그 당시 제사장은 하나님의 뜻을 전달하는 사람이고, 서기관이나 바리새파 사람들은 백성에게 율법을 가르치는 사람이다. 그러나 멸

시받던 사마리아 사람은 그런 직책이 없어도 사랑을 실천하면서 끝까지 책임졌다. 오늘날의 종교계도 비슷하다. 종교는 설교와 교리가 중요하기 때문에 말이 많다. 말을 하다 보면 말에서 말로 끝나는 경우가 생기고 설교의 경쟁 풍토를 만들기 쉽다. 그래서 예수께서는 말보다 실천을 강조하셨다. 야고보도 "행함이 없는 믿음은 그 자체가 죽은 것이라"(약 2:17)고 경고했다. 믿음은 삶의 내용이며 삶은 실천인 것이다.

바로 사마리아 사람이 묵묵히 사랑을 실천한 대표자였다. 오늘날 우리 주변에도 사랑을 실천하는 사람들이 많다. 사회생활을 하면서 불행과 고통에 빠져 있는 이웃을 도와주는 사람들이다. 교회 안에 있으면서 이웃을 사랑할 줄 모르는 사람이 있는 반면, 교회 밖에 있으면서 이웃을 위해 정성을 쏟는 정치인, 경제인, 문화인, 교육자들이 얼마든지 있다. 그들은 스스로를 제사장이나 레위인이라고 생각지 않는다. 대신 사마리아 사람처럼 사랑을 실천하는 사람들이다. 크리스천들이 개인적인 사랑에 자족하고 있을 때 사회적으로 그리스도의 뜻을 용기 있게 실천하는 사람들이다.

그렇다면 우리는 세 사람 중 어떤 사람처럼 되어야 할까.

기독교는 기도의 종교이다. 유교는 엄밀한 의미에서 종교는 아니다. 그들에게는 기도가 없기 때문에 성실한 노력을 가르친다. 불교에도 기도는 없다. 그들은 기도 대신 선(禪)을 중요하게 여긴다. 선은 자아에 깊이 침잠해 참다운 깨달음을 얻는 수행법이다.

그러므로 기독교 안에 기도가 없다면 기독교는 참다운 종교가 될 수 없으며, 기도를 외면한 크리스천은 진정한 교인일 수 없다. 깊은 기도를 경험한 사람은 기도를 마치 사랑하는 아버지와의 대화처럼 느낀다. 크리스천들이 기도를 모르는 다른 종교인들을 부모 없는 고아처럼 생각하는 데는 이유가 있다. 고아는 아버지의 사랑을 체험하지 못했기 때문에, "아버지는 나를 자기 생명보다 더 사랑하고 소중히 여긴다"고 말하면 그 뜻을 이해하지 못한다. 짐작한다고 하더라도 아버지의 사랑 속에 사는 것이 어떤 것인지 알 길이 없다.

크리스천들이 기도를 한다는 것은 사랑의 아버지와 대화를 나누며 아버지와 사랑이 가득한 삶을 함께한다는 뜻이다. 그래서 기독교는 기도의 종교라고 말하는 것이다. 예수께서도 바쁜 일과를 할애해 기도드리는 시간을 따로 만드셨고, 성인 프란체스코도 평생을 기도 속에서 살았다.

안타까운 것은 예전은 물론 지금도 기도다운 기도를 드리는 사람이 매우 드물다는 사실이다. 오히려 인간적 욕구로 가득찬 기도가 기도다운 기도를 드리지 못하는 원인이 되고 있다.

기도는 하나님과 나와의 관계에서 이루어진다. 그런데 하나님의 뜻은 아랑곳하지 않고 나의 기도만을 드리는 데 잘못이 있다. 하나님보다 함께 사는 인간들에게 나타내려다 보니 참다운 기도를 외면하는 경우가 많다.

나약한 존재인 인간은 모두 자기 희망을 가지고 산다. 그렇다고 해서 무당을 불러 복을 받겠다는 식의 기도나 물질을 바치고 그 대가로 복을 받겠다는 식의 기도는 하나님의 뜻을 모르는 자기 욕망의 충족을 위한 기도이다. 예수께서도 인간의 욕망과 성향을 잘 아셨기 때문에 기도다운 기도, 즉 하나님의 의와 나라를 구하는 기도를 드리면 그 밖의 것은 하나님 아버지께서 알아서 더해 주신다고 쉽게 설명해 주셨다. "너희는 먼저 그의 나라와 그의 의를 구하라 그리하면 이 모든 것을 너희에게 더하시리라"(마 6:33).

만일, 손님을 돈 벌기 위한 수단으로 삼거나 물건 값을 더 받으려 흥정하면서 부자가 되게 해달라고 기도를 드린다든지, 장사가 잘되어 감사하다는 기도를 드리는 사람이 있다면 그는 하나님의 뜻을 거스르면서 자기 욕심을 기도를 통해 채우려는 잘못을 저지르는 것이다. 그런 사람은 아직 기도를 드릴 자격이 없다고 보아야 맞다. 미신적인 신앙을 기독교로 끌어들이는 과오를 범할 수도 있다.

오히려 정직하게 매매하고 손님에게 필요한 것을 제공한다는 마음을 가지고 장사해야 한다. 장사를 통해 삶의 참 행복을 찾고, 찾아오는 손님의 요구를 만족시키려는 서비스 정신을 앞세워야 한다. 그런 다음에 장사가 잘되기를 기도한다면 그런 기도는 하나님께서

받으실 것이고 기도다운 기도가 될 것이다.

또 어떤 사람들은 자기의 불우한 처지나 괴로운 인간관계를 해소하기 위해 기도를 이용하는 경우가 있다. 부부싸움을 하고 집을 나와 갈 곳이 없으니까 기도로 하소연한다든지 울분을 참을 길이 없어 하나님께 호소하는 등의 기도는 역시 기도다운 기도가 못 된다. 사람 앞에서도 삼가야 할 태도를 기도 시간에 드러낸다는 것은 있을 수 없다.

그러나 이보다 더 곤란한 기도가 있다. 오랜 세월을 교회생활에 바치다 보면 기도가 습관이 되고, 그 기도의 내용이 하나님보다 인간에게 보이기 위한 기도로 변질되는 경우이다. 그래서 '오늘 목사님의 기도는 나 들으라고 한 기도'라고 판단하는 장로가 있는가 하면, '내가 누구보다 훌륭한 기도를 드린다'고 자랑스럽게 말하는 사람도 있다. 또 언제나 똑같은 기도를 회중 앞에서 반복하기 때문에 내용보다 기도를 위한 기도를 하는 행사 중심의 기도가 되는 때도 있다. 그래서 예수께서도 사람에게 보이기 위한 기도는 삼가야 하며 필요 없는 말이나 수식어는 참다운 기도를 해치게 된다고 충고하셨다. 기도가 예배 순서에 있는 행사의 하나로, 즉 형식적인 기도로 그친다면 더욱 잘못이다.

어떤 사람들은 기도를 위한 기도를 강조한 나머지, 다른 사람이나 교우들에게 기도의 계획을 세우며, 철야기도나 산중 또는 기도원에서의 기도 주간을 강조하기도 한다. 물론 가능한 일이며 중요한 행사인 것도 맞다. 그러나 기도를 행사화하는 일은 삼가야 한다.

기도를 드릴 수 있는 기회를 마련해 주는 것은 좋지만 기도를 위한 기도의 습성과 형식은 재고하는 것이 좋다. 철야라는 행사에 붙잡혀 진정한 기도를 멀리해도 안 되며, 정해진 기간을 채우기 위해 억지 기도를 드리는 일은 권할 만한 것이 못된다.

기도의 목적은 기도에 있는 것이 아니다. 영성이 충만한 가운데 하나님과 대화를 나누며 그 대화를 통해 우리의 신앙적 삶을 향상시키기 위해 기도가 필요한 것이다. 하나님의 뜻을 깨닫고 그것이 마음에 채워질 수 있다면 조용히 짧게 드리는 기도가 더 바람직할 수도 있다. 사도 바울은 항상 기도하라고 가르쳤다. 그것은 24시간 기도만 하라는 뜻이 아니다. 무슨 일을 하든 언제나 기도드리는 마음과 자세로 하라는 뜻이다. 예수께서도 그 뜻을 여러 번 암시해 주셨다.

그러면 어떤 기도를 어떻게 드리는 것이 좋은가.

기도는 자신의 마음과 정성과 전 인격을 묶어 소중한 뜻을 하나님께 아뢰고 하나님의 뜻을 얻어 그 뜻대로 살려는 진심에서 드리는 것이다. 그러므로 대개의 경우는 혼자 조용한 가운데 드리는 것으로 충분하다. 교회 회중 앞에서가 아니라면 혼자 조용히 드리는 것이 바람직하다.

만일 가족이나 친구들과 함께 기도를 드린다면, 공통된 내용과 간구가 기도의 주제가 될 것이다. 그래서 혼자 드리는 기도보다 더 구체적이고 깊은 내용의 기도가 될 수 있다. 두세 사람이 모이는 곳에 내가 같이하겠다고 말씀하신 예수의 마음을 짐작할 수 있다.

기도 시간이 얼마냐는 중요하지 않다. 사실 기도다운 기도를 드리는 사람은 자신의 기도가 긴지 짧은지 생각하지 못한다. 기도에 열중하다 보면 길어질 수도 짧아질 수도 있다. 문제는 기도 내용이 얼마나 진실한지에 달렸다. 만일 아버지가 "이전부터 네 소망이 뭔지 알고 있었어"라고 말하면 더 이상 아뢸 필요가 없듯이, 하나님께 드리는 기도도 시간보다는 정성을 다해 드리는 것이 중요하다. 사실 예수께서 가르쳐 주신 기도는 지나치게 짧은 듯 느껴진다.

그렇다고 해서 교회에서 드리는 공중 기도도 그렇게 해야 한다는 것은 아니다. 함께 기도드리는 사람들의 정성과 뜻을 대신한 공중 기도는 하나님께서 기뻐하실 내용으로, 그리고 가장 적절한 길이로 드리도록 해야 한다. 회중이 지루하게 느낄 정도로 판에 박힌 내용의 기도는 참된 기도로 수정되어야 한다.

기도, 하나님과 함께하는 삶의 시작점

우리 중에 참 신앙이 무엇이며 또 기도가 어떤 것인가를 깨달은 사람이라면 다음과 같은 기도의 몇 가지 공통점을 인정할 수 있을 것이다.

기도는 나와 하나님과의 사이를 연결 짓는 실오라기와 비슷하다. 한두 줄일 때는 아주 쉽게 끊어진다. 그러나 그 줄이 100이 되고

1000이 되면 누구도 그 줄을 끊을 수 없다. 기도도 마찬가지이다. 처음에 드리는 한두 번의 기도는 대수롭게 여겨지지 않는다. 그러나 기도가 생활이 되고 생활이 기도가 되면 나와 하나님과의 사이는 누구도 끊을 수 없는 생활의 유대가 된다. 그래서 기도는 실천이다. 상상도 아니고 명상도 아니다. 아버지를 상상만 하는 것은 고아가 하는 일이다. 기도는 아버지와 내 삶의 공통성을 뜻하기 때문에 먼저 기도를 드리는 일이 중요하다.

기도를 경험한 사람은 최소한 아침에 일어나 하루 일과를 시작하기 전과 끝낸 뒤 잠들기 전에는 꼭 기도를 드리고 싶어지며 또 드리게 마련이다. 그래서 매일매일의 생활이 기도로 시작하고 기도로 끝나게 된다. 그리고 하루에 한 번쯤 조용히 기도드리는 시간을 갖고 싶어지고 또 갖게 되는 것이 보통이다. 그것은 아침저녁으로 아버지께 안부를 묻고 싶고, 하루에 한 번쯤은 대화를 하고 싶은 상정(常情)과 큰 차이가 없다. 또 시간을 들여 기도할 수 있는 것은 하나님이 우리에게 베푸시는 축복이기도 하다.

그 이상의 기도는 우리의 믿음과 생활에 따라 저마다 달라질 수 있다. 어느 때는 특별한 목적을 세우고 기도를 드리기도 하고, 어느 때는 가정과 국가의 어려움을 고백하며 남모르게 눈물로 기도를 드리기도 한다. 조국의 광복을 위해 수십 년 동안 기도를 드린 사람들도 많다. 어린 자녀들이 하나님의 은총을 받아 사회에 봉사하는 일꾼이 되고 복음을 증거하는 사람으로 자라기를 기도하는 부모도 얼마든지 있다.

일본 구세군 중장 야마무로 군페이(山室軍平)는 크리스천이 되기를 바라는 사람들의 이름을 하나하나 적어 놓고는 그들이 크리스천이 될 때까지 기도를 계속했다고 한다. 그러다가 그들이 신도가 되면 감사기도를 드리면서 그 명단에서 이름을 지우곤 했다.

어느 때는 기도를 통해 놀라운 체험을 하기도 한다. 하나님께서 우리가 기도할 수 있도록 이끌어 주시고 그 기도에 응답해 주시는 체험이다. 나는 내 아들을 위해 기도를 드리지 못하고 있었다. 그런데 하나님이 기도를 드릴 수 있게 계기를 만들어 주시고는 그 기도에 응답까지 주셨다.

내 친구 한 사람은 자기 직장을 위해 기도할 시간을 갖지 못했다. 직장은 월급을 받기 위한 곳 이상도 이하도 아니라고 생각했기 때문이다. 그런데 어떤 어려운 고비를 넘기면서 직장을 위해 기도하기 시작했고 지금은 그 직장에서 중책을 맡고 있다. 기도를 드릴 만큼 그 직장을 소중히 여기고 직장에서 하나님의 뜻을 찾다보니 직장의 중심인물이 되었던 것이다. 그것은 어쩌면 당연한 일이기도 하다. 그것은 마치 자녀들의 마음을 움직여 더 많은 것을 주시려고 하는 부모의 마음과 다름이 없다.

어린 시절 나와 함께 이북에서 자란 친구가 나에게 "휴전선이 없어지고 고향으로 돌아갈 수 있다면 제일 먼저 찾고 싶은 곳이 어디냐"고 물은 적이 있다. 나는 "어색하게 들릴지 모르지만, 내가 처음 예수를 믿기 시작한 뒤, 자주 기도를 드리던 소나무 아래 바위를 찾아가 옛날처럼 기도를 드리고 싶다"고 대답했다.

김형석 교수의 예수를 믿는다는 것

지금 생각해 보면 그때 내가 드린 기도를 나 자신은 잊고 있었어도 하나님은 그 기도의 뜻을 이루어 주셨고 지금도 그 약속을 지켜주심을 새삼 깨닫게 된다. 나보다 더 귀중한 것은 나의 삶을 주관하시는 하나님의 뜻과 약속임을 믿기 때문이다. 결국 크리스천이 된다는 것은 기도를 통해 내 삶을 하나님과 함께하는 일이다.

기도 중의 기도, '주의 기도'

일본 도쿄대학에 쾨베르라는 독일 출신의 철학 교수가 객원교수로 머문 적이 있다. 어느 날 제자들이 그에게 "교수님도 기도를 드립니까?"라고 물었다.

그는 "그렇다"고 대답했다. 다시 제자들이 "어떤 기도를 드리시나요?"라고 물었더니 쾨베르 교수는 "최근에는 주의 기도 외에는 다른 기도를 드리는 일은 별로 없다"고 대답했다.

의아하게 생각한 제자들이 그 이유를 물었다. 그는 "내가 아무리 좋은 기도를 드린다고 해도 주의 기도 이상의 기도를 드릴 수 없기 때문이다"라고 대답했다. 그 기도는 너무 짧지 않느냐는 질문에 그는 "그 두 번째 기도인 '나라가 임하시오며 뜻이 하늘에서 이루어진 것같이 땅에서도 이루어지이다'라는 기도 하나도 감당하기 어려운 기도라고 생각한다"고 덧붙였다.

제6부 은총의 질서 속에서

한국전쟁 때의 일이다. 전쟁이 벌어진 뒤 3개월 후에, 국군과 유엔군이 서울을 탈환했다. 그때 지휘관이었던 맥아더 장군은 당시 대통령인 이승만 박사에게 탈환한 수도 서울의 통치권을 이양하는 수도환도식에서 비교적 긴 메시지를 남겼다. 그리고 메시지 끝에 인간으로서 드릴 수 있는 가장 겸허한 기도인 주의 기도를 다함께 드리자고 말했다. 그는 군 장교로서 행했던 모든 연설의 마지막을 주의 기도로 장식하곤 했다. 맥아더 장군은 취침 전에 항상 주기도문을 드린 인물로 유명하다.

위에 소개한 두 사람의 입장을 생각해 보면 습관적으로 주의 기도를 반복하는 교회 지도자들이나 신도들이 주의 기도의 가치를 소홀히 여기고 있는 것은 아닐까 돌아보게 된다.

만일 우리가 주의 기도의 깊은 의미를 알게 된다면, 이 기도를 가르쳐 준 분이야말로 하나님의 아들이며, 이 기도야말로 인간이 드릴 수 있는 최고의 기도임을 깨닫게 될 것이다. 누가 주의 기도 이상의 기도를 드릴 수 있겠는가. 우리가 임종을 맞이했을 때 5분간의 여유를 얻을 수 있다면 이 기도를 드리고 눈을 감고 싶을 정도로 이 기도에는 인간의 모든 정성과 간구가 들어 있다.

나는 시편 23편의 다윗의 기도를 애송하는 사람 중 하나이다. 내용이 애절할 뿐만 아니라 그만큼 풍부한 경험에서 나온 기도가 별로 없는 것으로 안다. 그러나 그것은 한 인간이자 임금으로서의 기도이다. 그러나 주의 기도는 인간의 모든 뜻과 생각과 소망을 담아낸 기도이자 인간을 대신하는 예수의 기도이다. 그러기에 우리가

김형석 교수의 예수를 믿는다는 것

드릴 수 있는 최상의 기도인 셈이다.

나 자신도 최근에는 개인적인 기도 대신에 주의 기도를 드리는 때가 자주 있다. 그리고 여러 번 되풀이해 드려도 그 깊은 뜻을 다 헤아릴 수 없음을 실감하게 된다. 주의 기도를 드릴 때마다 인간이 조물주에게 드릴 수 있는 유일하고도 최상의 기도임을 고백하고 싶어진다.

그런데 교회에서는 그것을 기도로 드리지 않고, 암송하는 형식에 치우치는 감이 없지 않다. 실제적인 기도를 드릴 수 있도록 새롭게 번역하고 다듬어 누구나 활용할 수 있는 기도문으로 다시 정리됐으면 하는 바람이 있다. 나는 나름대로 다음과 같이 기도를 드리고 있다.

"하늘에 계신 우리 아버지,

이름이 거룩히 여김을 받으시오며

나라가 임하옵시며

뜻이 하늘에서 이루어진 것같이 땅에서도 이루어지이다.

오늘도 우리에게 일용할 양식을 주옵소서.

우리가 우리에게 죄지은 자를 용서하여 준 것같이 우리의 죄를 용서하여 주옵소서.

우리를 시험에 들지 말게 하옵시며,

다만 악에서 구하옵소서.

나라와 권세와 영광이 아버지께 영원히 있사옵나이다. 아멘."

물론 이것이 완전한 번역은 아니다. 우리가 드릴 수 있는 기도의 형태로 다듬고 지금까지 교회에서 사용한 내용을 따른 것이다. 나와 뜻을 같이하는 적지 않은 사람들이 주의 기도를 정성껏 드리고 있음을 기쁘게 생각한다. 하나님께 기도다운 기도를 드리고 싶은 심정에서 나온 결과이다.

주의 기도는 "하늘에 계신 우리 아버지여"라는 부름으로 시작한다. 하늘에 계시다는 말은 물리적인 어떤 공간을 지칭하는 것은 아니다. 인간은 모두 땅에 있지만 하나님은 인간과 인간 세계를 초월한 실재이심을 가리키는 말이다. 생명은 물질과 더불어 있어도 질적으로 물질을 초월하며, 이성과 정신은 생명체와 더불어 있어도 생명을 지배하듯이, 하나님은 인간과 사랑의 관계를 맺고 있어도 우리를 초월해 계신다. 예수는 그것을 많은 사람이 사용해 온 대로 쉽게 하늘에 계신 분이라고 부른 것이다.

노자(老子)는 도(道)를 이름 지을 수가 없기 때문에 하나(一)라고 했고 큼(大)이라고도 불렀다. 그러나 우리는 하나님에 대해 철학적 해석을 첨가할 필요가 없다. 우리를 사랑하시지만 인간 세계를 질적으로 초월해 계시는 아버지가 곧 우리의 기도 대상이라고 가르쳐 주셨다.

왜 그 초월적 실재를 '아버지'라고 불렀을까. 옛날부터 철학자들은 유일자, 영원자, 만물의 근원, 우주의 실체 등의 대명사를 써 왔다. 그러므로 그것이 종교적 성격을 띨 때 범신론(汎神論)이나 자연신 또는 이신론(理神論)으로 불리곤 했다. 그러나 기독교의 신관은 이와 다르다. 기독교는 어디까지나 기도와 믿음의 대상이 되는 하나님을 인격적 초월자로 믿고 있다. 우리가 인격적 존재이기 때문에 인격신을 생각한 것이 아니다. 인간을 사랑의 관계로 맺어 주신 분으로 받아들였기 때문이다.

이때 사랑의 전능자, 사랑의 초월자를 예수께서는 '아버지'라고 부르신 것이다. 그리고 우리 모두에게 하나님을 아버지라고 부를 수 있는 길을 열어 주셨다. 어떤 면에서는 특권을 주신 것이다. 지금 우리가 마음과 정성과 인격 모두를 묶어 엄숙하게 하나님을 '아버지'라고 부른다면 그것으로 이미 기도는 끝났을지도 모른다. 그것은 아버지를 찾아 헤매던 고아가 진짜 아버지를 만났을 때 부를 수 있는 이름이 '아버지' 하나로 족한 것과 마찬가지이다. 그런 심정으로 우리는 "하늘에 계신 우리 아버지"라고 부르는 것이다.

주의 기도 안에 나오는 1인칭은 '나'가 아니라 '우리'로 되어 있다. '나' 속에는 '우리'가 없어도 '우리' 속에는 내가 들어 있다. 그리고 우리의 범위가 확대되면 인류 전체에 미칠 수 있다. 그래서 이 기도 속에는 나와 우리와 온 인류의 기도가 포함되어 있는 것이다. 예수께서 이 기도를 직접 가르치실 때 '우리 아버지'라고 부르신 것도 우리 한 사람 한 사람과 뜻을 함께하는 여럿과 또 온 인류를 대신해서 부른 기도였기 때문일 것이다.

주의 기도에서 "이름이 거룩히 여김을 받으시오며"가 첫 번째 기도로 등장한다. 하나님은 이름을 가진 분이 아니다. 많은 철학자도 절대자는 이름을 붙일 수 없는 실재라고 말했다. 그러면 이때의 이름은 무엇인가. 쉽게 표현해서 하나님의 본성(本性)을 가리킨 것 같다. 우리가 어떤 사람의 이름을 부르는 것은 그 사람의 개성, 인격, 의도 등을 포함한 그의 사람됨을 가리킨다. 하나님의 이름은 가장 하나님다운 본성을 표현하는 뜻일 것이다.

거룩함이라는 말은 언제나 종교적 가치의 대명사이다. 가치철학자 빈델반트는 이성과 진리, 자유와 선, 예술과 미의 가치를 전부 포함하면서 초월한 것이 성(聖)의 종교적 가치라고 주장했다. 우리가 상식으로 받아들이고 있는 생각이다.

거룩함은 세속을 떠난 무죄와 무오를 뜻하며 우리를 성별(聖別)할 수 있는 신앙적 성력(聖力)을 가리킨다. 그래서 예수는 "이 돌 위에 떨어지는 자는 깨어지겠고 이 돌이 사람 위에 떨어지면 그를 가루로 만들어 흩으리라"(눅 20:18)는 표현을 쓰셨다. 돌은 예수 자신을 가리키며 그것은 거룩함의 능력을 포함한 개념이다.

그러면 "이름이 거룩히 여김을 받으시오며"라는 기도는 무슨 뜻인가.

'부족하고 죄 많은 우리의 생각, 행동, 생활을 통해 오늘도 하나님의 거룩하심이 온누리와 인간 위에 나타나며 이웃과 인류가 그 거룩함에 참여할 수 있도록 우리를 이끌어 주옵소서. 그래서 더 큰 영광을 받으시며 우리의 삶과 사회와 역사 전체를 하나님의 것으로 삼으소서'라는 기원이다.

'성스럽고 영원한 하나님의 뜻이 아무것도 아닌 저희의 시간과 삶을 통해서 성취되게 하소서'라는 기도를 드린다면 이 기도 하나로도 충분할 것이다. 죄 없는 세상이 이루어지며 하나님의 거룩하심으로 가득 차는 역사가 이루어지기를 바라는 기도이다.

"나라가 임하시오며"가 두 번째 기도이다. 여기서 나라는 하나님 나라이다. 그 나라가 우리가 살고 있는 이 땅 위에 성취되기를 원하는 기도이다. 인간이 만든 나라는 언제나 불완전하고, 종교적 심판을 받는다면 버림당하는 처벌이 내려질 만큼 죄악으로 가득차 있는 곳이다. 핵무기로 무장하고도 군비를 확장하고 있으며, 혁명과 전쟁이 그치지 않고 있다. 자유는 박탈당하고 참다운 평화는 어디에서도 찾을 길이 없다. 지금은 누구도 마르크스주의가 우리를 구해 주리라고는 생각지 않는다. 그렇다고 해서 민주주의가 우리에게 영구한 희망을 약속해 준다고도 믿지 않는다. 사회와 역사는 우리의 선택과 노력으로는 해결될 수 없고 어떤 죄악의 과정을 밟고 있는 것처럼 느껴진다.

이처럼 희망과 용기, 신념과 자신을 잃고 사는 이 세상에 하나님의 나라가 성취되기를 원하는 것이 우리의 기도이자 소망이다. 또 나라가 이루어지기 위해 모든 정성과 노력을 바치며 사는 것이 신도들의 하루하루이다.

그래서 우리는, "오늘도 우리의 부족하고 작은 정성과 노력이 하나님의 나라를 이 땅 위에 성취하는 데 이바지하게 도우소서"라는 기도를 드리면서 가정을 돌보고 직장에서 일하며 사회와 역사 속에서 삶을 꾸려 가는 것이다. 기도는 그 자체가 생활이며 생활은 우리의 선택과 노력에서 채워지기 때문이다.

우리는 나라를 사랑한다는 말을 자주 한다. 그러나 참다운 애국심은 그 누구도 모르면서 살기 쉽다. 히틀러도 애국심이라는 미명 아래 엄청난 역사적 범죄를 저질렀다. 일본도 애국심이라는 슬로건을 내세우며 헤아릴 수 없는 비극과 살육을 감행했다. 오히려 그들의 잘못된 애국심이 없었다면 우리는 좀 더 선한 사회와 역사를 건설할 수 있었을 것이다.

변화하는 사회와 흘러가는 역사 속에서 영원히 남을 수 있는 하나님 나라가 이루어지기 위해 드리는 기도는 그 자체가 소중하다. 오늘날과 같은 시대에 몸담고 사는 우리로서는 하루에도 수없이 "나라가 임하시오며"라는 기도를 드리지 않을 수 없다.

역사의 종말과 완성을 기원하는 기도

하나님께 드리는 세 번째 주의 기도는 "뜻이 하늘에서 이루어진 것같이 땅에서도 이루어지이다"이다.

김형석 교수의 예수를 믿는다는 것

"이름이 거룩히 여김을 받으시오며"는 하나님 아버지의 영원한 본성과 거룩하심이 충만해지기를 바라는 영광의 기도였다. "나라가 임하옵소서"는 우리의 나라와 역사를 위한 아버지의 성스러운 통치가 성취되기를 원하는 기도였다. 이제 하나님의 뜻은 '창조와 섭리와 종말을 포함하는 이 세계를 뜻대로 완성하옵소서'라는 기도일 것이다. 어떤 면에서는 역사의 종말과 완성을 기원하는 기도이다.

위대하고 영원한 역사적 섭리가 우리의 보잘것없는 정성과 노력에서 기원하고 진전될 수 있다면 우리는 이 기도로 인해 영원에 살고 사명에 죽는 삶의 완성을 이룰 수 있다. 하나님의 뜻이 우리의 뜻으로 나타나 역사가 전진하며 창조의 이념이 완성될 수 있다면 이 기도는 우리의 사명을 일깨워 주는 기원이기도 하다.

우리가 하루에도 몇 차례씩 하나님의 뜻이 우리의 마음과 노력을 통해 하나님 안에서 성취된 것같이 우리 마음과 생활에서 완성되며, 다시 그것이 역사적 결실을 거둘 수 있도록 기도한다면 그 기쁨과 삶의 가치는 얼마나 크고 위대하겠는가.

또 이러한 하나님의 뜻에 동참하려는 노력이 사회를 선하게, 역사를 희망으로 이끌어 온 것이 사실이다. 미국에서 링컨 당시의 가장 대표적인 크리스천이 누구냐고 물어보면 많은 교인은 유명한 목사나 널리 알려진 설교가, 존경받는 신학자를 떠올린다. 그들이 대표적인 크리스천일 것이라는 선입관 때문이다. 그러나 사실은 이와 다르다.

당시의 사회와 역사를 하나님의 뜻대로 이끌며 하나님 나라를 건설하기 위해 희생적 사명을 담당한 실천가들이다. 보통의 교인들은 기도에 그쳤거나 가르치는 일로 자족했겠지만, 그들은 기도와 생활이 일치했다. 그래서 예수께서도 "너희는 나를 불러 주여 주여 하면서도 어찌하여 내가 말하는 것을 행하지 아니하느냐"(눅 6:46)고 말씀하신 것이다.

이렇게 본다면, 이름이 거룩하게 여겨지시고 이 땅에 하나님 나라가 임하시는 뜻의 성취는 교회와 인류 전체의 기도이며 염원이 아닐 수 없다. 그러한 뜻을 모아 우리는 하나님 아버지께 기도를 드리는 것이다.

인간을 향한 주님의 기도

주의 기도는 하나님께 향하는 세 가지가 끝난 뒤 인간에게 향하는 네 가지 기도로 이어진다. 기독교의 신앙은 사랑에 의한 하나님과 인간의 관계가 완성되는 것이 궁극적 목표이다.

인간을 향한 첫 번째 기도는 "오늘도 우리에게 일용할 양식을 주옵소서"이다.

어린 시절부터 가난을 경험하고 동포들이 궁핍과 빈곤에 허덕이는 모습을 보았던 예수는 굶주림에 대한 인간적 호소를 중요하게 생각했다. 그것은 지금도 마찬가지이다. 인류가 빈곤과 경제난을 해결하기 위해 얼마나 많은 노력을 쏟고 있는가를 상상해 보라. 경제가 인류 최고의 관심사가 되었음은 누구도 의심치 않는다. 이 문제를 올바로 이해하고 그것의 극복을 위해 기도하는 것은 당연한 일이다.

그러나 예수께서 '일용할 양식'을 원하신 것은 왜일까. 거기에는 몇 가지 깊은 뜻이 포함되어 있다.

여러 가지로 미루어보아 예수께서는 경제가 인간에게 가장 중요한 과제이거나 궁극적인 목적이라고 생각하지는 않으셨던 같다. '일용할 양식'이 먼저 해결되지 못하면 다른 모든 문제가 해결될 수 없기 때문에 그만큼 절박한 사안이기는 해도, 그것은 어디까지나 예비적 조건 또는 수단으로서의 과정임을 알아야 한다.

또 '일용할 양식'은 풍족한 먹을거리나 경제적 부(富)를 가리키지 않는다. 그 이상의 것을 원하면 인간은 돈의 노예, 경제의 예속물이 되어 더 고귀한 삶의 가치와 의의를 상실할 가능성이 있다. 일용할 양식은 더 귀한 일을 하기 위한 적절한 경제 조건을 가리킨다. 빈지게를 지고 가족을 위해 돈벌이에 나서는 사람에게 필요한 것도 '일용할 양식'이고, 큰 회사를 운영하는 재벌에게 필요한 것도 '일용할 양식'이다. 그 내용과 양에는 차이가 있어도 육체를 위한 양식은 그 자체가 목적이나 이상은 아닌 것이다.

또한 '일용할 양식'은 물질적 양식에 그칠 수 없다. 예수께서는 사람에게 필요한 것은 떡이 아니라 하나님의 말씀이라고 가르치셨다. 양식은 소중하지만 정신적 진리도 귀하며, 삶의 가치가 바르게 설정되지 못하면 진정한 의미의 경제 문제도 해결될 수 없기 때문이다.

마르크스주의자들은 경제가 전부이기 때문에 경제를 위한 경제를 문제삼았다. 그러나 자유주의 사회에서는 인간적 이해를 통해 경제의 한계를 인식하는 동시에 경제 문제를 해결할 수 있다고 믿는다. 그러나 기독교는 하나님의 뜻대로 살아야 올바른 인생관이 설정되며, 그렇게 사는 인간들로부터 오늘의 양식을 얻으면 된다고 가르친다.

그렇게 생각한다면 일용할 양식을 위한 기도는 필수이다. 그와 함께 일용할 양식이 가난한 사람들에게 주어질 수 있는 경제제도와 사회기구가 마련되기를 기도하고 그것에 관심을 기울여야 할 것이다.

한때 가난한 사람들이 교회를 향해 일용할 양식을 얻게 해달라고 호소했었다. 그러나 교회는 오히려 그들로부터 헌금을 거두어 큰 예배당을 짓고, 교계 지도자들은 풍족하게 살면서도 가난한 사람들을 돌보지 않았다. 그들은 갈 곳이 없었다. 그래서 사회주의 운동을 일으켰고 마르크스주의에 협조하여 누구보다도 강하게 교회를 반대하는 세력을 형성하게 되었던 것이다.

지금도 비슷한 사례는 계속 벌어지고 있다. 어떻게 교회가 "일용할 양식을 온누리에 주옵소서"라고 기도를 드리면서 가난한 사람들을 외면한 채 재산을 소유하고 행사에만 돈을 지출할 수 있는가.

예수의 기도에는 교회 지도자들이나 기독교 지도자들을 위한 내용이 없다. 그것은 사회와 수많은 백성에 비하면 지극히 적은 비중을 차지하기 때문이다. 가난한 시골 교회의 지도자가 자신도 먹을 것이 부족한 아침에, "하나님, 가난한 우리 교우들에게 일용할 양식을 베풀어 주시옵소서"라고 기도를 드린다면 그것은 주님의 뜻에 가까운 기도가 될 것이다.

우리는 여기서 더 나아가 많은 사람이 영혼의 굶주림을 해결할 수 있도록, 메마른 인격에 축복의 복음이 부어지도록 기도를 드려야 한다. 다시 말해 더 높은 차원의 '일용할 양식'을 위해서 기도드려야 한다. 그러한 기도를 드릴 수 있다는 것은 큰 행복이자 영광이다.

인간을 향한 두 번째 기도는 "우리가 우리에게 죄 지은 자를 사하여 준 것같이 우리의 죄를 사하여 주옵소서"라는 기원이다. 예수는 주의 기도를 끝낸 뒤 단서를 붙였다. 너희가 다른 사람의 잘못을 용서해 주지 않으면 하나님께서도 너희의 죄를 용서해 주실 수 없다는 것이었다. 이 기도는 우리의 삶과 인간관계에서 가장 소중한, 그리고 실천을 동반하는 내용이다. 그래서 예수도 조건을 붙이셨다.

우리가 사회생활을 하는 동안 서로가 서로에게 해를 끼치는 일이 없다면 얼마나 좋겠는가. 그러나 그것은 거의 불가능한 일이다. 나도 다른 사람에게 많은 실수를 저지르고 다른 사람도 나에게 적지 않은 과오를 범하면서 살아간다. 이것이 바로 괴로운 인생의 길이다.

그러나 그때마다 우리에게 가장 중요한 것은 모든 사람을 사랑

제6부 은총의 질서 속에서

으로 대하며 서로 용서하는 것이다. 원수를 갚으려는 생각이나 상대방이 불행해지기를 바라는 마음은 신앙인에게는 용납될 수 없다. 시기, 질투, 복수심이 인류를 얼마나 큰 불행으로 몰아넣었는가. 특히 우리 선조들은 원수를 갚는 일을 정의의 신념으로 삼아 왔고, 구약에서도 이는 이로 갚고, 눈은 눈으로 갚으라는 좁은 의미의 정의감을 강조했다. 지금도 온 세계가 이러한 보복을 일삼는 정의감 때문에 불행과 파멸을 심화시키고 있다.

이러한 현실 속에서 서로 용서하면서 살게 해주시고, 이 땅에서 그렇게 살려고 애쓰는 만큼 하나님께서 우리의 잘못과 죄를 용서해 달라는 기도이다.

의식으로든 무의식으로든 우리는 수많은 잘못을 저지른다. 큰 돌을 주워온 사람은 나중에 그 돌이 있던 장소에 다시 옮겨 놓을 수 있다. 돌이 크기 때문에 그 장소를 기억하는 것이다. 그러나 작은 돌이나 모래알을 주워온 사람은 그 장소를 식별하지 못한다. 일일이 기억할 수 없기 때문이다.

우리가 저지르는 잘못과 죄도 마찬가지이다. 기억에 남는 큰 것들은 용서를 구할 수 있어도 우리가 기억조차 못하는 실수와 죄는 용서를 구할 도리가 없다. 왜 사랑하는 사람이 세상을 떠나면 슬픔과 고뇌를 느끼게 되는가. 평소에 기억하지 못했던 잘못과 죄책감이 떠오르기 때문이다. 우리는 이처럼 온갖 삶의 모습을 되씹으면서, 하나님께 우리의 죄를 용서해 주시기를 기도한다. 그리고 우리도 서로 용서할 수 있도록 다짐하는 것이 이 기도의 뜻이다.

그런데 과연 우리는 이 기도를 드릴 자격이 있는가. 먼저 이 기도를 드릴 수 있는 마음과 자격을 갖추어야 한다. 우리가 지니고 있는 모든 시기심, 질투심, 원망, 복수심, 이기적인 사고 등이 해소되어야 이웃을 용서할 수 있지 않겠는가.

그렇다면 이 기도가 가진 뜻은 우리의 심중에 도사리고 있는 모든 죄의 가능성과 악의 성향을 없앨 수 있게 해주시고, 우리로 하여금 많은 이웃을 진심으로 사랑할 수 있도록 이끌어 주십사 하는 간구이다. 그렇게 먼저 죄사함을 받은 우리가 이웃의 과오를 괘념치 않게 해주시고 하나님의 용서도 받게 해달라는 기원이다.

이러한 뜻이 이루어진다면 우리의 삶은 비로소 평화의 왕국을 지향할 수 있다. 인간이 개인적으로 갖고 있는 가장 큰 소망은 자유이다. 그러나 역사적으로 희망하는 이상은 평화의 실현이다. 이 평화는 하나님의 사랑으로 우리가 이웃을 용서해 줄 때 비로소 가능해진다.

다시 말해 이 기도는 '하나님 아버지의 사랑으로 온 인류가 평화의 왕국을 건설하게 하옵소서'라는 뜻을 담고 있다. 그리고 그것의 실현은 바로 우리 각자의 노력과 정성으로 가능해진다. 이처럼 감사가 넘치고 희망찬 기도가 또 어디 있겠는가.

예수께서 가르쳐 주신 여섯 번째 기도, 인간을 향한 세 번째 기도는 "우리를 시험에 들게 하지 마옵시고"이다. 바꿔 말하면 우리가 유혹에 빠지지 않게 해달라는 기도이며, 더 쉽게 표현하면 인생을 바르고 값지게 살도록 이끌어 달라는 기도이다.

우리는 모두 단 한 번의 인생을 살도록 되어 있다. 그 인생을 올바르게 산다면 삶의 가치와 행복은 자연히 주어지게 마련이다. 그러나 선택과 가치 판단을 잘못하여 곁길을 걷기 시작하면 끝없이 방황할 가능성이 누구에게나 있다.

이스라엘 사람들이 애굽을 떠나 가나안까지 가는 데는 4주면 충분했다. 그러나 그들은 잘못된 선택을 되풀이하는 바람에 40년을 허비했다. 지도자는 국경선 밖에서 가나안 땅을 바라보며 죽어야 했고 낡은 세대는 입국의 축복을 받지 못하고 거절당했다. 범죄의 대가를 치러야 했던 것이다.

우리도 그런 개인이 되거나 민족이 되지 않을까 심히 걱정스럽다. 이스라엘 민족이 고난을 겪게 된 가장 큰 원인은 인생의 길을 잘못 선택했기 때문이고 하나님의 뜻과 질서에 어긋나게 행동했기 때문이다. 그런 비극과 파국이 일어나지 않도록 하기 위해 드릴 수 있는 기도가 바로 "우리를 시험에 들게 하지 마옵시고"인 셈이다.

기도는 말이 아니다. 말로 표현되는 우리의 뜻이다. 전 인격을 기울여 드리는 생명의 호소이다. 그러므로 이러한 기도를 드리는 사람은 선택의 기로에 놓였을 때 올바른 선택을 한다. 거짓을 버리고 진실을 택하며, 불의를 배척하고 정의를 구하며, 온갖 악을 멀리하고 선을 추구하는 생의 길을 찾는다.

그러나 그런 선택을 하기가 쉽지 않다. 어느 때는 판단을 내리기 어려울 정도로 심한 혼란에 빠지기도 하고, 때에 따라서는 정의와 진실을 알고 있으면서도 외부의 압력 때문에 그 길을 택할 수 없는 처지에 놓이기도 한다. 이러한 시련과 고통은 경험해 보지 못한 사람은 이해할 수 없다. 그때도 우리는 이 기도를 드리게 된다. 실수와 과오가 없는 인생길을 택하게 해달라는 호소이다.

키르케고르는 "하나님은 시련을 주고 악마는 우리를 유혹한다"고 말했다. 문제는 시련이 아니다. 시련은 우리가 극복할수록 더 훌륭한 인품과 능력을 얻게 해준다. 그러므로 시련은 하나님의 사랑의 선물일 수도 있다. 그러나 유혹은 악마가 주는 것이다. 악마는 유혹을 줌으로써 우리를 파멸과 죄악으로 이끌어 간다.

그런 유혹과 시험이 얼마나 많은가. 가난하게 살 때는 돈이 유혹의 손길이 된다. 돈을 따르다 보면 택하지 않아야 할 길을 택하고 자기도 모르게 인격과 생애를 파탄에 빠뜨리기도 한다. 명예에 대한 욕망도 우리를 죄악의 길로 재촉하는 일종의 유혹이다. 얼마나 많은 사람이 그 비극의 길을 따르는지 모른다. 특히 정치 권력이나 힘을 행사하려는 유혹은 개인은 물론 사회와 역사를 죄악으로 이끌어 간다. 우리는 그 실례를 매일같이 보면서 살아가고 있다.

뿐만 아니라 인간 본성의 일부인 욕망과 악의 경향성은 산 위에서 굴러 내려오는 눈덩이처럼 가속도가 붙어 우리를 죄악과 파멸로 떨어뜨리기도 한다. 그것은 어떤 특정인의 문제가 아니다. 우리 모두가 그렇게 될 가능성을 안고 있다.

이렇게 본다면 우리 앞에는 100갈래의 길이 있는데, 그중 99의 길을 버리고 언제나 하나의 길을 택해야 하는 것처럼 우리는 심각한 선택의 갈림길에 놓이게 된다. 그때마다 하나의 바른 길을 택하기 위해 간구하는 마음이 바로 '우리를 시험에 들게 하지 마옵시고'라는 기도이다.

생을 사랑하는 사람일수록 이 기도는 더욱 간절해지며 값진 일생을 살기 원하는 사람일수록 이 기도를 정성껏 드리지 않을 수 없게 된다. 만일 우리 중에 국가와 민족의 장래를 책임진 정치가나 사회와 역사의 중책을 자각하는 지도자가 있다면 다른 사람들보다 더 열심히 모든 생명을 걸고 이 기도를 드리지 않을 수 없을 것이다. 자신의 선택과 노력이 국민의 생명과 행복을 좌우하게 되기 때문이다.

역시 기도 중의 기도라는 생각을 하지 않을 수 없다.

인간이 땅 위에서 드릴 수 있는 마지막 기도는 "악에서 구하시옵소서"일 수밖에 없다. 그것이 다름 아닌 구원에의 호소이기 때문이다. 나와 우리 모두를 악에서 구출해 주기 원하는 기도는 하나님의 사랑과 인간의 의지를 묶는 최후의 완성을 뜻한다.

우리는 죄와 악을 명확히 구별하지 않고 죄악이라는 말로 쓸 때가 많다. 물론 누구도 완벽히 정의 내릴 수는 없다. 그러나 죄는 인간이 악을 저질렀을 때 느끼는 죄책감, 즉 책임의식 같은 것을 강조했을 때 사용하며, 악은 인간으로 하여금 범죄케 할 수 있는 존재 전체를 가리키는 때가 많다. 그래서 우리는 죄와 원죄를 말하곤 한다. 원죄란 인간으로 하여금 죄를 범하지 않을 수 없는 운명적 가능성을 말한다. 그 원죄의 뿌리에 해당하는 것이 악이라고 볼 수 있다.

그래서 사상가들은 세계악(世界惡)이나 역사악(歷史惡)이라는 말을 썼다. 헤겔은 악무한(惡無限)이라는 표현을 쓰기도 했다. 악무한이란 한없이 나아가는 운동 과정을 이르는 말로, 궁극에 끝없이 접근하려 하지만 끝내 접근하지 못하는 진행을 가리킨다. 이러한 악은 마치 우리가 빠져 있는 바다와 같아서 내 힘으로는 도저히 어떻게 할 수 없는 절대자처럼 느껴지는 때가 있다.

니버의 《도덕적 인간과 비도덕적 사회》라는 저서가 한때 우리의 관심을 모은 적이 있다. 한두 개인은 도덕, 양심, 선을 말하며 호소한다. 그러나 우리를 둘러싸고 있는 전체로서의 사회악은 누가 어떻게 처리할 수 있는가. 전쟁에 휘말려든 한 젊은이가 어떻게 자신의 양심을 지킬 수 있으며, 공산주의나 전체주의 사회에서 강요된 삶을 지속해야 하는 지성인이 어떻게 그 역사적 파도를 헤쳐 나올 수 있겠는가.

그럼에도 불구하고 이러한 비극적인 역사는 옛날이야기가 아니다. 오늘날도 주변에서 매일같이 일어나고 있으며 우리는 그 속에서 하루하루를 살아가고 있다. 그런 현대인이 드릴 수 있는 기도는

제6부 은총의 질서 속에서

"우리를 악에서 구하시옵소서"라는 것 이상이 될 수 없다.

우리 삶이 종착점에 가까워졌을 때, 죽음이 우리 생명을 감싸려고 할 때, 우리는 어떤 최후의 기도를 드릴 수 있을까. 나를 죄와 악으로 이끌어 가고 있던 내 안의 세력과 나를 둘러싸고 있는 모든 역사악과 사회악으로부터 나를 풀어 해방시키며 구원해 달라는 기도를 드릴 수 있지 않을까. 예수도 마지막 기도를 악으로부터의 구원으로 끝맺으셨다.

기도를 통해 우리가 누리게 된 것

이것으로 주의 기도는 끝난다. 그 뒤에 "나라와 권세와 영광이 아버지께 영원히 있사옵나이다"라는 찬송이 붙은 것은 지금까지 드린 기도의 응답을 바라는 마음과 감사의 찬사를 표현한 것이다. 우리의 기도는 헛된 공염불도 외로운 독백도 아니다. 사랑의 아버지께 약속을 받고 드린 기도이기 때문에 기도 뒤에 하나님께 영광을 돌리는 찬송이 있어야 함은 당연하다.

모든 나라와 인류와 역사와 우주를 주관하시는 하나님 아버지의 권세와 영광이 우리의 기도를 받아 주시는 아버지께 영원히 있음을 확인하는 찬양이다. 그 찬양 속에 우리의 정성과 기원이 포함되어 있음은 더 말할 필요가 없다.

김형석 교수의 예수를 믿는다는 것

이렇게 훌륭한 기도라면 우리는 자신의 부족한 기도에 얽매이지 말고 언제나 주의 기도를 드리는 것이 마땅할 것이다. 사실 나는 이렇게 주의 기도를 드리는 신앙을 가진 사람들의 축복받는 생애를 자주 확인하고 있다. 주의 기도를 이해할 수 있는 사람은 자신의 기도도 그 내용에 포함되기 때문에 잘못된 기도를 드리지 않게 된다. 또 남과 똑같은 기도를 드리는 것 같아도 기도의 목적과 뜻이 예수의 뜻과 통하기 때문에 기도다운 기도를 드릴 수 있고 그 기도의 응답을 감사히 받아들이게 된다.

예수께서도 "구하는 이마다 받을 것이요 찾는 이는 찾아낼 것이요 두드리는 이에게는 열릴 것이니라"(마 7:8)라고 약속하셨다. 뿐만 아니라 "누가 아들이 떡을 달라 하는데 돌을 주며 생선을 달라 하는데 뱀을 줄 사람이 있겠느냐"(마 7:9-10)고 반문하면서 더 좋은 것을 줄 것이라고 약속하셨다.

이러한 축복의 기도가 주의 기도로부터 시작되며, 주의 기도에서 그 깊은 뜻을 얻게 되는 것이다. 그래서 기도의 참뜻을 알고 주의 기도의 생명적 요소를 깨닫는 사람은 자연히 주의 기도와 더불어 그 일생을 살도록 되어 있다.

주의 기도는 어디서나 드릴 수 있다. 흔들리는 버스 안에서도 하나님과 인간을 위한 기도를 드릴 수 있고, 고요한 들길을 걸으면서도 감사의 마음으로 주의 기도를 드릴 수 있다. 나 역시 매일 아침 주의 기도를 드리는 습관을 갖고 있다. 하루의 모든 생활을 그리스도께 맡기고 그리스도와 함께 살 수 있는 축복의 약속이자 응답이고 감사의 기도이기 때문이다.

프랑스의 과학자이자 철학자인 파스칼은 인생의 말년에 자신을 고아로 내버려둘 수는 없다고 표현했다. 그렇다. 우리의 일생이 다 끝나 우리에게 주어진 인생의 모래시계 안에 있는 모래알들이 다 흘러가 버리려고 할 때 '역시 나는 고아였구나'라고 고백하는 인간이 되어서는 안 된다. 그런 사람은 세상을 끝냈을 때 갈 곳이 없다.

그런데 누가 고아 아닌 삶을 살며 아버지의 품으로 돌아갈 수 있는가. 바로 기도를 드릴 수 있는 사람이다. 기도를 드릴 수 있다는 것은 우리의 생명과 삶 전체를 맡길 곳이 있다는 뜻이다. 그래서 기도를 드릴 수 있는 종교는 참다운 신앙을 약속해 준다. 그러나 그 기도가 인간의 공허한 호소로 끝나서는 안 된다. 그것은 자기기만이며 허무의 휘장을 벗기는 일에 지나지 않는다.

여기에 예수께서는 기도 중의 기도, 참다운 기도, 인간이라면 누구나 드려야 할 기도를 가르쳐 주셨다. 자신도 그 기도를 드렸고 우리에게도 그 기도를 권유하셨다. 기도를 통해 하나님을 아버지로 모시는 약속을 굳히고, 기도를 통해 삶의 참 의미를 충족시키며, 기도를 통해 영원한 생의 실재를 체험하고 누리게 되는 것이다.

그런 뜻에서 우리는 주의 기도를 새롭게 받아들이며, 또 죽을 때까지 그 기도를 드리려는 것이다. 지금 깨닫지 못한 더 큰 뜻을 깨달아야 하고 기도가 거듭됨에 따라 우리의 신앙과 삶도 성장하지 않으면 안 된다.

김형석 교수의 예수를 믿는다는 것